生态化双创
——双创底层逻辑与实践

余玉刚 洪兆富 著

科学出版社

北京

内 容 简 介

本书提出的生态化双创是在大企业引领下小企业围绕大企业进行互补共创、合作共赢的一种生态化商业模式。通过对荣事达等双创企业的长期追踪研究，详细阐释了生态化双创的诞生背景、形成条件与内在机理，剖析了生态化双创的底层逻辑，刻画了生态化双创形成的必要条件与关键要素。在此基础上，提出了包括生态化合作机制设计和双创平台搭建的生态化双创模式。本书由浅入深，从宏观的双创思想到微观的双创模式，向读者揭示了生态化双创对于企业创新创业的重要价值和深远影响。本书可以为平台企业、工业互联网企业、孵化器等商业运营提供指导，也可以为传统企业的平台化改造提供理论支撑和商业模式。

本书可以作为政府相关部门、企业管理人员的参考资料，也可以作为学者研究创新创业管理的参考书。

图书在版编目（CIP）数据

生态化双创：双创底层逻辑与实践/余玉刚，洪兆富著. —北京：科学出版社，2023.3
 ISBN 978-7-03-075016-7

Ⅰ．①生… Ⅱ．①余… ②洪… Ⅲ．①企业创新-研究-中国 Ⅳ．①F279.23

中国国家版本馆 CIP 数据核字（2023）第 037888 号

责任编辑：惠 雪 曾佳佳/责任校对：杨聪敏
责任印制：师艳茹/封面设计：许 瑞

科 学 出 版 社 出版
北京东黄城根北街 16 号
邮政编码：100717
http://www.sciencep.com
北京画中画印刷有限公司 印刷
科学出版社发行 各地新华书店经销

*

2023 年 3 月第 一 版 开本：720×1000 1/16
2023 年 3 月第一次印刷 印张：15
字数：300 000

定价：119.00 元
（如有印装质量问题，我社负责调换）

序 一

"大众创业、万众创新"是针对国家经济建设和企业发展提出的战略性的发展方针，也是解决企业可持续发展的重要模式。国家相继出台了《国务院关于大力推进大众创业万众创新若干政策措施的意见》《国务院办公厅关于建设大众创业万众创新示范基地的实施意见》和《国务院关于推动创新创业高质量发展打造"双创"升级版的意见》等一系列政策激励企业大胆创新，鼓励全民积极创业。在国家推行双创多年以来，众多企业依托双创平台成功实现了发展腾飞，也有一些企业在双创过程中遇到波折。因此，帮助企业更深刻的理解双创，探讨双创的理论创新与实践落地，是一项非常有价值、有意义的工作。

余玉刚教授和洪兆富教授团队对荣事达等典型企业的双创实践进行了长期的追踪研究，对双创理论进行了深入探讨和创新，最终形成了这部《生态化双创——双创底层逻辑与实践》。该书从荣事达等企业的双创实践入手，根据企业在双创过程中的成功经验，揭示了双创的底层逻辑与内在机理，对生态化双创进行了全面理论剖析和凝练，对双创实践和示范应用进行了深刻的分析和总结。

全书深入探讨了大企业引领双创平台的搭建、立体化生态组织的构建、生态化合作机制的设计等开展双创的核心问题，并创新性地提出了生态化双创的商业模式。该书基于企业实践，展开理论的深入探讨，涉及经济学、管理学等多个学科的知识体系，以高维度的视角来解构生态化双创的形成与发展，帮助读者更好地理解"双创"的内涵与意义。

该书可以帮助企业和创业者更深入地了解双创的底层逻辑与实践模式，有助于他们更为高效地开展创新创业；协助政府相关部门的工作人员更好地引导企业进行双创，解决企业双创过程中遇到的问题和困难；还可以为相关研究工作者在双创理论的探索和研究过程中提供理论和实践素材支撑。

《生态化双创——双创底层逻辑与实践》这部书既是对双创理论的重要探讨，也是对双创实践的有益探索，希望它的出版可以让企业和创业者坚定双创信心、提升双创能力，让更多大众参与到大众创业、万众创新的浪潮中，助力双创事业的健康发展！

中国工程院院士

合肥工业大学教授

2023 年 2 月

序 二

《生态化双创——双创底层逻辑与实践》一书是余玉刚教授和洪兆富教授团队基于对荣事达等企业长期追踪研究的心力之作。该书是"理论+实践+方法"的双创理论创新和实践经验总结，深刻揭示了"双创"的底层逻辑，书中提出的"生态化双创"既符合荣事达的发展历史，也为荣事达的进一步发展提供了方法指引。

作为国家级双创示范基地，荣事达依靠机制创新、资源共享、技术钻研和服务升级，抓住智能家居产业发展机遇，通过"双创平台+事业群+合伙制"三位一体机制，成功培育了大量创客团队和企业家。通过双创的聚合效应，荣事达打造了智能家居产品生态，实现了上下游企业相连接、产学研一体化，构建了开放、共享、协作的双创综合服务平台。荣事达开放企业优势资源，大力扶持创客，为社会培养了一大批有责任、有担当的企业和企业家，打造出"智能家居全产业链"产业生态和双创生态，实现双创成果共享和行业价值引领。

从我数十年的创业实践经历来看，我们只有掌握事物发展的客观规律才能实现企业的聚力发展。今天，"双创"既是荣事达奋斗的代名词，也是培养更多优秀企业和企业家的不二选择，这不仅是对国家和社会的担当，也是集团发展的根本。在荣事达，已经培育了一大批具备企业家素养的创客和合伙人，这也印证了我们的双创方向是正确的、有价值的。创客和合伙人在双创模式下不断成长，逐步成长为有知识、有梦想、有情怀的企业家，这就是双创的重要意义，也是企业对社会做出的最大贡献。

一花独放不是春，百花齐放春满园。我希望越来越多的企业能在双创的浪潮中不断发展壮大，我们也将继续努力为双创的模式创新和实践落地添砖加瓦。未来，荣事达将以更为博大的胸怀、更为宽广的胸襟、更为包容的心态，引导、创造更多智能家居市场的"微行为"，将其汇聚成双创发展的"众力量"，来帮助更多的创客和合伙人实现他们自己的商业理想和报负。我们更希望与众多伙伴们，以双创为驱动力，通过创新促发展，奋勇迈进新时代！

合肥荣事达电子电器集团董事长

2023 年 2 月

前　言

21世纪以来，我国经济快速发展，世界经济格局也发生了翻天覆地的变化。随着参与全球经济的不断深入，我国经济结构和产业结构不断转型升级，经济发展质量也在不断提升。然而，在经历了规模效应带来的低生产成本红利以及电子商务催生的低交易成本红利之后，企业发展再次进入了平缓期。个体的发展与资源的限制成为新的矛盾点，如何有效配置资源，更加有效地推动企业发展，是政府、企业、创业者共同关心的问题。目前，我国经济正朝着共创和共享型经济发展，通过"大众创业、万众创新"激活各方力量，实现资源整合和价值共创，进一步促进经济高质量发展。

作为我国经济的新引擎，双创已经成为推进我国经济高质量发展的重要国家战略，成为国家经济社会发展的新理念与新形态。双创有效推进了存量产业的转型升级和新兴产业的创新发展，促进了我国经济从要素驱动向创新驱动转变，推动了科学技术和管理方法的创新发展，提升了国家经济应对外部不确定因素的抗风险能力。在双创战略引导下，我国的经济结构转型与企业高质量发展得到显著提升。

然而，随着双创的不断推进，一些问题也逐渐暴露出来。创业者能力素质参差不齐，创新创业的成功率不高；初创企业缺少资金、技术、人才等关键性资源，制约了创客企业的成长和发展；孵化空间的企业存活率低，孵化器难以支持创客的全面发展……如何开展双创？双创的内涵是什么？双创的商业模式是什么？这些问题都要进行科学的回答，并通过企业实践进行验证。虽然政府和企业在双创上做了很多尝试和努力，但是双创的底层逻辑还有待进一步解构，双创的模式也有待进一步提出和实践。

我们对国家级双创示范企业荣事达等典型企业进行了数年的追踪研究，着力解构双创的底层逻辑，并提出了"生态化双创"商业模式。生态化双创是在大企业引领下小企业围绕大企业进行互补共创、合作共赢的一种生态化商业模式。在这一模式下，大企业引领小企业构建平台化的商业生态系统，大企业对创客企业进行垂直化的资源共享共创，创客企业之间进行水平化的能力互补共创，实现生态化价值共创和平台生态系统的可持续发展。本书以荣事达作为主要案例导入生态化双创模式的研究，抽丝剥茧、层层深入，剖析生态化双创的内在机理与关键要素，深刻地揭示了双创的底层逻辑，并全方位地提出和呈现了生态化双创的商业模式。

本书历经四年时间打磨而成，初稿形成后又多次前往企业驻地调研进行实践验证，经过数次修正，最终为读者呈现了如今的《生态化双创——双创底层逻辑与实践》。本书的完成离不开前人理论的支撑，也离不开像荣事达、海尔等一批优秀双创企业的商业实践和大力支持。作为双创理论的探索性著作，本书适合不同类型的读者进行阅读：可以作为政府和企业的决策参考，帮助政府相关部门和企业管理人员在双创政策制定和经营决策中提供思路；可以作为研究人员的参考书，为研究企业创新管理和企业双创模式的科研工作者提供理论与实际案例支持；当然，也可以作为科普读物，向大众读者普及双创知识，激发他们对双创的兴趣和热情。

本书提出的很多观点与结论都具有可持续探索性，也还存在着很多需要优化和改进的地方。希望读者给予宝贵的意见和建议，与我们一道进行知识的价值共创，不断完善双创的理论方法与商业模式。

余玉刚　洪兆富

2023 年 1 月

目 录

序一
序二
前言
引子 ·· 1
第一章 大企业双创之道 ·· 3
    第一节 企业价值观：开启双创之旅 ································ 4
        企业价值观触发双创 ·· 4
        双创之道 ·· 6
    第二节 机制助力：构筑双创内核 ···································· 10
        机制、组织创新 ·· 10
        价值共创 ·· 12
    第三节 领航智能家居：大企业引领双创 ·························· 15
        打造智慧全屋 ·· 15
        双创驱动智能家居 ··· 16

第二章 智能家居共创：解题双创 ·· 19
    第一节 智能家居产业布局 ··· 20
        定位与选择 ·· 20
        挑战与未来 ·· 24
    第二节 企业平台化 ··· 27

    产品布局项目化 ··· 28
    创客引入 ··· 30
    二次孵化 ··· 31
  第三节 共生共创共赢 ··· 33
    平台与创客：共创共赢 ·· 33
    创客与创客：共生共创 ·· 35

第三章 水平化双创平台：互补共创 ························· 38
  第一节 项目创客化 ·· 39
    产品细分 ··· 41
    项目到人 ··· 46
    创客引进 ··· 49
  第二节 智能家居生态化 ··· 53
    技术生态：合作创新 ··· 55
    生产生态：整合资源 ··· 60
    渠道生态：构筑消费生态 ···································· 62
    服务生态：取长补短 ··· 66
  第三节 协作共享、互补共创 ································· 74
    资源共享、分工协作 ··· 74
    互补共创 ··· 77

第四章 垂直化双创平台：全价值链服务 ····················· 80
  第一节 开放资源、精准扶持 ································· 81
    创新创业要素支持 ·· 82
    荣事达开放服务平台 ··· 87
    打破思维定式，实行"拿来主义" ························ 89
    "双轨制"精准扶持——供血与造血 ···················· 90
  第二节 全价值链服务之供应链 ······························ 98
    盘活内部资源 ·· 99
    整合外部资源 ·· 108
    供应链生态 ·· 115
  第三节 全价值链服务之销售链 ···························· 117
    渠道一体化服务 ·· 118

　　　　渠道多元化服务 ··· 122
　　　　销售链生态 ··· 127
　第四节　全价值链服务之服务链 ·· 129
　　　　战略性决策支持 ··· 130
　　　　职能性服务支持 ··· 133
　　　　财务与技术服务体系 ··· 134
　　　　法务与人力资源服务体系 ··· 137
　　　　宣传媒介与售后服务体系 ··· 139
　　　　服务链生态 ··· 141
　第五节　双创生态链 ··· 144

第五章　组织与机制创新：双创生态形成 ·· 147
　第一节　组织演化：生态化双创组织形成 ·· 148
　　　　组织演变驱动力——创新 ··· 148
　　　　外部创客引进 ··· 150
　　　　企业内部创客化 ··· 154
　　　　创客群形成 ··· 156
　　　　生态化双创组织 ··· 158
　第二节　内部市场化：双创组织的"蝶变" ······································ 163
　　　　生态裂变——激活个体 ··· 164
　　　　互补共生——聚能共创 ··· 168
　　　　打破边界——创造增量 ··· 170
　第三节　共生共创共享机制：双创生态的有机构件 ································ 173
　　　　生态合伙制 ··· 174
　　　　创客群制 ··· 179
　　　　共生共创共享机制 ··· 183

第六章　生态化双创：可持续发展的不竭动力 ·· 189
　第一节　生态化双创载体：立体化双创平台 ······································ 190
　　　　叠加聚能 ··· 191
　　　　组织与机制创新——活力双创 ··· 193
　　　　立体化双创——释放持续动能 ··· 196
　第二节　生态化双创竞争力：共生共创、共享共赢 ································ 203

开放型空间生态……………………………………………… 203
　　　双创动车效应…………………………………………………… 208
　　　协同发展、共享共赢…………………………………………… 210
　第三节　生态化双创：引领商业创新……………………………… 215
　　　商业创新的生态选择…………………………………………… 215
　　　双创的可持续发展……………………………………………… 219
参考文献………………………………………………………………… 221
后记……………………………………………………………………… 224

引 子

  自国家提出"大众创业、万众创新"以来,社会上掀起了一股创业热潮。创业政策的支持、创业基地的设立、创业课堂的开设,这一项项举措也在帮助着人们去实现"创业梦"和"创新梦"。

  如今,双创工作已经开展了八年之久,社会上也涌现出了一批批的创客,他们在创业过程中的喜悦、悲伤、激情与困惑都被记录在了只属于他们的创业史中。基于对荣事达和海尔等企业的长期追踪研究,通过对企业真实案例的分析和梳理,本书对生态化双创的底层逻辑进行了深入的分析,提出了生态化双创的商业模式。

  荣事达是开展生态化双创模式的典型代表。作为 20 世纪末中国白电行业的领军企业,"荣事达"品牌在 1999 年被认定为首批"中国驰名商标"。然而,随着一系列运营决策上的失误,21 世纪初荣事达一度陷入破产危机。关键时刻,荣事达引入合伙人,建立合伙制,展开了自救行动。通过尝试核心企业带动合伙人,推动重点项目的再次发展,荣事达选择空气能和卫浴作为二次孵化的试点项目,全面启动智能家居战略布局,构建了大企业主导的生态化智能家居双创平台。通过生态化双创,推进荣事达与创客企业的价值共创,实现创客企业和平台的可持续发展,而荣事达也实现了涅槃重生。

  本书以荣事达双创平台为案例导入提出生态化双创,是一种在大企业主导下的双创模式。荣事达在商业模式中不断创新和跌宕起伏的经历,揭示了生态化双创开展过程中的关键要素和底层逻辑，反映了生态化双创在企业生产经营实践中的生命力。生态化双创在很多双创企业（如海尔、小米等）都发挥着重要的作用。我们相信，大企业主导下的生态化双创模式，对促进双创的发展有着积极的启示和借鉴意义。

第一章 大企业双创之道

规模效应的产生降低了企业的生产成本，电子商务的诞生降低了企业的交易成本，而双创的出现，则推动了企业间的价值共创，实现了"1+1>2"的效果。

在选定核心产业的基础上，通过机制创新和组织创新，大企业引领着双创的发展，带动着双创平台的成长。一种互帮互助、共生共创的合作模式，正促进着企业间的共创共赢。海尔、小米、荣事达……各大企业正探索着双创的共赢方式，打造着属于自己的双创模式，而在不久的将来，在双创这条大道上将会有越来越多的大企业留下奋斗的足迹。

第一节
企业价值观：开启双创之旅

企业价值观触发双创

一个组织的建立，是靠决策者对价值观念的执着，也就是决策者在决定企业的性质、特殊目标、经营方式和角色时所做的选择。通常这些价值观并没有形成文字，也可能不是有意形成的。不论如何，组织中的领导者，必须善于推动、保护这些价值，若是只注意守成，那是会失败的。总之，组织的生存，其实就是价值观的维系，以及大家对价值观的认同。

——菲利普·塞尔兹尼克

企业价值观是企业的灵魂。纵观历史上成功的知名企业，无不拥有着独具魅力的个性与特点。沃尔玛百货有限公司的核心价值观是"以最低的价格换取最优良的产品和服务"；苹果公司（以下简称苹果）将"提供大众强大的计算能力"作为理念；星巴克咖啡公司奉行的宗旨是"为客人煮好每一杯咖啡"；"让天下没有难做的生意"则是阿里巴巴集团控股有限公司（以下简称阿里巴巴）的使命……

惠普公司的核心价值观为"企业发展资金以自筹为主，提倡改革与创新，强调集体协作精神"。在其核心价值观的基础上，惠普公司逐渐形成了具有自己鲜明特色的企业文化[1]。在企业文化的推动下，惠普公司发展迅速，收入成倍增长，时至今日，它已成为全球知名的电脑打印机制造商。惠普公司的骄人业绩证明了：正确先进的企业价值观是企业取得成功的"金科玉律"。

企业价值观引领企业的发展方向。创新是海尔核心价值观的重要组成部分。依托于理念创新和产品创新，海尔不断拓展自己的业务。以海尔洗衣机开发巴基斯坦市场为例，巴基斯坦人大多身着长袍，清洗这种长袍需要大功率洗衣机。为

---

[1] 陆平. 惠普的成功哲学[J]. 现代企业文化, 2016(6): 32-33.

此海尔开发了适合当地人的大功率洗衣机，成功打开了巴基斯坦的市场[1]。

"正直、进取、协作、创造"是深圳市腾讯计算机系统有限公司（以下简称腾讯）的企业价值观。如今的腾讯已经成长为互联网巨头，但在其成长过程中同样遭遇过生存危机。面对来自 MSN Messenger 和奇虎 360 的竞争压力，腾讯主要创办人之一马化腾意识到了合作的重要性："现在我们真的是半条命，只做自己最擅长的事情，另外半条命属于合作伙伴。我们最擅长的事情是做连接，QQ 和微信是最重要的两个连接器，虽然定位不同，但承载的连接战略将一如既往。"[2]在合作精神的引领下，腾讯重新梳理了自己的业务，改变了以往全部亲力亲为的业务战略模式——搜索整合进搜狗，电商与京东合作，团购与大众点评网结盟，同时布局投资了这三家公司。通过合作，腾讯的战略定位更加准确，更聚焦于其所擅长的社交平台和内容平台，自身也得到了飞速发展。

作为软饮料巨头的百事公司构筑了一个崇尚多元化和包容性的企业文化，而多元化和包容性也成为百事公司的核心价值观之一。在进驻内蒙古达拉特旗农场的八年里，百事也培养出自己的农业人才。在达拉特旗农场，百事公司直接参与马铃薯基地的建设和种植培育工作，获得经验后，又将在农场学习到的知识和技术带到其他地区以指导供应商的种植实践。百事公司农业部门每年都有计划地录用几名农学专业的大学生，并将他们派往农场进行实地学习，一年半之后任命其为区域农业经理。正是由于对员工、消费者、产品的包容性，百事公司被公认为美国企业中最适宜女性和少数族群工作的企业之一。截至 2010 年 12 月，百事大中华区高管中女性占 38.9%，而百事公司也在 2010 年第三次蝉联由荷兰诺布利斯媒体开发有限公司（CRF）评出的"中国最佳雇主"称号[3]。

企业价值观同样影响着荣事达的成长与发展。开放、包容、合作、创新，这八个字作为荣事达企业价值观的缩影，诠释了荣事达的蜕变。作为一家有着 60 余年历史的老牌企业，荣事达在继承了传统企业勤奋肯干等精神的同时，也用开放、包容、合作、创新的态度来面对这个竞争激烈的时代。而作为其在追求经营成功过程中所推崇的基本信念和所奉行的目标，荣事达的企业价值观正引领整个

---

[1] 许玲，张瑞敏：海尔创新的故事[J]. 国防科技工业，2006(6): 20-22.
[2] 腾讯的创新之路，自我革命[EB/OL]. （2018-10-17）[2019-02-27]. https://www.sohu.com/a/259915897_747469.
[3] 百事中国——推动中国生态和社会可持续发展[EB/OL]. （2011-09-21）[2019-03-12]. https://www.yicai.com/news/1098049.html.

公司朝着更加丰富多元、兼容并蓄和推陈出新的方向迈进。

双创是一个不断发现问题、解决问题、创新解决问题的方法的过程。在发展双创平台的过程中，荣事达面临了诸多问题，而这些问题的解决离不开一次次的探索与创新。不同于传统的股份制企业，荣事达双创平台在大企业控股的基础上，需要为创客的生存提供必要的资源与经验支持。与创客孵化器相比，荣事达在保障创客生存的基础上，还要在平台上和他们一同生长，共担风险。这样的模式保证了荣事达在双创平台中的地位，拉近了大企业与创客间的距离，同时也提升了创客对平台和核心企业的信任程度。

企业只有将价值观融入日常经营当中，才会探索出更加契合时代发展的新道路。对于荣事达的双创来说，大企业本身作为双创开展的主要引领者，其价值观帮助企业形成了独具魅力的双创基因。开放、包容、合作、创新等普适性的双创特质，结合每个核心企业自身不同的特点，将形成各具特色的双创模式。在下面的内容中，我们将一同踏上荣事达的双创之道。

双创之道

大道之行，天下为公。双创之道，集百家之长，同其心、用其力、尽其才，同协懋作，共创佼懰之生。自2014年国家首次发出"大众创业、万众创新"的号召以来，社会上掀起了"大众创业""草根创业"的新浪潮，形成了"万众创新""人人创新"的新态势。如何使创客们实现共生共创、共享共赢，成为一个值得关注的重要问题。

作为一种新型商业模式，大企业主导的双创平台在为创客提供资源的同时，通过鼓励老创客对新创客言传身教式的培养，促进核心企业与创客的共同成长。双创落地需要依托于产业聚焦，打造平台化双创便显得尤为重要。双创平台化，离不开大企业的指导与支持，让创客学会借势发展、借翅飞翔，是大企业引领双创的独门绝技。而身为双创平台中的一员，大企业与创客进行资源与业务的互帮互助，促进了创客间的优势互补，共同营造了良好的双创生态。

旭日东升，霞光初照。在安徽省合肥市长丰县的双凤工业园内，身着不同工作服的年轻人们行色匆匆，开始了一天紧张而忙碌的工作。远处的机器发出轰鸣声，工人们修筑着全新的办公大楼。荣事达第六工业园区就坐落在这充满活力、忙碌、朝气和生机的双凤工业园区内。窗明几净，鸟语花香。一束束清晨的阳光洒在办公桌上，温暖了电脑屏幕对面的一张张笑脸。宽敞的办公室，整洁的办公桌，斗志昂扬的团队，创造奇迹的你我。在荣事达的双创大楼里，每天的风景虽不同，大家的心情却相似。在开展双创的短短数年间，荣事达发生了翻天覆地的变化，实现了从"创客项目零起步"到"创客项目零死亡"的转变，荣事达在双创的道路上稳步前行。

作为国内较早开展双创的企业之一，荣事达在这条路上一直是领跑者。荣事达选择走双创这条路，与对双创的定位息息相关。经过几次重大转型后，荣事达决定将未来的发展方向聚焦于智能家居。而打通智能家居全产业，打造智能家居全屋系统，涵盖智能家居的所有领域和价值链，任何一个组织都无法凭借一己之力将其做好。众人拾柴火焰高。面对这个诱人却无法摘到的"大苹果"，荣事达转变思路，采用双创的方式以实现最终目标。打造平台型企业，通过价值共创推进双创，让大企业引领小企业创造价值，也是荣事达走上双创之道的目的和初衷。

荣事达双创平台有一种共生共创的合作氛围。一般的创业孵化器为创业初期的公司提供场地、设备等资源，类似于一种扶持计划，这更多是一个前期基础，创业公司后期的生存仍然无法得到保障。因此对于大部分初创企业来说，其成功率是非常低的。而在荣事达的双创平台中，创业公司与荣事达集团形成了一个共生共赢、价值共创的合作关系。从创业企业的前期资源、中期发展到后期保障，荣事达对初创公司的每个阶段都提供帮扶。场地、人员、设备、技术、法律……一系列点对点的服务使得荣事达双创平台中的创业项目成功率大幅提升，实现了创业项目的零死亡。

荣事达的双创之道，其核心特点有两个：一是产业聚焦，二是大企业引领双创。产业聚焦，即集中力量办大事。定位于智能家居，可以更好地发挥荣事达在家电行业积累的优势。作为家电行业曾经的领头羊，多年积累的经验能够帮助荣事达尽快进入智能家居这一新兴产业。大企业引领双创，顾名思义，就是以荣事达为中心，带动外围企业共同发展。智能家居全产业涉及的业务量太广泛，荣事达需要带动整个产业链上的企业加入它的队伍之中。大企业带动小企业，可以帮助大企业扩大业务范围，增强其市场竞争力。而小企业则可以依靠大企业的平台和资源，迅速成长，成为同行中的佼佼者。双创，最终实现了双赢。

一个成功的品牌不仅可以为企业带来直接的经济利益，还可以彰显企业文化，培养一批忠实的消费者。品牌作为一种非实体资源，在企业的成长道路中扮演着聚光灯的角色。在企业固有品牌影响力的映衬下，全新的项目或产品仿佛含着"金汤匙"诞生。在初创企业心中，大企业如同一个偶像，而大企业品牌下的双创平台对创客来说无疑具有强大的吸引力和说服力。创客们与大企业接触时，大企业品牌就像一块巨大的磁铁，将双创平台中的创客企业牢牢吸附在一起。

当双创平台的搭建初见成效时，大企业引领的双创品牌核心便可以由企业核心逐渐向双核心或者平台核心进行过渡。作为新型孵化器，双创平台的扩大，得力于其在众多创客中树立的品牌形象。不同于企业本身的品牌影响力，聚集在双创平台中的品牌可以是多样的。消费者关注的是产品品牌，而创客更看重孵化器品牌。两种不同种类的品牌相互促进，从而实现品牌共赢。

荣事达作为一个有着60余年历史的老品牌，已经在市场中占据了一席之地。荣事达将其品牌的天然优势嫁接到双创平台之上，使荣事达双创平台在诞生之初便获得了一定的影响力和知名度，并提升了双创平台在创客心中的认可度与接纳度，而大企业品牌在双创中的作用也在这一过程中得到充分体现。

双创为荣事达带来了动能和价值增长。

如同普通列车与动车的区别，普通列车前进依靠的是带有动力的火车头，而动车前进的动力来源于牵引电机。对于普通列车来说，火车头是其前进的唯一动力，当火车头动力不足时，整个列车都会慢下来，甚至停下来。对于动车来说，不仅仅是车头，几乎每节车厢都会配有电动机，也就是说，每节车厢都会为动车的前进提供动力[①]。所有车厢共同前进，使得动车的速度与普通列车相比得到了大幅提升。

荣事达的双创模式使得双创平台上的所有企业构成了一列动车。在这列动车上，大家向着同一个目标前进，每家公司都贡献着自己的力量。同时，当其中一家公司的发展遇到困境时，整个平台也会为其提供帮助，使其在动力不足时依然可以高速前进；当其动力充足后，又可以为其他动力不足的公司提供帮助。随着时间的推移，这样一个良性循环将逐渐体现其优势，充分发挥双创平台共创共赢的作用。而作为整个平台的搭建者与核心，荣事达以动车组车头的身份，控制着整个列车的前进方向。此时，荣事达实现了快速发展，双创平台的价值得到了充分体现，双创生态也逐渐形成。

---

① 目标支持系统——管理中的动车理论[EB/OL].（2017-09-26）[2019-04-15]. https://www.sohu.com/a/194639151_213087.

荣事达的双创，是一种大企业主导下的双创模式。通过建立大企业主导的双创平台，创客可以在平台上更好地进行创业。双创平台作为双创开展的载体，一方面支持和完善了创客的创业行为，另一方面也使创客在大企业的主导下井然有序地安排和执行着创新创业活动。与创客单打独斗的创业形式相比，大企业双创平台提升了创业的效率和成功率，使整个创业活动卓有成效。

大企业双创模式的创新，是机制的创新。在双创平台中，大企业与创客设计、建立的一系列全新的制度和模式，可以提升平台的运转效率，增强创客间的联系，提升创客间的正向影响力。不仅如此，机制创新还可以充分发挥双创平台"集中力量办大事"的作用，为整个大企业的双创模式注入活力。机制创新，为平台、大企业和创客的合作与可持续发展提供不竭动力。

第二节
机制助力：构筑双创内核

机制、组织创新

现代管理学之父彼得·德鲁克在《创新与企业家精神》[①]一书中传达了有关创新的理念，即创新不仅仅局限于高科技，商业模式的优化本身也可以算作一种创新。

员工持股计划又称员工持股制度，起源于路易斯·凯尔索在20世纪50年代提出的"双因素经济论"[②]。作为员工所有权的一种表现形式，员工持股计划实现了企业所有者与员工共享利润与所有权的状态。员工通过购买企业部分股票、股权来获得企业相应比例的产权与管理权。通过员工持股计划，员工成了企业的主人，企业与员工变成了真正意义上的"一家人"。

美国经济学家道格拉斯·诺思等通过融合制度经济学和熊彼特创新理论，提出了制度创新理论。按照制度创新理论的相关描述，制度创新可以为创新者带来利益的额外增加。它不仅是对现存制度的挑战，也是给未来发展带来光明的变革。类似于员工持股计划，机制方面的创新往往可以盘活整个企业。从组织的角度讲，员工持股计划增加了组织的凝聚力，激发了员工的动力与信心，使企业重新焕发活力。

机制创新与组织创新是荣事达双创的内在动力。包括合作机制、利益分配机制、双创保障机制在内的多种共生共创机制，推动了双创平台的有机发展。组织创新在荣事达各个发展阶段的精确匹配则为双创软着陆提供了支撑点。

机制创新。人们对创新概念的理解，最早主要从技术与经济相结合的角度出发，来探讨技术创新在经济发展过程中的作用。而机制创新作为企业优化各组成部分、各生产经营要素组合，提高效率，增强企业竞争力的创新活动，对整个企业运营机制的优化提升是至关重要的。

---

① 彼得·德鲁克. 创新与企业家精神[M]. 北京：机械工业出版社，2018.
② 张馨尹，罗华伟. 我国员工持股计划现状分析[J]. 现代商贸工业，2016, 37（16）：90-91.

作为双创的核心动力，机制创新不仅如同高楼大厦的承重墙，支撑着整个大厦屹立不倒，还像激活灵感的催化剂，为创新带来生机活力。对于一个庞大的产业来说，其涉及的领域繁杂，想要构建起一条贯穿始终的价值链需要进行精妙的顶层设计，并且通过价值输出、价值共创来形成。作为价值链的轴心，荣事达需要吸引更多的创客加入，共同组成完整的价值链。为此，荣事达搭建了双创平台，将其作为整个价值链的载体。在这个平台上，成员之间分工合作，每个创客只需要负责自己最擅长的部分，其余的事情由其他创客协助完成。例如，太阳能领域的行家就只负责太阳能产品的生产、销售，财务、法务等则交由荣事达或者财务、法务专业领域的创客来完成。荣事达负责维护平台的运行与稳定，而平台则给各个创客提供所需的资源和服务。这样，经过平台的协调与运作，全价值链的主链条便打造完成了。

组织创新。一个合理的组织架构是撑起企业发展的支柱。当企业规模很小时，企业组织架构相对精简轻便。随着企业的发展和壮大，原有的组织架构无法支撑起企业的可持续发展。此时企业如果不对其组织架构进行转型升级，必然会成为"被稻草压死的骆驼"。企业的规模、内外部环境、性质等因素共同决定了适合其发展的组织模式。对于小型企业来说，一个从上至下的职能式结构有利于信息的传递，能提升整个企业的效率。当企业的体量达到一定规模时，事业部制或者矩阵式的组织架构会更加符合企业的需求。

荣事达在中美合资公司解散前，主体依然是一个老牌国企。传统的科层制贯穿整个企业，是荣事达组织模式的主旋律。经历了低谷期后，荣事达当时的组织架构显得沉重而冗余，已经不再适合自身的发展，组织模式的探索与改革迫在眉睫。为了寻求新的突破，在荣事达品牌下组建了八家子公司。太阳能热水器、空气能热泵热水器、净水设备、小家电、空调、厨卫电器、电动车、电脑洁身器，八家横空出世的公司，在同一个品牌下各显神通。八家公司彼此间独立发展，荣事达作为品牌持有者，在不干涉子公司业务的基础上，为它们提供经验辅助和指导。就这样，一种所有人都不知道名字的组织模式诞生了。它以灵动的态势孕育着各家子公司，奇迹般地盘活了荣事达。这样高度灵活且自由的组织模式是荣事达在构筑早期合伙制时的主要结构依托。在该组织模式下，各子公司在统一品牌下独立运营。荣事达负责品牌授权，其余子公司负责产品销售，一种平等、开放的生态关系逐渐形成。荣事达作为整个生态关系中的"软核心"，与八个兄弟联手，共生共创，最终实现共赢。这种基于合伙制的组织架构，为双创的发展埋下伏笔。

再粗壮的树也需要茂密的枝叶才能展现生机。创客的补充与发展是全价值链纵向延伸的阶梯。作为机制创新中的重要一环，将合适的创客纳入价值链变得格外重要。生命力再旺盛的树也无法离开土壤的滋养。对于创客来说，平台拥有的丰富资源是其短期内无法独立获得的。加入双创平台后，创客可以借助平台资源迅速提升实力。初创公司需要考虑的财务、技术等一系列问题也可以从平台的支持中得到解决。当一部分创客成熟之后，他们又可以为平台提供更多的资源，扶持更多的新创客，从而使土壤愈加肥沃，使双创之树的枝叶愈加繁茂，由此形成良性生态循环。

以荣事达为核心的双创平台为创客发展提供了保障，众多创客在自身发展的同时又能够创造价值回馈平台。通过全价值链服务，平台内各个企业的潜能得到了激发。平台、创客，两者之间相辅相成，机制和组织上的创新共同促进了双创生态的形成，推动着荣事达双创的健康成长。

价值共创

在机制创新、组织创新的推动下，企业未来将产生一种全新的价值创造方式：动态灵活的双创平台对资源进行整合，对创客实行精准扶持；创客之间相互配合、互帮互助，实现平台与创客、创客与创客之间螺旋上升式的价值共创。

对于创业孵化器来说，投入转化率低、创客生存率低的问题，一直是难以逾越的鸿沟。纵观我国双创发展的历史，不难发现，双创失败的根本原因不是缺少投资，也不是缺少技术或人才。在初始阶段，当大量的资源涌现在创客面前时，许多创客"被美好的生活冲昏了头脑"，并没有将这些资源充分转化为价值。资源充足的发展状态使得创客们未能意识到，在不久的将来，在资源减少甚至是枯竭的状态下，他们的发展之路又该何去何从？

双创的痛点是不集中。对于小微企业来说，商海中的单打独斗着实考验着每家公司的"掌舵手"。全球化带来的世界经济波动、国家政策的调整、科技进步引发的产业升级，这一阵阵惊涛骇浪时刻威胁着行驶在商海中的企业之舟。除了无法掌控的环境外，企业间的竞争同样增加了创客的生存压力。在有限的资源内，只有极少数率先杀出重围的创业企业才能获得跻身大企业行列的资格。为了让更多的创客存活下去，抱团取暖，发挥每个创客的价值就成了重中之重。这种情况下，打造一个平台，让创客们建立联系，组成舰队，这不仅提升了平台中创业企业的生存概率，也拓宽了创业企业的成长空间。

一个优秀的双创平台应该是一个动态灵活的生态系统，能有效调动资源，实现平台和创客、创客和创客之间的良性互动。对于涉及面广、供大于求的资源，创客们通过"自助式"的协调分配进行整合，实现平台的精准扶持。同时，当闲置的资源被激活时，创客间的互助关系便悄然形成。例如，初创公司可能只有业务集中的几个月里需要财务人员核算收益，而到了淡季时，自己便可以处理这些问题。如果每个初创企业都配备若干财务人员，那么在业务冷淡期，这些财务人员便成了无法激活的资源，造成资源浪费。试想，此时双创平台若提供与收益核算相关的资源，便可以解决财务人员闲置的问题。其他创客只需合理利用相关资源，便能节省出一大笔资金，增加其他方面的投入，这就有助于产生更多的收益，加速自身的发展。同时创客的发展壮大也能衍生出新的要素资源和服务，如此一举多得，让双创成为实现全价值链服务的不二法门。

大企业引领的双创，精准扶持是其重要优势。在大企业主导的双创平台中，所有的创客均可以享受平台提供的资源与服务，即资源对创客是开放的。在创业企业成长的各个阶段，针对不同的目标和需求，平台为创客准备了适宜其企业发展的资源和服务。一种自上而下的关怀式培养，使创客在平台中得到了精心呵护。而随着创业企业的不断强大，创客也为双创平台提供反向支撑，平台的实力会更加雄厚，整个平台的价值也会逐渐得到提升，由此便形成了相互促进的动态循环过程。

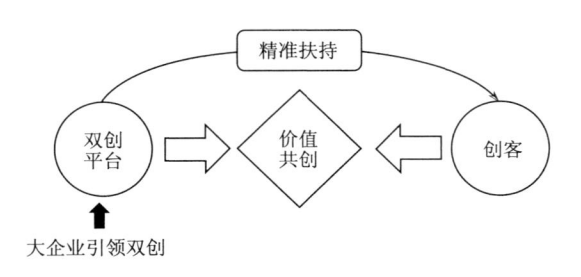

图1.1 平台与创客推动价值共创

荣事达双创平台的优势在于集中大量资源的同时，还可以将资源迅速、精准地匹配到各个创客。在荣事达的统一指挥下，平台中的创客们自然地形成了一个内部生态，大家向着同一个目标努力，使彼此间的协调和配合具有天然优势。平台的核心企业，要发挥自身的带头作用，把以往积累的经验传授给新生企业，使整个平台总结出的方法、模式在创客中得到传承和升华。价值共创包含了平台与创客、创客与创客的价值激活。在资源得到充分开发的同时，每个创客产生的作用也经过平台的放大镜效应急速增长。而双创的工具性在这一过程中也得到了淋漓尽致的体现，那便是让大部分人少走弯路。

在机制创新的助力下，由老创客对新创客进行一对一指导，核心企业对创客进行一对多引领，再到平台中所有成员之间进行多对多互助，创客的流程化促进着共同利益的阶梯式提升，各个企业产生的价值汇聚到一起，最终实现双创生态中的价值共创。在本章第三节中，我们将聚焦智能家居，探究双创平台下实现价值共创的生态化双创模式。

第三节
领航智能家居：大企业引领双创

打造智慧全屋

虽然智能家居行业兴起的时间较短，但许多企业已经对其"虎视眈眈"。当下众多企业涉足智能家居领域，既有如南京物联传感技术有限公司、深圳市欧瑞博科技股份有限公司、北京紫光物联智能家居、荣事达智能家居这样的系统集成型企业，也有如苹果、三星集团（以下简称三星）、谷歌公司（以下简称谷歌）、京东物联、腾讯、阿里巴巴、奇虎360这样的平台型企业，还有如华为技术有限公司、小米这样的生态型企业，更有如海尔、美的集团这样的传统家电制造型企业。但企业之间各自为政，彼此孤立，它们均打造了属于自己品牌的产业生态，即能够实现自家生态的产品互联，然而对于其他品牌的产品，则由于缺乏统一的通信接口或标准而不能实现互联互通，这导致消费者在智能家居产品的选择上存在局限性。这不利于智能家居产业的整体发展。

面对庞大的新兴产业，凭一己之力实现产业垄断，对企业来说是一种奢望。智能家居产业犹如一个巨大的奶油蛋糕，很多企业都蠢蠢欲动。然而，面对智能家居产业涵盖的庞大的产品种类与数量，没有一家企业可以全部吞下。当前在智能家居产业领跑的企业，掌握的都是部分产品或品类的核心竞争力，例如在厨卫产品中名列前茅的方太集团、杭州老板电器股份有限公司（以下简称老板电器），以及在空调制冷方面分庭抗礼的珠海格力电器股份有限公司（以下简称格力）、美的集团，它们均是各自领域内的佼佼者，却依然只能占据智能家居产业的一角。大企业希望成为领航者，小企业也期盼着分一杯羹，群雄割据的局面就此展开。

智能家居单品间的局限性极大地限制了智能家居行业的发展。一个消费者在决定购买智能家居时，会面临一个无法逃避的现实问题：是购买同一家公司生产的多种智能家居单品，还是分别选择每个单品领域中的佼佼者？同一家企业生产的产品，在系统的统一性上会有很大优势，只需使用一个平台的客户端便可激活所有产品。但一家企业可能只在某些单品上处于领先位置，更为重要的是，单个企业生产的产品种类有限，消费者需要的智能家居单品可能不在目标企业的经营范围内。若分别购买不同企业生产的智能单品，虽然可以保证每种单品的质量以及单品的种类，但一个棘手的情况是，不同企业生产的产品，其运行的平台或者端口是不同的。换句话说，如果要在家中使用这些智能单品，则需要分别安装对应的小程序（app），这极大地影响了消费者的体验。为了使用便捷而购买的智能家居产品反而给消费者带来了不便，这似乎有些"得不偿失"。

为了打破产品间的"隔阂"，必须使其相互建立联系。统一所有企业的通信接口或标准在当前是不现实的，于是一个大胆的想法在荣事达高层中慢慢孕育：那就干脆打造智慧全屋，让荣事达的产品覆盖智能家居的全品类！

作为双创的着力点，智慧全屋所包含的产品种类对于一家企业来说是极其多的，而这恰好是双创诞生的"暖床"。统一的目标、足够的需求、丰富的资源，这些都成为众多创客生存的必要条件。同时，智能家居作为新兴行业，未来的发展前景一片光明，将双创搭建在智能家居之上，无疑延长了双创的生命周期。智慧全屋作为智能家居产业的一种落地形式，在打通各类单品、增强产品间互补性的同时，也拓展了智能家居的产品种类。从全屋智控系统到防盗门、电视机、冰箱等各类单品，一系列家居产品的智能化，均可纳入智慧全屋。随着智慧全屋中产品种类逐渐丰富，智慧全屋的"规模效应"也逐渐显现出来。产品间的联动使智能家居的智能性和便利性大幅提升，而集成优势的加成也使每个单品得以升值。

打造智慧全屋，领航智能家居双创。不得不说，这步妙棋打破了荣事达双创开展过程中的僵局，形成了整个双创生态，勾勒出了智能家居的发展蓝图，而双创更是其中最有效的手段和画龙点睛的一笔。

双创驱动智能家居

智慧全屋为双创落地提供了着力点，而双创也为搭建智慧全屋画好了图纸。作为实现智能家居产业的引擎，双创通过其灵活的机制、共创的平台、互助的生态，推动着智能家居产业的转型和发展。

在智能制造的双创模式下，创客们依据自身特点分别负责搭建智慧全屋的一部分。当众多的创客入驻平台后，双创的作用便显现出来。通常来说，在大量的创客面对相同的资源时，争抢必然会发生。造成该现象的不一定是资源短缺，也有可能是当资源可以满足平台需求时，创客间的资源供给和协调出现了问题。例如，当两个生产型创客需要渠道支持时，如何利用现有的渠道来帮助两个创客进行产品销售便需要整个平台的调控。与单纯的创客集合体相比，双创模式中的平台企业在荣事达的统一领导下，具备了信息统一、集中把控、灵活匹配、实时调整等一系列优势。这也就意味着，纷繁复杂的内外部环境恰恰体现了双创驱动智能产业实现的优势。双创，成了智能家居发展过程中的灵丹妙药。

随着科技的进步，一系列的新技术融入了企业的发展中。人工智能（智能制造）、大数据、物联网（internet of things, IoT），这些从前只存在于想象之中的黑科技，推动着智能家居产业的快速发展。而双创作为商业模式中的"新技术"，也促进着智能家居产业的不断发展。

双创在智能家居建设中的直观表现，便是提升了其由想法变为现实的可能性。面对如此大规模的工作体量，一个高屋建瓴的顶层设计是不可缺少的。生态化双创模式为创客从诞生到壮大的各发展阶段提供方向指引，为平台的生态化发展提供机制保障。

随着经济全球化的不断推进，企业生产的跨国合作也愈加频繁。以美国的波音公司为例，作为全球最著名的飞机制造商之一，波音飞机的零部件由 70 多个国家的 545 家供应商负责生产，超过 4100 架在世界各地飞行的波音飞机使用了中国制造的零部件。其中，波音 747 所用的 450 万个零部件，是由 6 个国家的 1100 家大企业和 15 000 家中小型企业参与分工协作生产出来的。[①]跨国的合作生产将全球供应链紧密连接在一起。

在双创平台中，所有企业都是智慧全屋体系下的一分子，并且每个创客都有着专属于自己的任务和定位。创客间的关系不再是单纯的竞争关系，甚至可以说彼此间的矛盾已被弱化到了最低点。正如波音飞机的制造离不开所有供应链成员的通力合作和共同努力，只有这样才能保证飞机的每个零部件质量过关，才能让驶入云端的飞机安全返航。

从经验传承来讲，创客间的指导是言传身教的；从互帮互助来谈，帮其他创客生存发展也是在提升自身实力。唯有合作共赢、相互促进，才能实现价值共创，构造和谐共生的双创生态。而双创平台在创客间发挥的具体作用与表现，我们将在本书的第三章为大家进行详细介绍。

---

① C919 我们只是造了个壳儿？为什么国家一定要自己造大飞机？[EB/OL].（2017-05-06）[2019-05-05]. https://www.sohu.com/a/138684551_349954.

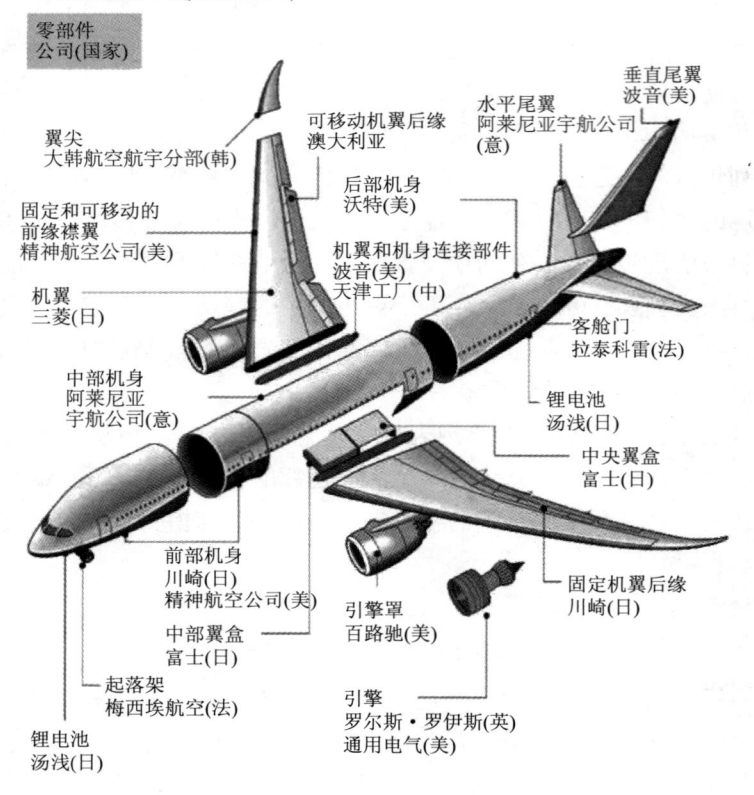

图 1.2　波音飞机的零件供应示意图①

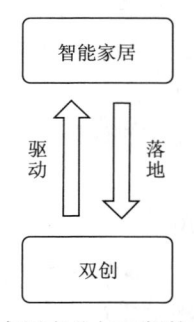

图 1.3　智能家居产业与双创的相互促进关系

---

① 波音再度受创，737MAX 停飞后，星际客机对接失败[EB/OL]．（2019-12-25）[2020-05-07]．https://www.sohu.com/a/362489435_120474927?scm=1002.44003c.1e6021c.pc_article_rec．

第二章　智能家居共创：解题双创

人生如棋，岁月如歌。俯瞰棋盘上的纵横，每一步规划，每一颗落子，都是棋手的精心布局。运筹帷幄是一种姿态，胸有成竹是一种心态。无论前方的路平坦抑或崎岖，未雨绸缪，才是通往成功路上的保护伞。

大树直立长，青藤傍而依。双创平台的构建离不开产业布局，合适的产业选择有助于平台创客的能量汇聚。如果把双创比作藤蔓，那双创平台就是藤蔓缠绕的大树。树木、藤蔓，片片绿色共筑生机，而生机与活力也充满整个双创平台。

第一节
智能家居产业布局

定位与选择

"定位是一种观念,它从产品开始,可以是一种商品、一项服务、一家公司、一个机构,甚至是一个人,也可以是你自己。定位并不是对产品做什么,而是要使产品在潜在顾客的脑海里有合理的位置,也就是要把产品定位到潜在顾客的心目中。"[1]这是艾·里斯和杰克·特劳特有关定位的一段描述。

正确的方向有时比走得快更加重要。选择智能家居作为开展双创的主产业,确定了荣事达双创模式的大方向。作为先进技术与传统企业的成功结合,智能家居产业的发展前景一片光明。同时,身为国内家电制造业的元老,荣事达在家电行业积累的资源和经验在智能家居行业也得以传承。

智能家居产业是包含家电、建材、新能源、互联网四个传统产业在内的,以住宅为基础,以人为中心的未来生活方式,是人工智能的重要领域,是家电、建材、新能源、互联网发展的必然趋势,同时也是以上四个传统产业转型升级的必由路径。智能家居生态格局则包括了元器件供应链、解决方案服务商、智能家居设备商、平台服务商、渠道服务商以及第三方机构在内的六个维度。

作为 2004 年最早与荣事达合作的八家民营企业之一,潘保春负责的太阳能业务由于市场前景好、业绩突出,很快被树立为标杆,得到重点扶持。2008 年,占地 1200 亩的荣事达第六工业园区正式投入使用。园区的建成使公司办公更加便利,公司间的沟通与交流也更顺畅,整个企业发展又向前迈进了一步。经过几年的资本积累,潘保春收购了合肥荣事达佳优电子电器有限公司,并将其主体整合更名为合肥荣事达电子电器集团有限公司。随着 2009 年原荣事达企业的注销,国有老字号已经名存实亡。潘保春在获得政府授权的"荣事达"品牌之后,不断扩大自己的经营业务,在保留荣事达品牌的同时,提升自身的企业竞争力,最终形

---

[1] 郑锐洪. 定位理论的营销价值[J]. 经营与管理, 2007 (12): 35-37.

成了如今国有品牌下的民营企业。

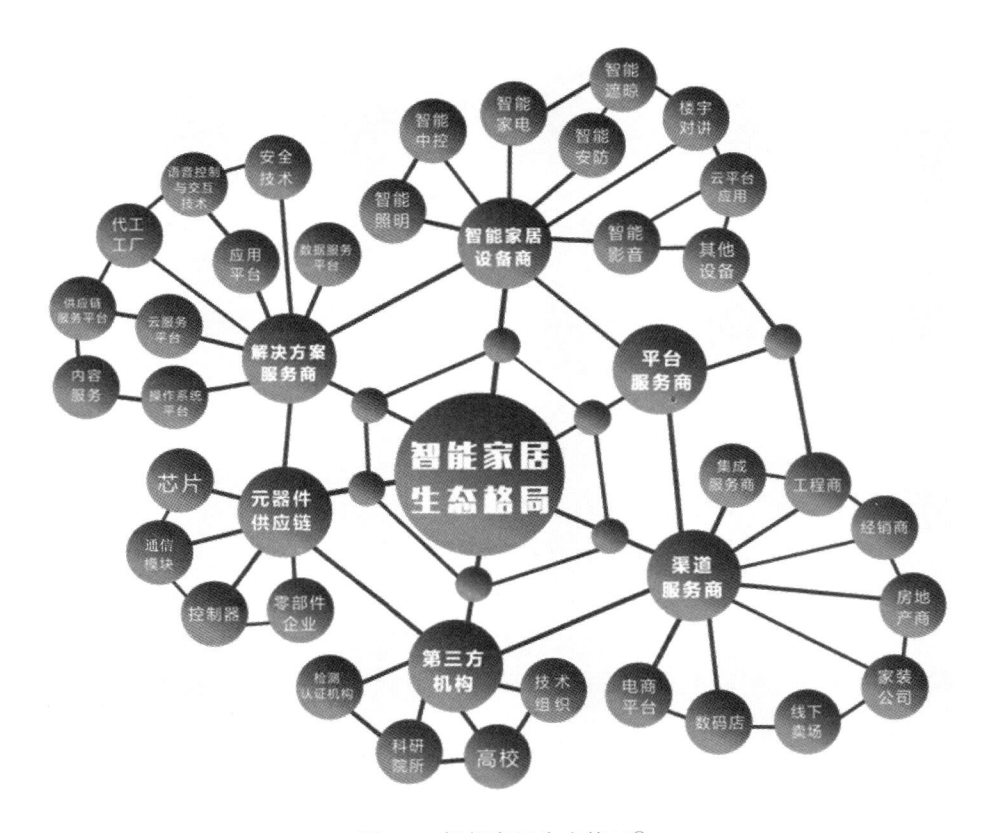

图 2.1　智能家居生态格局①

集团性质虽然改变了，但荣事达的发展势头丝毫没有减弱。私有企业的性质使得荣事达发展更加灵活，企业的创新模式也更容易展开。2012 年，太阳能市场趋于饱和，同时"家电下乡"政策年限已到，太阳能电器产品销售量严重下滑。在潘保春看来，发展一定会带来问题，同时，问题是存量资产，唯有发展可将其盘活。受到产业转型的启发，荣事达集团开始了产业的二次孵化。经过评估与讨论，空气能和卫浴成为试点项目。于是在 2013 年，荣事达全面启动智能家居战略

---

① 中国信通院. 中国信通院：《2018 中国智能家居产业发展白皮书》[R/OL].（2018-05-25）[2019-08-19]. http://www.100ec.cn/detail--6493895.html.

布局，同时市场化的措施开始在荣事达内部展开。空气能和卫浴两个产业作为主要试点，内部独立经营、自负盈亏、独立核算、建立独立账户，在荣事达控股的前提下，产业下放到各个事业部，由事业部自主经营，集团辅助支持。荣事达在借鉴过去战略合作模式的基础上，建立了符合自身发展的合伙制度。二次孵化产业效果显著，新开辟的产业很快就迸发出了生机与活力。2014年，荣事达实现了整体经营业绩80%的增长，连续两年实现了62%的复合增长。2016年国家行政学院上报国务院的荣事达"双创"模式专题调研报告指出，荣事达集团运用合伙制，整合全社会资源，打造"智能家居全价值链双创"平台。荣事达实现价值和利益共享的做法也得到了政府相关部门的充分肯定。

商海行舟，不进则退。历经波折之后，家电企业的发展战略与思维模式已经深深地融入了荣事达的企业文化之中。时代在更迭，但荣事达致力于发展家电产业的初心不渝，在当今"互联网＋"与"双创"的时代背景下，荣事达选择了智能家居产业再出发，继续书写它的故事。

宏观环境的变化影响着企业发展，而"审时度势"不失为一种高瞻远瞩的选择。国家先后推出的"大众创业、万众创新""中国制造2025""供给侧结构性改革"等一系列战略号召，是针对当前宏观经济形势下谋求转型升级所制定的宏观举措。智能家居产业由于具有庞杂的细分体系，同时与民生息息相关，被列为国家重大新兴战略产业。而目前国内智能家居产业体系尚未建立统一的产业联盟，更缺少系统性的产业体系，打造中国智能家居产业基地势在必行。智能家居产业基地的建立，对打破现存的孤岛效应以及各自为政的局面无疑是一剂"强心针"。通过有效整合各方资源，建立行业统一、秩序井然的技术秩序、市场秩序、服务秩序，瓦解当前行业在技术、营销、供应链方面存在的壁垒，解决智能家居产品的刚性需求问题和"痛点"，这样打造的智能家居产业基地与国家的战略政策相吻合，是宏观战略落地的坚实保障。

地方政府的支持对于企业发展来说就像是一场东风，帮助企业在商海之中航行得更远。企业发展的方向与当地政府的战略方针一致，便奠定了一个双赢的基调。安徽省作为全国家电生产加工的大省，长期以生产加工配套为主，缺乏产品、技术创新的动力与活力。面向"互联网＋"等新时代的发展机遇，在整合资源的基础上积极开拓创新，以智能家居产业的发展作为全新着力点，将改变安徽省家电产业的传统形象，打开具备创新活力和良好发展势头的新局面。作为科教资源大省，安徽坐拥包括中国科学技术大学在内的众多高校和科研院所，其研发创新实力强大，科研发展环境良好。省会合肥市更是在2017年被赋予建设综合性国家科学中心的重任，即将新材料、量子技术、人工智能、大健康、大数据等省内战略性新兴产业发展上升至国家战略产业建设的层面[①]。智能家居产业的发展离不开资金和科技的支撑，而作为与量子技术、人工智能、大健康、大数据等技术具有天然联系的新兴产业，其发展对整个省内的创新发展也将产生积极的推动作用。

当温饱得到满足后，人自然会追求更高层次的需求。如今传统家居的普及度已经很高，随着人工智能技术的日益成熟，"智能家居+物联网"成为一大趋势。打造智慧全屋就是荣事达更高层次的追求。整个社会的趋势和需求驱使着荣事达选择智能家居作为产业创新的主阵地。在如今这个智慧碰撞、开放发展的时代，要想实现万物的互联互通，传统产业必须进行升级。建材和家电的结合推动了家电智能化，凭借智能化的家电来促进全屋家居系统的形成，再通过引进创客来共同打造智能家居产业。利用物联网来搭建产品库，通过双创来构建生产关系，荣事达以这样一套机制来保障实现智能家居产业。

目前，消费者对大多数智能家居产品仍持观望态度。就整个智能家居产业而言，智能单品的导入是主流，智能家居系统则多以小微系统的形式存在。放眼智能家居产业，消费者使用较多的产品分别是照明类产品、门窗控制产品（智能窗帘、智能窗户、智能猫眼、智能门锁等）、家电控制系统（空调、电视、电饭煲、扫地机等）与安防类智能产品（视频监控、天然气传感器、空气开关等）。目前，苹果、谷歌、小米、三星等全球知名企业已经在针对智能家居生态系统进行布局，苹果、谷歌从操作系统入手，而三星、小米则从硬件切入[②]。据深圳奥云网络科技有限公司监测，2020年1～4月，中国精装房的智能家居配置率为87.9%，较2019年增加了18.7个百分点。预计到2023年全球15%的家庭将安装智能家居设备。中研普华研究报告《2020—2025年智能家居市场竞争格局及供需分析预测报告》[③]也指出，未来几年智能家居市场将迅速发展，而中国的智能家居市

[①] 安徽省人民政府网.《安徽省新一代人工智能产业发展规划（2018—2030年）》发布[R/OL].（2018-05-31）[2019-09-12]. http://www.cbdio.com/BigData/2018-05/31/content_5725395.htm.

[②] 科技大佬强势入侵 智能家居战场愈演愈烈[EB/OL].（2014-07-04）[2019-09-28]. http://www.linkshop.com/news/2014294266.shtml.

[③] 智能家居市场需求分析 2021 智能家居行业竞争和前景趋势分析[EB/OL].（2020-12-10）[2021-01-10]. https://www.chinairn.com/hyzx/20201210/163149843.shtml.

场更将在全球市场中占据重要的地位。

双创为创客提供了展现魅力的舞台。荣事达双创平台作为打造智能家居产业的企业集结地，在选择智能家居产业进行落地的同时，推进了消费者从购买智能单品向一站式购买的转变。精确的定位，合理的选择，智能家居产业成为荣事达双创成长道路上的坚强后盾。

挑战与未来

当命运递给我们一个酸的柠檬时，让我们设法把它制造成甜的柠檬汁。

——维克多·雨果

伴随着科技的不断进步，客户的个性化需求越来越丰富，整个商业大环境的变化日益加剧，实现全产业的创新超出了单个企业的范畴。行业不再是一家独大，单打独斗的模式终将被时代所淘汰。占据在各自产业链顶端的企业已不同于以往，如今，它们更像是拥有同一个名字的企业集合体。

20世纪90年代，国家鼓励企业兼并重组。当时大部分的企业认为发展应当实现专业化而非多元化，很多企业通过兼并同行业的小企业来提升自身的专业化程度，一家独大后反而影响了企业的持续经营。与大多数企业走兼并路径不同，海尔通过以"海尔文化激活休克鱼"的思路先后兼并了国内18家跨行业、跨领域的企业，在走上多元化经营道路的同时，也拥有了更加广阔的发展空间[1]。

行业发展的多元化进一步增加了创新生态的复杂程度。面对更加复杂的创新环境，企业之间需要通过技术联合来实现创新生态。创新离不开人才的支持。在当前的创新生态中，企业在加强自身人才储备的同时，进行人才联合也是至关重要的。产业发展越来越庞大，变化速度也逐渐加快，企业通过寻找最佳的合作伙伴来共同实现产业的全覆盖，是实现其最为稳妥的发展的有效率的方法。荣事达与各个创客均在不断补充所需的人才，这些人才会聚到双创平台上，便自然而然形成了智能家居产业中一支高水平的研发队伍。

---

[1] 从384万元到2016亿元，被总理点赞的海尔到底干了什么？[EB/OL]．（2018-07-23）[2019-10-04]．https://www.sohu.com/a/242755371_100139567．

人才的会聚为企业实现创新发展带来了不竭动力，但真正考验企业的是如何做到人尽其才。企业通过发展生态组织机制来实现专业人做专业事，进而形成一个合理高效的组织机制，促进企业的蓬勃发展。不以规矩，不能成方圆。未来，组织机制创新对企业创新发展的重要意义不言而喻，智能家居产业的全面创新发展将依赖于全新的生态组织机制。

在推动企业发展的同时，机制的创新更迭也给整个双创带来了全新的挑战。商业模式、制度上的变革，本身就是一把双刃剑，它带来的绩效是正向还是负向的，产生的价值有多少，取决于核心企业对双创的适应度与融合度。换句话说，不是所有的企业都适用双创模式。

荣事达集团旗下拥有包括"荣事达""品冠"在内的多个品牌。由于历史原因，集团目前只有部分产品获得了"荣事达"品牌的使用权，市面上流通的"荣事达"产品并非出自同一家。与此同时，先后入驻双创平台的创客生产的产品会存在重叠。在无法要求后入创客割舍业务的情况下，就需要对其生产的产品赋予一个新的名字。荣事达集团的智能锁业务目前发展势头良好，但在集团内部，却有两家创客——"荣事达"智能锁与"品冠"智能锁——在研发生产这一产品。通过品牌协调，荣事达化解了创客间产品冲突的矛盾。

以大企业双创的核心企业为例，双创模式下的企业规模迅速扩大。在聚集资源、人才、技术等各种要素的同时，协调好创客间的关系成为一项极大的挑战。选择怎样的运作模式来实现共生共创，是平台上所有人不得不面对的问题。不仅如此，在互动频繁的双创模式下，产出、创新是成倍增长的，而创客间的摩擦也是急剧增加的。

双创模式包含着一种生态化的组织机制，在大企业主导的双创平台中，双创模式能够更好地促进创客间竞合关系的良性发展，使创客们在竞争中共创，在合作中共赢。

荣事达在智能家居产业的发展，离不开双创的引领与支撑。目前，我国智能家居产业的发展仍处于起步阶段。荣事达双创基地不足以覆盖智能家居产业，无论是项目的多样性需求，还是技术的研发需求，都迫使荣事达不断扩大园区，延长整个平台的生命周期。项目投资则为双创平台的可持续发展保驾护航。在保证原有项目平稳落地的同时，通过发展新的项目，丰富智能家居生态，提升企业的规模化经营。立足于现有的双创平台，荣事达在产业规划、园区运营和项目投资三个方面为智能家居产业的发展做好布局,通过形成完整的产业生态链,为创客找好落脚点。

无论是进一步完善生态化双创模式,还是继续发展壮大智能家居产业,荣事达都面临着一个又一个的挑战。面对困难险阻,如何克服、战胜它们,将决定着荣事达双创的未来。

第二节
企业平台化

组织机制的发展以及双创模式的出现需要借助新技术的发展。近年来，随着科学技术的不断进步，"互联网+""大数据""人工智能"等信息技术百花齐放，这使信息的收集、整理和使用变得更加便捷。同时，随着商业环境的快速变化，以"平台+创客"为典型特征的平台化经营模式已经成为组织机制创新所追逐的热点。企业的平台化经营意味着企业将承担组织信息集成者与指挥者的责任，而平台将以管理和服务为核心职能，不断推动创客的创新项目蓬勃发展。

企业平台化将传统企业的资源整合在一起，激活资源的互补优势，创造出全新的利润空间。平台型企业在当前信息爆炸、互联网飞速发展的时代里，打通产业壁垒，营造出了全新的消费者市场。

2012年，于北京上线的滴滴出行是涵盖出租车、专车、快车、顺风车、代驾及大巴等多项业务在内的一站式出行平台。依托移动互联网平台，仅四年时间，滴滴便迅速成长为拥有九成左右中国专车市场份额、99%以上网约出租车市场份额、全球仅次于淘宝网的第二大在线交易平台[①]。

凭借着敏锐的市场嗅觉，滴滴将目光聚焦在了出租车市场。通过打造线上线下一体化（online to offline，O2O）平台，滴滴改变了传统的出租车行业服务方式，极大地提升了打车效率。在垄断出租车行业的局面下，滴滴针对不同乘客、场合划分出不同的价格区间，形成了出租车、专车、快车、顺风车等业务。整合第三方平台，是滴滴作为平台企业做的另外一件大事。滴滴通过大数据分析、与众多电商合作、大额补贴等举措来快速吸纳乘客和司机进驻平台。除了乘客和司机，滴滴出行还与第三方服务平台建立接口，为整个平台的建设带来便捷，如第三方支付平台等。

不仅仅是滴滴，在出版行业同样存在着平台。不同于传统出版行业，电子书

---

① 企业如何平台化？看这些平台界的"扛把子"有何妙招[EB/OL].（2017-10-19）[2019-08-12]. https://www.sohu.com/a/198834191_762191.

城、电子阅读平台的诞生丰富了人们对书籍形式的认识，改变了大家的阅读习惯。传统的出版行业，其产业链条是线性的。由作者到读者，中间还会经历出版商、批发商、零售商等。电子阅读平台跨越了传统出版行业时间与空间的限制，作者与读者在平台上可以实现沟通交流，而读者也可以根据自身的阅读喜好选择书籍。电子阅读平台实现了作者与读者的互联互通，激活了互联网时代下出版行业的产业发展新模式[①]。

在如今大数据的背景下，平台企业依靠具有黏性的服务将海量用户聚拢在身边。通过寻找彼此间的需求点，企业将可连接、可重组、可互补的需求点进行匹配，从而实现平台化。中国三大互联网公司（百度公司、阿里巴巴、腾讯）的发展壮大离不开平台化的发展。基于云搜索，百度公司实现了用户与信息提供者之间的连接，满足了用户快捷检索信息的需求；阿里巴巴为消费者和商家建立联系，使电子商务进入人们的生活之中；而腾讯则将目光聚焦在了人与人的交流与互动中，利用社交网络打造企业的平台化[①]。

平台经济的出现增强了用户与商家、用户与用户以及商家与商家之间的联系。各利益相关者相互依存，相互促进，形成一种正向反馈的机制。随着平台的扩大，其衍生物也逐渐增多，最终形成一个稳固、多样的企业战略联盟。当前，平台企业的优势正逐渐显现出来，而如何实现企业平台化，也吸引了越来越多企业的关注。与互联网企业不同，荣事达作为制造业领域的企业，打造智能家居平台，不仅需要实现需求、信息的串联，还要建立生产端的联合与统一。荣事达将经营不同智能单品的创客连接起来，通过自己独到的方式，在实体端打造着自己的企业平台。

产品布局项目化

在智能家居产业的搭建过程中，有一个问题是必须要回答的，那便是智能家居生态的核心是什么。家庭内部的电器智能化离不开统一的控制系统，而系统需要硬件做载体。因此对于荣事达来说，拥有一个先进的控制系统是当前实现智能家居生态的核心。荣事达作为传统的制造型企业，缺乏创新技术，集团想要做创

---

① 陈威如，余卓轩. 平台战略：正在席卷全球的商业模式革命[M]. 北京：中信出版社，2013.

新、做智能家居，必须得到技术方面的支持。与此同时，社会中存在一些有核心技术、核心方案的创业者，由于缺乏品牌、资金和渠道等资源，很难在激烈的市场竞争中存活下去。双创平台便将荣事达与这些创客联系起来，共同打造智能家居产业。

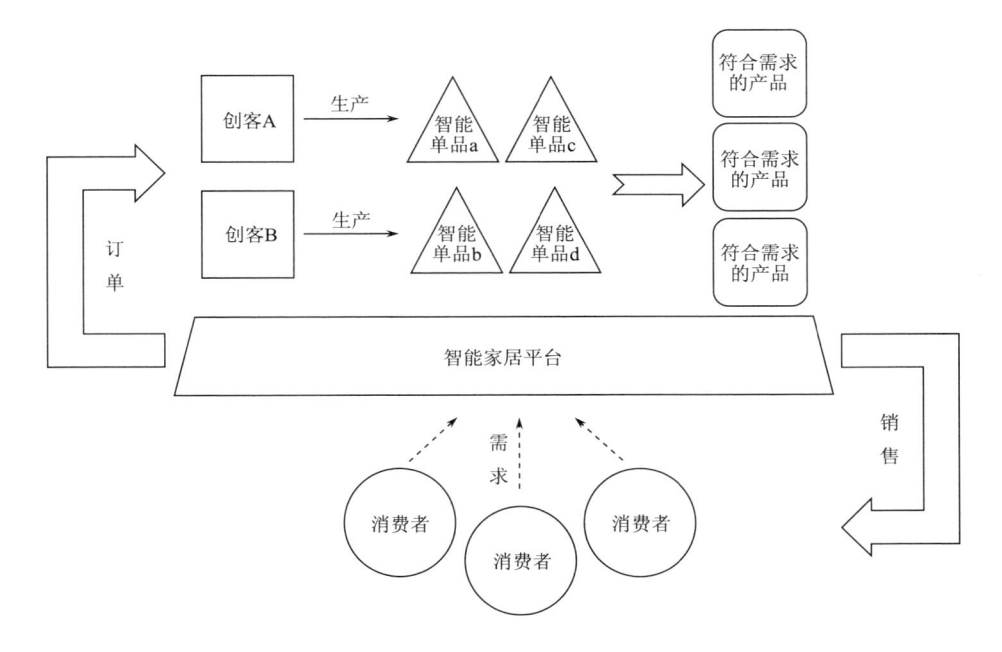

图 2.2 智能家居平台连接消费者和智能单品

荣事达通过引进软件技术型创客，开发基于物联网的智能家居控制系统，使家居产品实现互联互通，形成智能家居产品生态。从某种意义上来说，只要为产品配备了统一的连接方式，便可以将所有的产品纳入智能家居系统之中。

在明确核心问题之后，接下来考虑的便是智能家居生态的产品接入问题。这就需要对整个双创平台进行项目布局，通过项目化处理，在平台上促进全屋系统、智能家居产业的形成。现阶段，从技术难易程度、市场需求两个方面着手，荣事达必须明确智能家居市场中哪些产品是需求量最大、市场化最好的。通过持续的概念型导入，在保证做好当前产品的同时，将未来的产品与技术进行储备，从而实现产品、技术的迭代升级。

作为企业实现平台化的步骤之一，荣事达将项目围绕市场进行合理划分，通过影响力的延伸来实现项目化。不同于单纯的需求拉动，这是一种口碑扩散与需求渗透相结合的方式。以荣事达进军建材行业为例，将"建材家电化、家电智能化"作为发展理念，荣事达利用其在家电行业的品牌影响力，向着存在共同目标客户的建材行业（如荣事达品牌的卫浴、门、集成吊顶等产品）过渡。与此同时，家电行业与建材行业均为智能家居产业的重要组成部分。打通行业间的壁垒，促进亲缘行业的黏性发展，荣事达在朝着平台企业转型的同时，也实现了智能家居产业的项目化发展。

项目化布局后，整个双创平台的发展脉络便植入创客的成长路径中。所有的创客被拧成一股绳，为双创的平台化发展增添动力。

创客引入

平台共创作为一种宏观的、场景性的共创形式，除了其字面意思，即创客在平台上进行共生共创外，还包括了平台与创客的协同式发展。双创平台的组织机制通过协调关系、促进合作，在物理平台起辅助作用的基础上，通过扶持创客，再由创客反哺平台，来实现各方发展的良性循环。创客引入与二次孵化作为实现平台共创的重要手段，在提升平台企业竞争力的同时，促进双创在企业平台化过程中顺利成长。

创客是平台的立身之本与活力之源，企业在平台化之后首先应该思考的问题就是如何引入创客。平台资源为创客注入新的动力，使之更具发展潜力，但同时平台的构建和发展也需要创客的共同努力。每一位创客都是平台的一部分，只有聚集了一大批充满活力的创客，平台才有存在的价值。荣事达深知创客对智能家居产业平台的重要性，从平台成立之初就从价值导向、归属感和物质保障三个方面为创客提供人性化和舒适的服务。

持续的吸引力是创造价值的不竭动力。创客入驻仅仅是双创平台成长的第一步，能否成功引入创客决定了整个双创的开局是否顺利。创客作为推动价值创造的引擎，其努力和付出对实现平台共创至关重要。只有找到合适的创客，才可以为双创平台的下一步发展规划路径。

引入创客的过程不仅仅是简单地吸引创客，还需要激发他们对双创理念的认同感，提升创客在平台中的归属感。每一家初创企业，都是双创平台的主人。让创客在平台中感受到家的温暖，创客才会为了大家庭的繁荣而贡献自己的力量。当入驻后的创客在平台中激活动能，实现价值时，我们才可以称其为真正意义上地成功地引入创客。

任何绝妙的想法都需要落地。作为一种全新的孵化器模式，双创也不例外。园区的建立为整个双创平台提供了落脚之处。拥有自己的家，对孤单漂泊的创客，无疑是最大的慰藉。对于刚刚诞生的制造研发型公司来说，仅提供战略倾斜的双创平台可能仍然缺少直观的吸引力。如果能够提供舒适的产业园区，想必会让创客们安心入驻，专心发展。2005年，荣事达第六工业园区以实体基地的形式正式接入荣事达双创平台。通过调研评估，长丰县凭借突出的创新软环境以及县政府的大力支持，得到了荣事达集团的青睐。经过三年的建设，2008年，荣事达第六工业园区从高新区搬到了长丰县双凤工业园区。荣事达双创的发展得到了实质性的支撑。

二次孵化

对于平台和企业来说，创客的二次孵化是一次更新换代的过程。如果说创客入驻双创平台是由于缺少资源和经验，那么当创客的资源和经验得到充分积累后，核心企业则必须发挥双创的主导作用，为成熟的创客制定全新的发展模式，让大企业双创实现平稳过渡。

2004年，经历了第一次创业的荣事达八家子公司基本都存活了下来。如果说2004年荣事达考虑的问题是生存，那2005年荣事达需要面对的挑战便是如何维持现状，把积累的优势沉淀下来。在这种情形下，"二次创业"被提上了荣事达的发展战略日程。

2010年，随着太阳能产业的膨胀以及"家电下乡"政策红利的结束，太阳能产业的剩余价值空间已经十分有限。对于荣事达来说，激活新产业势在必行：以荣事达电子电器集团为平台，延续之前的合伙制，通过激活原有产业的二次创业来实现新项目的落地。

二次创业后的荣事达成功摆脱了企业内部的生存困境，并开拓了围绕智能家居发展的新产业。2016年，针对企业内部的创客，荣事达进行了"二次孵化"，通过二次孵化，让老牌优势产业（如空气能）重新焕发生机，也让新生代创客（如

"品冠"品牌下的企业）得以快速成长。

所谓二次孵化，就是针对平台中的创客进行再升级与再强化。战略的重心便是让已经成熟的老牌创客继续发光发热，让新的创客逐渐成为平台日后的中坚力量。很多初创企业在孵化器中成熟后，便会选择离开摇篮，到外面更宽广的市场去披荆斩棘，闯出自己的一片天地。这些离开孵化器的创客们并非不懂得感恩，更多时候，是孵化器限制了他们的成长与发展。而荣事达通过二次孵化，让创客进行内部市场化的同时，利用合伙机制为成熟的创客拓宽了未来发展的道路。

并非所有的创客项目都适合开展二次孵化。经过之前的考察积累，凭借着较好的发展前景与经营现状，2010年，空气能项目从荣事达电子电器有限公司独立出来进行二次创业。二次创业在稳固空气能现有竞争力的同时，扩充了原有的项目类型，围绕空气能拓展出了更多的产品。之后，荣事达对空气能项目进行二次孵化，将空气能项目市场化，内部独立经营、自负盈亏，荣事达集团则负责质量、财务以及市场方面的管控。空气能作为荣事达二次孵化过程中的典型代表，在帮助平台开辟出全新市场的同时，获得了双创平台更多的支持。如今的空气能不仅是荣事达双创平台重点扶持的创客项目，同时也拥有了更多的自主权，可以自主向平台外延伸市场。

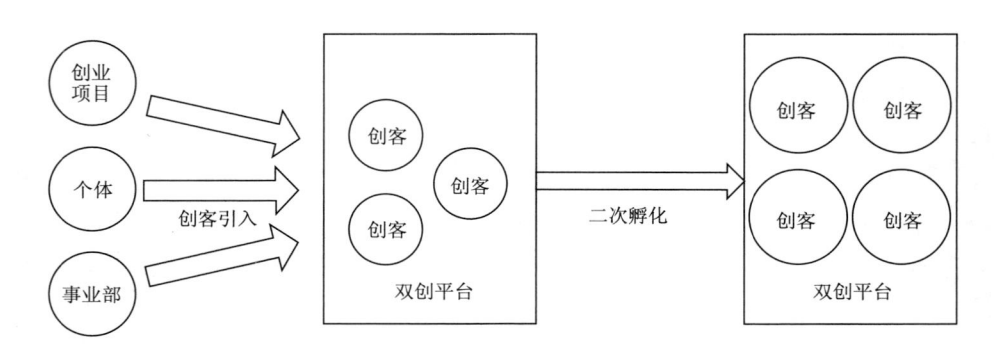

图 2.3 双创平台发展壮大的过程

平台不限制成熟创客的发展，而成熟的创客也成为双创平台式发展的开拓者。创客的引入和孵化，不仅为企业平台化发展打下了基础，更让这些成长壮大的创客成为平台价值共创的缔造者。

第三节
共生共创共赢

平台与创客：共创共赢

合理的产业布局为双创发展指明方向，企业平台化则为企业的成长铺平道路。大企业双创需要选择一个产业作为突破口，通过产业的纵横延伸实现双创的平台式发展。而作为连接各方需求所诞生的企业亲密网络，则成为平台企业立足于市场的软实力。有吸引力的平台化企业在聚集资源的同时，也为进一步加深企业间的合作奠定基础。

20 世纪 90 年代，春兰（集团）公司（简称春兰）曾与四川长虹电器股份有限公司（简称长虹）、海尔一起被喻为中国股市的三驾马车，股价最高时达 64.3 元，春兰空调的市场份额占据全国半壁江山，稳居同行业首位。从 1989 年到 1994 年，春兰空调始终在产品销量上保持着全国第一的位置。空调的良好发展使春兰将目光锁定了更广阔的产品领域。从 1995 年开始，春兰进军摩托车、汽车和新能源产业。但是，经过七年的时间，到 2002 年，被寄予厚望的新产业未能发挥新的支柱作用，雪上加霜的是，曾经的优势产业——空调产业的市场占有率也下降到了 3%。随后的几年时间里，春兰最终走向了连年亏损并退市的结局[①]。

创业不是单打独斗。春兰是中国家电行业改革失败的典型代表，它的失败反映了单枪匹马进行多元扩张的风险性。空调领域与摩托车、汽车以及新能源产业存在一定的差异，将原有的优势资源向新兴领域倾斜本身就是一次冒险。成功实现横向扩张的企业往往具有两个特点：第一，它们积累了大量的用户，细分市场规模足够大；第二，大企业往往借助一些在目标领域已有成就的小公司来实现过渡，或并购或联合，这样便大幅降低了扩张所带来的风险。

大企业需要借助创客的力量来更好地实现全产业布局和横向扩张，同时创客也需要大企业为其提供创业初期需要的品牌、资金和渠道等要素资源，大企业与

---

① 向雁南，程思利. 从范围经济角度看春兰退市[J]. 经济研究导刊，2010（2）：14-15, 32.

创客之间通过双创平台与模式各取所需，进而实现共创共赢。

品冠五金科技有限公司成立之初，主要为双创平台中的企业生产配套部件（如太阳能产品、空气能产品等需要的零部件），同时还负责生产部分晾衣架成品。创客企业发展初期，集团在人力资源、财务等管理服务方面为创客公司提供完善的服务支持，而双创平台中的其他企业也为品冠五金科技提供稳定的订单，让创客顺利平稳地发展。品冠五金科技成长之后，则为平台注入更多的活力。通过与平台中业务相关的创客进行合作（如品冠五金科技为品冠科技提供智能晾衣架成品，品冠科技为智能晾衣架的开发提供技术支持），整个平台节约了成本（资金、时间等），提升了效率，实现了双创平台与创客企业的良性发展。

现代营销学之父菲利普·科特勒强调了渠道作为一种资源的稀缺性和宝贵性。在荣事达集团里流传着一句话，"渠道为王"，这是荣事达遭遇千禧年发展瓶颈后的经验之谈。2004年加入荣事达麾下的太阳能公司本身拥有较为成熟的销售渠道与销售技巧，然而受资金、品牌等因素的限制，这家规模有限的太阳能公司迟迟不能开拓更加广阔的市场。荣事达看中了太阳能公司的业务能力与产品质量，而太阳能公司则看重了荣事达多年的资源与优势积累。最终，双方达成合作，共同发展。

2007年"家电下乡"，太阳能在广大乡村地区得到推广。荣事达的实力虽已大不如前，但当年在各个乡镇的大部分销售渠道都保留了下来。借助荣事达的销售渠道，新生的太阳能公司迅速将业务拓展到了31个省（自治区、直辖市），市场规模由安徽省扩大到全国，整个荣事达太阳能的销售量呈现指数式增长。尝到甜头的荣事达太阳能公司快速成长，逐渐成为各家子公司中的领头羊。其他公司纷纷效仿，荣事达的渠道资源不断得到开发和利用。

对于创客来说，双创平台的一部分吸引力源于其成熟的销售渠道。导致初创企业无法成活的原因之一，便是销路迟迟无法打开，从而长期入不敷出，最终，企业资金链断裂，宣告破产。企业拥有自身的营销渠道是一件幸福的事，它预示着生产的产品总可以通过自身的渠道流向市场，就像是一颗定心丸，渠道的存在让创客可以放心地进行研发生产。小渠道对应区域市场，大渠道形成全国市场。加入双创平台后的创客们无疑是"单车变摩托"，实现从渠道链到渠道网络的升级，每一粒创业梦想的种子都能获得及时的灌溉。同时，渠道的开发和利用是双向的。造福创客的双创平台可以整合各家渠道，进一步丰富平台的渠道资源，而渠道资源的优化升级，在加强平台竞争力的同时，也可以提升平台在创客中的知名度和吸引力。作为双创开展过程中必不可少的资源，渠道也将发挥越来越重要的作用。

从创业者到创客，不仅是称谓的改变，而且是"游击队"变"正规军"的过程，整个创客企业的运营模式不断正规化、科学化。对于创客来讲，加入荣事达就是一个改头换面的过程。利用荣事达的经验与资源，创客可以避免生存过程中的风险，安心成长。而荣事达作为双创的引领者，借助创客在自身领域的优势，实现企业的平台化发展，提升整个双创平台的竞争力。双创平台的灵活性在创客的成长与发展过程中得以完美展现。孔子曾用因材施教来强调教育的差异性和独特性，企业成长同样离不开符合其特点的培养。然而在当前的大环境下，体量繁重的企业很难主动选择它们想要的生存条件，被迫适应可能是最后的选择。这种情况下，双创平台中创客众多且灵活多变的优势便显现出来。资源的集中效应将每个独立个体的优势汇聚在一起。经过灵活的"按需分配"，创客可以获取自身所缺少的资源，而创客闲置的资源也可以贡献给平台，在平台中实现价值。

大企业向平台型企业的过渡是符合当前市场特征的选择。一家成功的平台型企业将不得不面对一个困境，那便是壮大后的事业部希望自立门户的问题。这一问题处理不当，可能造成人才流失、企业分崩离析的局面，而双创平台便是解决该问题的有效办法。双创对于平台和创客来说，不仅实现了价值的共创共享，同时平衡了二者发展的关系。当大企业与创客真正做到为平台贡献力量，依靠平台产生的双创效应来实现自身的成长时，平台与创客才能更好地实现共创共赢。

创客与创客：共生共创

有了成熟的创客作为支撑，平台企业的发展是否就会一帆风顺呢？荣事达的一位高层给出了如下答案。

"早些时候我们觉得前景一片光明，但事实发现，最终也是被逼上绝路。为什么会被逼上绝路？比如荣事达卫浴，它的负责人会想，我们把产品提供给其他创客之后，我们该怎么办？卖给其他创客后会不会影响我们自身的业绩？

大家都是创客，这个时候就会考虑各自的利益，就会变得相对保守。如果创客不能把较好的产品提供给其他创客，反而将较差的产品给其他创客，久而久之，就陷入了恶性循环。"

看似风平浪静的背后，却是暗潮涌动。打造成功的创新生态和创业生态，仅靠一家企业是无法实现的。而要支撑众多创客的生存，和谐统一的发展是不可或缺的。

创客间的互补合作已经成为双创平台顺利发展过程中必不可少的因素。现有的双创平台包含了一种合作为主、竞争为辅的创新机制，其中竞争的价值在于鞭策创客自身努力成长。缺少互补合作，创客的成长将面临巨大的挑战。首先引发的便是创客间的资源争夺战。在有限的资源下，只有占据有利条件，才可以保证未来发展的无忧。除此以外，创客相互窃取成果，隐藏自身优势也是不可避免的。大家不会再向平台提供最优质的资源，即便是规则强制要求，也会鱼目混珠，以次充好。丧失互补的优势后，创客间的共生共创将成为幻想，而双创平台也会最终走向竞争化，沦为一个区域性质的市场。

作为一家集研发、制造、销售于一体的大型物联网制造企业，荣事达发展至今，拥有产品近万种，各项国家专利3000余项，覆盖全国市场的销售网络有5万多个。短短十余年间，荣事达实现了从低谷到重生发展的蜕变，这中间除了集团的战略选择和成功运营，也离不开每一家创客的付出与支持。在双创的平台上，创客间的互帮互助营造了良性发展的生态环境。这样的双创生态也推动着集团与创客、创客与创客间的共生共创共赢。

大企业双创平台更多提供的是一种结果式的创新引导。结果式导向强调了想法向现实的转变。双创平台作为孕育创新的摇篮，只拥有奇思妙想不足以支撑企业发展。企业是营利性的组织，最终追求的是创新给企业所带来的利益，将技术、专利运用到产品中，激活创新的商业价值才是企业的目标。与科研院所相比，双创平台的创客们加快了创新落地的速度，在成果的实现方面，也更加贴近实际生活的需求。

熊彼特曾在其提出的创新理论中指出，所谓创新就是要"建立一种新的生产函数"，即"生产要素的重新组合"，就是要把一种从来没有的关于生产要素和生产条件的"新组合"引进生产体系中去，以实现对生产要素或生产条件的"重新组合"[①]。传统的创新是以团队、个体为主的点式创新。一个创新产品的诞生离不开整个团队的创新精神与科研实力。即便是跨领域、跨团队的合作，创新的速度和效率都是较为低下的。双创平台的出现，为创新提供了裂变式发展的契机。在双创平台上，创客们可以通过合作来实现产品、技术上的组合式创新。一项技

---

① 许曦，刘方. 熊彼特的创新理论及其现实意义[J]. 商业时代，2004（30）：18-19.

术、一个专利，在不同的产品间进行应用，可能催生出不同的效果。同时，在共同的双创平台上，产品间的黏性也有助于创客们相互激发灵感。冰箱的专利可能使做空调的创客获得启发，从而实现技术创新，这便大大缩短了创客的创新周期。

双创为创客搭建了组合式创新的桥梁，创客的共生共创也成为双创平台紧密发展的黏合剂。创客间相互依存却不彼此干涉，互帮互助，共同实现稳步成长。创客间的共生共创，在双创的平台上形成一道亮丽的风景线。

荣事达实现智能家居产业离不开集团、创客之间的相互扶持与配合。创客之间产生的水平效应以及集团与创客产生的垂直效应，共同促进了双创生态的形成，而双创生态则为荣事达实现智慧全屋、打通智能家居产业链的梦想插上翅膀。在后面的章节中，本书将对水平效应、垂直效应以及双创生态进行详细的介绍和分析。

第三章　水平化双创平台：互补共创

社会上的创新创业者犹如裹挟着泥土的种子，而创业活动则好比育苗。创客的专长不同，所携带的泥土中的养分以及自身生长所需的营养物质亦不同。对每一个创客来说，在一块小小的土地上育苗，嫩苗从泥土中汲取的营养不足，遇到恶劣的天气，加之缺乏大树的庇佑，生存就会变得格外艰难。双创平台就像一片广袤的土地，为创客提供栖息的场所，大企业是这片土地上的一棵大树，给予创客安全感和庇护，吸引携带着资源的创客集聚到双创平台，将创客有限的资源聚集起来组成一片肥沃的土地，原先闲置的资源也能被利用起来。创客按照自身需求在这片沃土中交换资源，创客之间共享资源、分工协作、互补共创，创造出的价值再回馈给双创平台，为双创平台上的创客提供更多的资源。

第一节
项目创客化

　　企业的发展如同逆水行舟，不进则退，过去和现在的辉煌只能代表过去，未来企业发展得如何则难以预测，如何实现强者恒强才是本质问题。大企业以双创平台为依托，在原有经营范围的基础上，向产业链上下游的两端进行延伸，寻求新产品和新领域，聚焦产业创新，以寻求企业发展的不竭动力。然而产业创新是对一个产业的彻底改造和对旧产业结构的"创造性破坏"，是一个企业群体的创新集合，某个企业的创新行为或结果难以完成产业创新。双创平台为创新群体提供了聚集地，那么大企业将如何借助双创平台完成产业创新的目标呢？

　　开放双创平台，引进与企业产业创新方向相关的创客，通过陆续投资创客企业的创新创业项目进行产业化发展，从而打造产业在双创平台的集群。企业在原

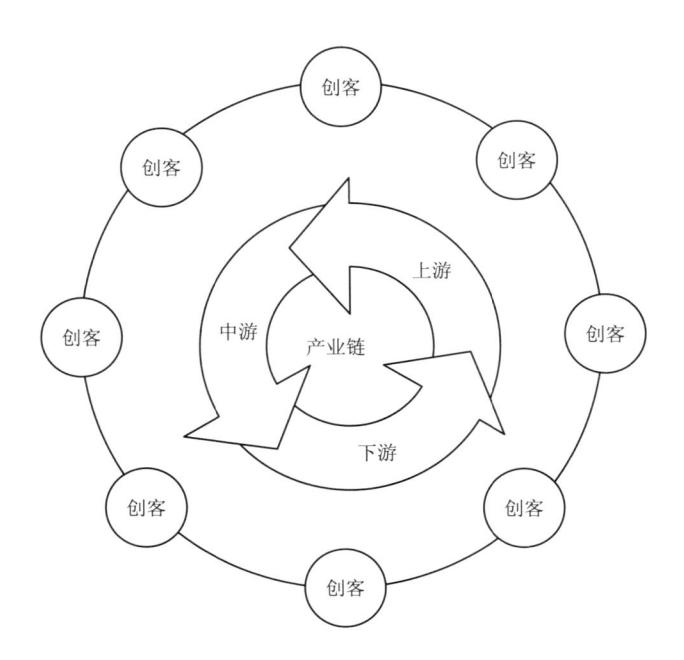

图 3.1　创客围绕产业链相互服务

有经营内容和经营范围上进行发展和创新，仅靠本身力量难以实现，而社会上恰有一大批有能力、有创新意识的创客，缺乏技术、资金、品牌、市场等要素而创业失败，甚至无法迈进创业的门槛。企业寻求"新鲜血液"来助力其创新活动，创客需要企业助其创业，双创平台作为纽带恰好连接了大企业和创客。

大企业开放双创平台，打破边界，利用自身的技术、资金、品牌等资源优势，聚集并整合企业内外部的创新资源，吸引社会创业者和创业团队的加入。加入双创平台的创客围绕产业创新进行不同类型的创新创业活动，不同的创客负责产业链上的不同"模块"，非核心业务则外包给平台上的其他创客，创客之间相互提供服务，改变了传统产业链上企业间单一的合作方式，提高了双创平台的资源使用效率和创新效率。创客企业之间互补共创，与大企业携手实现产业创新的落地。

在拥挤的传统家电产业市场中，谋求利润的竞争越来越激烈，中国传统家电行业已是一片"红海"。智能家居市场产值高达万亿元，成为不少传统家电企业关注的热点。越来越多的企业涉足智能单品的研发、生产和销售，智能音箱、智能插座、智能门锁、智能马桶……各种各样的智能单品走进人们的生活，"智能家居"一词被大众所熟知。但现实的问题是，某一个或几个智能单品并不能成为传统家电制造企业在"红海"中突出重围的利器。以智能音箱为例，它是不少企业切入智能家居行业的热点。单看智能音箱这个产品，它只是比普通音箱多了一个上网的功能，如点播歌曲、上网购物、播报天气等，这些功能通过手机和电脑都能实现。对消费者来说，智能音箱并不是刚需，只有将其融入智能家居场景中，才能体现出其重要的作用。相比智能单品，通过一套操作系统来实现全屋家居的自动化和智慧全屋的智能化，或许才是智能家居行业长久的盈利点。

大企业在原有经营范围的基础上，探索新兴的领域，聚焦智能家居产业，此时，企业完成产品生产所需的资源已不再囿于企业内部，生产过程的参与主体也不再囿于企业内部。企业围绕智能家居产业进行产品细分和项目库的构建，开放双创平台，陆续投资创客企业的智能家居创业项目进行产业化发展，整合社会资源，与创客携手共同实现"打造智慧全屋"的目标。

产品细分

产品是制造企业最直接的利润来源，为客户提供怎样的产品是企业开展创新创业活动时摆在首位的问题。企业资源有限，在原有经营范围的基础上探索新的产品和领域时，受到自身实力的限制，企业不可能向市场提供满足一切需求的产品和服务，因此企业应该考虑产品的可盈利性和可实现性，以持续经营现有产品、不断升级已有产品、不断进入其他产品领域、全面推进产品发展为目标，对产品进行细分，形成产品库，以期为消费者提供满足其需要的产品。

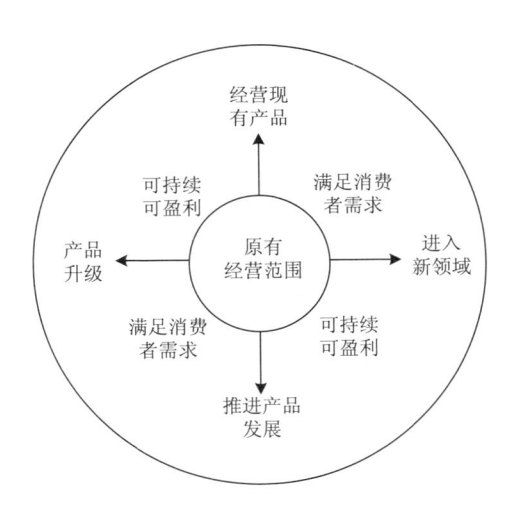

图 3.2　产品库构建思路

钢铁侠托尼·史塔克是美国漫威漫画旗下的超级英雄，他有一个智能的助手——贾维斯。在日常生活中，贾维斯帮助钢铁侠制造和维护装备、播报天气、查阅资料以及监控钢铁侠的健康状况；在战斗中，贾维斯能够帮助钢铁侠评估战局、提出建议、转接电话等。贾维斯就像一个人类管家却又拥有人类管家所不能及的超高效率。

智慧全屋系统之于用户，如同漫威漫画中钢铁侠的助手贾维斯之于钢铁侠，能够学习主人的生活习惯，并能跟主人进行对话，掌握主人的生活规律，根据主人的作息时间，自动打开和关闭家里的电器，按用户需求智能化家庭内部的家居单品，能够自动控制及接收用户的远程控制指令，并可以通过一个智能网关，联动其他家电，用户可以在手机应用程序上实现各项操作，自定义场景模式、自动感应场景并实现定时功能。例如，当用户匆匆离家之后忽然想起燃气阀没有关，这时只需要在手机上操作，设定离家模式，家中的阀门、窗户、灯具便会自动关闭，安防系统自动打开；在用户回家进门时，用手机开启回家模式，家中的灯光、窗帘、空调便会自动工作，空调能够根据室内温度自动调节温度；有陌生人在家门口徘徊时，手机会自动发送提醒……

仅仅几件智能单品，显然无法实现上述场景。一个家庭中的场景大致可包括客厅、厨房、卧室、阳台、卫生间、书房、餐厅等，包含的家居用品有成百上千件，但凡家居用品中可以通电的都可以成为一件智能家居单品。

画家作画讲究"意在笔先"，无意作画则俗，打造智慧全屋就像绘制山水画一样。绘制一幅好的山水画，先要进行构思，山水云烟、花草树木、虫鱼鸟兽，在脑海中形成画的浮影；同样，实现智慧全屋首先要根据智慧场景的功能需求对产品进行分类，之后再通过技术解决产品之间的互联互通以及产品与用户之间的语音交互问题，将不同类别的智能单品组合在一起实现智能场景。智慧全屋所包含的产品可以分为智能家电产品、智能建材产品和新能源产品三类，每大类产品又包含若干智能家居单品，通过对不同智能单品进行组合，可以实现日常生活中如厨房、卫生间、餐厅、车库、客厅、花园、书房、阳台、衣帽间、卧室等某个或多个场景的智能化。企业在产品库构建思路的指导下，考虑了实现上述所有场景智能化所需的智能单品，构建智能家居产品库。

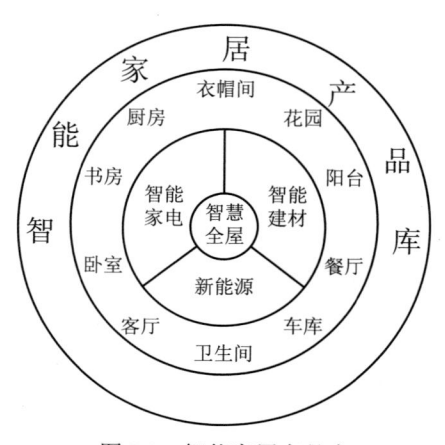

图 3.3 智能家居产品库

根据产品属性，荣事达将智能家居产品分为智能家电、智能建材、新能源三大类，这三类产品具体包含如表 3.1 所示产品类型。

表 3.1　智能家居产品类别表

类别	产品类型
智能家电	覆盖智能冰箱、智能洗衣机、智能空调、智能电视、智能干衣机、智能洗碗机、智能马桶盖、智慧马桶、智能机器人、智能净水设备、智能空气净化器、智能影音设备、智能音箱、智能健身设备、智能网关等多个细分门类
智能建材	覆盖智能照明、智能锁、智能电工、智能门、智能厨电、智能吊顶、智能新风系统、智能卫浴、智能淋浴设备、智能安防系统、智能晾衣设备、智能床垫、智能家具系统、智能木地板等多个细分门类
新能源	覆盖太阳能产品、空气能产品、智能电热水器、智能光伏产品、智能光电产品等多个细分门类

荣事达集团以智能家电、智能建材、新能源三大产品类别为基础，围绕产品的设计、研发、生产、销售、服务，以让客户满意为原则，打造荣事达智慧全屋系统十大功能生态和十大产品生态，形成智能家居产品库。

企业面向大众或行业的广泛需求，细分产品，形成产品库，决定了企业要思考为市场提供什么以及怎样实现的问题。大企业聚焦产业创新，面对复杂程度和开发性能都比较高的产业，企业需要采取有效的手段对其进行改善。如汽车、计算机、家电等，每个配件都能形成一定的市场，成为一个单独的且具备一定规模的生产系统的产业，企业可以对产业链进行细分，将复杂程度较高的系统依照产品生产与销售的分工原则划分为若干独立的子系统。每个子系统都相当于产业链上的一个子模块，每个子模块都能够独立进行创新和运营，各个子模块之间通过物质和信息的交互作用相互协作和互补。[①]

智能家居产业和汽车、计算机产业具有一定的共性，具备模块化经营的特征。企业可以从价值链的角度出发，围绕智能家居产品库中的产品设计、研发、生产、销售以及配套等内容，将智能家居产业链分解成一个个子模块，如产品设计模块、产品生产模块、产品销售模块等；企业也可以从产品的角度出发，围绕智能家居产品库中不同的产品类别，将智能家居产品划分为智能家电子模块、智能建材子模块和新能源子模块。每个子模块都可以当作子系统来独立运营，既有着各自

---

① 卢明华，李国平，杨小兵. 从产业链角度论中国电子信息产业发展[J]. 中国科技论坛，2004（4）：18-22，96.

生态	智慧安防系统	智慧看护系统	智慧空气系统	智慧用水系统	智慧影音系统	智慧控制系统	智慧照明系统	智慧新能源系统	智慧美食系统	智慧健康系统
十大功能生态	1.厨房安全套装：机械手、燃气检测+紧急按钮 2.卫生间安全套装：燃气急按钮 3.客厅安全套装：门磁+摄像头+门锁	1.陪伴机器人 2.多功能护理椅 3.报警仪	1.空气净化器 2.新风系统 3.香氛系统产品	1.厨房热水套装：智能厨房+水龙头 2.卫生间热水套装：智能电热水器+花洒 3.厨房净水器+客厅饮水机	1.智能照明控制系统 2.调光开关 3.灯具 4.光源 5.智能控制器+家庭音响系统	通过直接连接或者间接控制方式实现智能照明、家电控制、智能安防、智能遮阳、家庭能源管理功能	1.智能控制器+筒灯+灯带+花灯组合 2.智能开关+控制器	1.光伏发电 2.太阳能热水 3.空气能热泵	1.美食营养餐系统、个人分享系统、美食来请、美食社交、美食	具备个人健康与运动状况监测功能的家居类电子产品
十大产品生态	社交客厅	智膳厨房	健康卧室	聪明阳台	超级卫生间	智慧书房	智爱餐厅	智尚衣帽间	智能车库	智美花园
	机器人管家/家具扫地机器人/跑步机等	智能操作台/油烟机/燃气灶/橱柜/厨房小家电	智能床垫/按摩椅/保险柜/助眠灯/减噪家具	智能晾衣架/智能窗帘/风光雨传感器	智能马桶/浴缸/镜子/水龙头/毛巾消毒设备/浴霸/淋浴洒/淋浴房	智能窗帘/书柜/书架/台灯/隔音设备	智能餐桌/灯光/排烟器	智能分类衣柜/包柜/鞋柜/杂物柜/排气设备	智能监控/水龙头/工具箱/杂物柜	智能花草浇灌/能源采集/监控

图3.4 荣事达智能家居产品库

的目标，又有着共同的目标，即创造价值并将其传递给末端消费者。子模块具有通用性和可组合性，当模块组合起来时会产生"1+1>2"的价值，不同的子模块进行组合可满足不同场景、不同客户对产品的差异性需求。

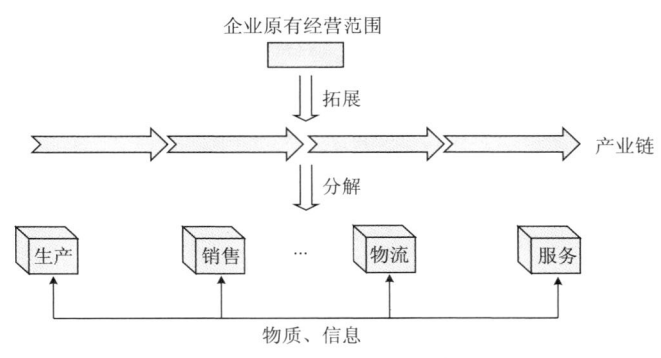

图 3.5　产业链的细分过程

企业围绕智能家居产品库将智能家居产业划分为若干个子模块后，为完成各个子模块的目标和所有模块的总目标构建智能家居项目库。项目库中的所有创业项目都是围绕智能家居产业或者与其关联紧密的相关产业的产品研发、生产、销售和服务展开的，可以分为产品项目库、销售项目库、服务项目库三种类型。产品项目库中的项目主要围绕产品的研发、生产展开，可以分为智能家电产品项目库、智能建材产品项目库和新能源产品项目库；销售项目库中的项目主要以智能家居产品的销售为主，如以向双创平台上的创客企业提供销售渠道为目标，围绕线上渠道建设展开的项目；服务项目库中的项目主要围绕为创客企业提供支撑性服务展开，如为从事智能家居产品研发、生产和销售的创客企业提供财务、审计服务。

表 3.2　荣事达智能家居创业项目库

类别	项目类型	项目库举例
产品项目库（400 个）	智能家电	（品冠/荣事达）料理机、电磁炉、洗碗机、加湿器、净水机、洗车卫士……
	智能建材	（品冠/荣事达）智能汗蒸房、新风系统、智能环保板材、智能床垫、智能沙发、智能木地板、智能厨电……
	新能源	（品冠/荣事达）空气能、光伏、太阳能……
销售项目库（30 个）		品冠之家、三品电子商务、品冠网络、工程渠道……
服务项目库（10 个）		三品财务、三品技术、三品传媒、三品基金、三品管理……

项目到人

> 夫运筹策帷帐之中，决胜于千里之外，吾不如子房。镇国家，抚百姓，给馈饷，不绝粮道，吾不如萧何。连百万之军，战必胜，攻必取，吾不如韩信。此三者，皆人杰也，吾能用之，此吾所以取天下也。
>
> ——司马迁《史记·高祖本纪》

提三尺宝剑崛起于乱世，诛暴秦，抗强敌，定天下，刘邦创立了我国历史上强盛的汉王朝，其将自己成功的原因总结为知人善任，让专业的人做专业的事。大企业聚焦产业创新，将产业划分为多个可组合的"模块"并构建项目库。

人各有所长。仅凭内部有限的资源，企业无法完成所有的项目。大企业以自身的核心创造力和竞争力为依托，通过双创平台整合资源，引进外部创客以获取外界力量，而自身则聚焦于核心优势，将不同的项目交由具有相应核心优势的创业者去做。专业的人做专业的事，不仅可以降低成本，更能保证项目的成功率和产品的质量。

各取所长。从现代工业的产业链来看，一条完整的产业链包括了满足特定需求或进行特定产品生产（及提供服务）的所有企业集合，涉及相关产业之间的关系。位于绍兴柯桥的"中国轻纺城"，是全球规模最大、经营品种最多的纺织品集散中心，集市场、物流、织造、酿酒、建材、房产、外贸、网络等于一体。它由1.6万余家商行组成，实现了轻纺行业的全产业链覆盖。企业在原有经营范围的基础上聚焦产业创新，将一个巨大的项目分解成一个个小的"模块"，涉及的技术创新和产品创新是企业之前接触较少甚至从来没有接触过的，由于自身资源的局限性，仅凭企业内部力量难以完成全部智能家居产品从研发设计到销售全过程的生产经营活动。例如，20世纪的"彩电大王"长虹，企图凭企业自身之力实现家电全覆盖，最后却因精力有限、缺乏技术支持，造成自身在多元化格局下苦苦挣扎、大而不强，从彩电行业中龙头老大的位置上掉下来的局面。

社会上存在着众多创新创业者，以产业链上某一节点为核心进行价值创造活动，他们在各自擅长的领域深耕多年，积累了不少资本和成熟的产品制造经验，无论是在产品的研发上，还是在供应链的整合能力上，都具备着一定优势。创新创业者可能对某个产品的开发了如指掌，或许在营销方面颇有所成，也可能精于某些技术，但是当他们创立企业，参与到市场竞争时，在大企业面前就显得微不足道。当滴滴推出"滴滴巴士"后，推出两个月的"考拉班车"在与滴滴的竞争中，因缺乏资金而被迫解散，技术、资金、经验以及沟通成本等方面的问题都可能成为压倒创新企业的最后一根稻草。

大企业与社会上的创新企业相比，有所长，也有所短。大企业聚焦产业，相比小企业，资金更加雄厚、品牌影响力更大，但是落脚到每件产品、每个项目上去，其对产品每一个零部件的定位、供应情况以及成本方面的了解可能就远不如专攻于此的小企业了。苹果公司能够成为今天的科技巨头，离不开其通过收购科技型初创企业从而引进外界先进技术和人才的策略。1997年，苹果公司斥资4亿美元收购了NeXT，使苹果创始人重回苹果；2008年，苹果公司出资2.78亿美元收购P. A. Semi公司，将芯片研发交给更加专业的人士；2010年，苹果公司收购Siri公司，将人工语音助手植入苹果手机；2014年，苹果公司收购Beats，促进了苹果"软件+硬件"的发展模式……一方面，大企业聚焦产业创新，构建项目库，凭一己之力难以实现；另一方面，创业者和创业团队在社会上单打独斗，缺乏竞争力，且面临着高风险。大企业何不打破自身边界，引进创客，将项目交给更加专业的创业者去做。

智能家居是一个场景化描述。智能家居场景化的实现涉及大数据和云技术的应用，其难点和重点在于实现不同品牌之间设备的互联互通。由于国内的智能家居行业缺乏统一标准，各品牌厂家之间的产品无法实现互联互通。古代的木匠，不用一钉，却能做出巧夺天工的家具，浑然天成，达到天衣无缝的程度，那是因为榫头和榫眼的嵌合。如果榫头和榫眼无法相配，又怎么会有巧夺天工的家具呢？试想一下，如果家中的智能单品不进行交互，各个品牌的智能家居单品就像一座座孤岛，需要用单独的集线器、插件和多个应用程序进行管理，那还能称之为智慧全屋吗？

大企业难以仅凭自身之力实现智慧全屋。智能家居全屋系统包含的细分产品门类有数百个，产品的迭代和技术更新频繁，全产业链涵盖了向最终用户提供的全屋智能终端产品、全屋智能解决方案和全屋智能设备管理控制平台的企业。底层除了物联网操作系统、以云服务作为管理控制平台的支撑外，还包括内容服务、生活服务等互联网增值服务；上游主要是芯片、传感器等元器件的供应商，通信模块和智能控制器等中间供应商，以及为元器件制造商和通信模块、智能控制器的中间供应商提供软件与技术服务的科技公司；下游是为客户提供产品、全屋智能解决方案以及技术服务的智能家居品牌商。智能家居是一个巨大的蛋糕，不少企业纷纷涉足，或致力于单品的研发，或布局智能家居生态平台，但是无论是互联网新贵还是传统的家电巨头，没有哪一个企业能够实现智能家居全品类的覆盖。以传统家电制造为核心的大企业，想要凭借一己之力实现智能家居全品类覆盖、打造智慧全屋并成为行业翘楚，恐怕难上加难。

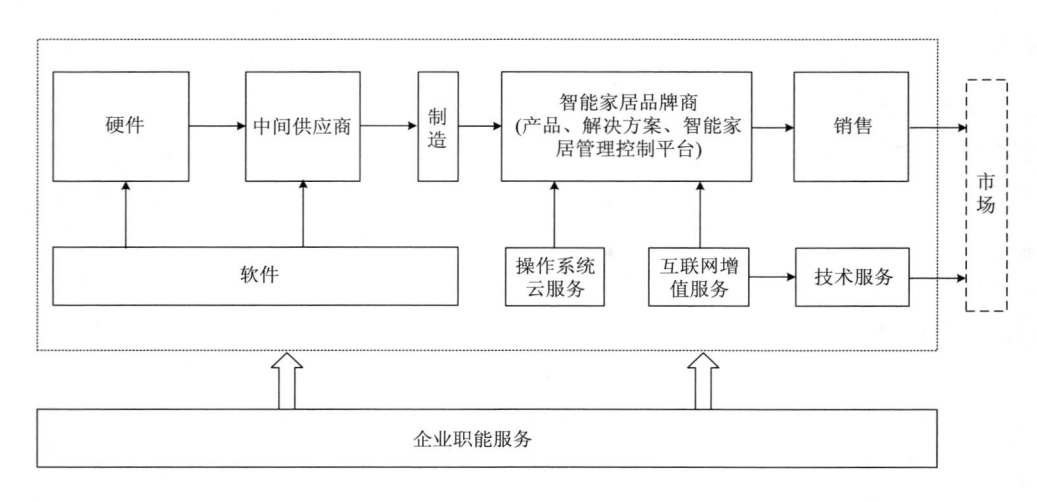

图 3.6　智能家居产业链①

社会上也有一些从事智能家居行业的创新创业者，他们的创业之路充满艰难险阻。涉足智能家居的创业人员多是选择自身所擅长的项目，从智能家居单品或硬件着手，做一些实用的、人们有能力购买的产品。他们在技术、营销、制造等某一种或多种方面具备一定的优势，但在大数据、云技术、智能家居的连接以及产品的智能化体验等方面较为弱势。此外，为提升自身产品的竞争力，创业者需与其他品牌展开合作以打通设备间的联动壁垒，但创业者本身缺乏竞争力和影响力，因此与其他品牌的合作成为其不得不面临的一大难题。在众多大企业面前，创业者想在智能家居行业站稳脚跟，并获得更好的市场表现和影响力，仅凭智能单品去单打独斗，很难实现。

---

① 艾瑞咨询：2018 年中国智能家居行业研究报告[EB/OL]．（2018-09-21）[2020-01-03]．https://www.sohu.com/a/255278241_483389．

无论是大企业还是众多创客，每个人都有擅长和不擅长的领域，何不让专业的人做专业的事。假如同一个市场中，有一家传统家电制造企业和一家互联网企业同时看中了智能家居行业的发展前景，想要涉足智能家居行业。如果两家企业均在生产家电产品的同时又从事智能单品控制系统，那么二者的智能家居产品均会缺乏竞争力，二者之间的竞争也会削减双方的利润。两家企业如果由原来智能家居市场中的竞争者转向合作者，传统家电制造企业只生产传统家电产品，互联网企业专注于系统开发，在二者专注于自身核心业务的同时共享信息、分工协作，就可以共同致力于智能家居产品的研发、设计、生产和销售。显而易见，此时，在智能家居产品市场中，两家企业合作产出的产品更具竞争力。让专业的人做专业的事，才能有效地提高产品质量，降低成本。不能什么事情都自己干，什么钱都自己赚，要在自己有核心竞争力的方面进行突破，做自己最擅长的工作，才能胜任、愉快。

荣事达双创平台提倡专业的人做专业的事，以招商、招租、招人才等形式，围绕智能家居的设计、研发、生产、销售，引进企业、机构、创业团队或个人等各种类型的优质创客加入双创平台。其专业人士主要有以下几种类型：①智能家居行业内或者与行业相关的从事管理、技术、营销等工作的高层管理人员，包括荣事达集团的内部员工，这类人对行业有一定的了解并具备一定的经济基础。做高层管理人员，始终相当于"打工者"，当他们在自己的职位上取得一定工作成就时，便会萌生开拓自己事业的念头。②本身从事智能家居销售的商户或组织，它们的工作就与智能家居密切相关，具备一定的渠道资源，但是销售量小、辐射范围窄、区域影响力不足，加入荣事达双创平台后，销量、辐射范围及区域影响力都会得到进一步扩大。③生产型企业，这类企业或单纯地生产某一类产品但缺乏品牌，或由于品牌影响力不够，想要扩大规模却没有出路，与荣事达合伙后，可以借助荣事达的品牌影响力和智能家居全产业链的背景扩大企业规模，实现共赢。④有创意或已经改造出新产品的研发型团队，需要得到支持来将技术开发落实到产品生产。

创客引进

创客是一种"连接器"，联合身边所有的资源，将所有的碎片资源整合，让碎片资源发挥其最大的作用。

"骐骥虽疾，不遇伯乐，不致千里。"大企业是伯乐，创客是千里马，伯乐成就了千里马，千里马反过来也成就了伯乐。就如阿里巴巴和软件银行（简称软银集团），软银集团的注资帮助阿里巴巴度过创业之初的寒冬，成为阿里巴巴的伯乐。反之，阿里巴巴在美国纽约证券交易所的成功上市，使软银集团收益颇丰，投资阿里巴巴获利2500倍，软银集团创始人孙正义因此晋升为日本首富，被视为"日本的巴菲特和盖茨"。一匹好的千里马，有能够满足市场需求的创意，有组织和整合资源为我所用的能力，还有带领团队的能力。对于大企业而言，哪些创业者和创业团队是千里马呢？

八面来风助腾飞，百舸争流谋发展。外部力量是无穷无尽的，在社会上有一群创新创业者寻求大企业助力其创新创业活动。企业需要外界力量助力产业创新，创新创业者需背靠大企业以提升竞争力，双创平台恰好可以作为连接大企业和社会创新创业者的纽带。大企业以双创平台为依托，引进社会创新创业者成立创客企业，投资创客的创新创业活动，让专业的人做专业的事。创客就产业链上的某一节点向纵向或横向的产业延伸，展开价值创造活动，所有创客共享平台资源，互补共创。

在荣事达双创平台，有很多社会上的创业者加入，负责智能家居项目库中的某一个或多个项目，与荣事达集团共同出资成立子公司。

荣事达智能锁事业部的负责人，一开始只是智能锁市场中的营销人员，在看到智能锁的市场后，意识到要想在这个行业做强、做大，不能再单单依靠营销，于是与从事智能锁研发和生产的创业者组成创业团队。创业团队缺乏品牌效应以及扩大生产规模的资金支持，在看中了荣事达双创平台的品牌价值和其整合资源的能力后，整个创业团队成功加入荣事达双创平台，成立荣事达智能锁项目事业部，与荣事达集团共同出资成立子公司。

刚加入双创平台时，创客充分利用荣事达的品牌效应、渠道、资金等资源，在智能锁事业上取得了一定的成功。但由于管理经验的缺乏，该智能锁子公司一度陷入经营困境。后在荣事达集团的领导下，该智能锁子公司并入双创平台上另一家比较成功的创客企业——品冠科技。在品冠科技的帮助和引领下，荣事达智能锁事业部获得了平台价值赋能和组织赋能，逐步弥补自身不足，走出经营困境。

创客加入双创平台，与平台上的大企业共同出资成立公司，虽然成立的合伙公司由大企业控股，但创客依然全权负责合伙公司的经营管理。加入双创平台后，创客企业不仅依靠大企业品牌的口碑效应和双创平台上的销售渠道扩大了智能单品的销售市场，而且在大企业职能部门的帮助下，不断完善公司的经营管理制度，从原来简单的销售型商户变成一个正常经营的公司。

双创平台的创客不仅来自社会上的创新创业者，还来自大企业内部有创新创业精神和能力的员工，由内而外激发双创平台的创造力。

企业内部员工是大企业最精良的千里马之一。在一定程度上，最了解企业经营情况的不是老板，而是企业经理人，最了解市场需求的是销售专员以及掌握核心技术的技术专员。在企业内部，有着一大批员工具备千里马的品质，也有创业的动机，他们在原来的岗位上工作，与企业只是雇佣者和被雇佣者的关系，企业的利益不是员工的利益，每个人只是守着自己的一亩三分地，缺乏工作的积极性，当他们不满企业朝九晚五的规定，厌倦日复一日的重复工作时，便会选择辞职创业。为激发员工的工作积极性，海底捞允许职能部门开办门店且拥有门店的经营管理权和利润分成权，极大地调动了员工和职能部门的积极性；海尔通过"消灭中间管理层"的方式将曾经体量巨大的海尔分解成上千个小微团体，当海尔的员工自己有了好的创意和想法时，就可以依靠海尔平台的支持，逐渐发展出独立的小微企业，更快更好地成长。

员工有创业动机和能力，企业何不改变自身与员工的关系，将员工变为自身的合作伙伴，激发个体潜能？不仅社会上的创新创业者可以成为双创平台上的创客，大企业内部每一位有创新创业精神和能力的员工都能够成为一名创客。成为创客的员工就像一个个阿米巴单元，成为主角，主动参与经营，进而实现大企业"全员参与经营"。

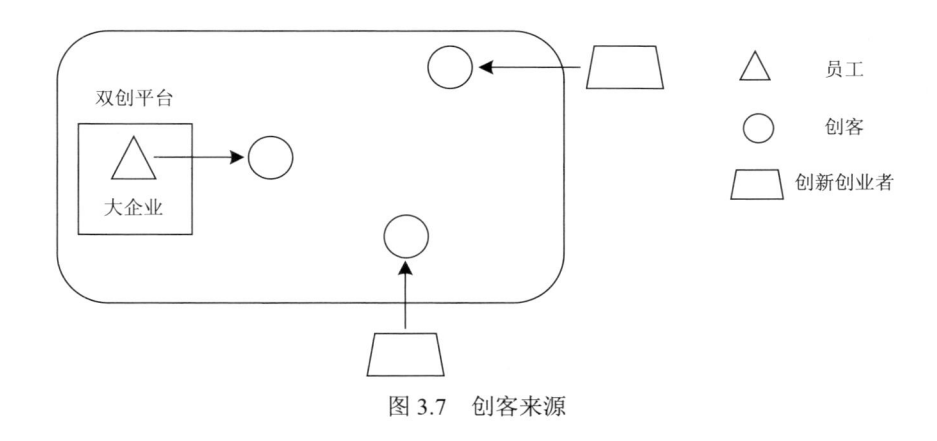

图 3.7　创客来源

荣事达鼓励内部员工创业，提倡内部市场化，通过分权赋能的方式增强内部员工的独立性、创造性和自主性，激发个体潜能。双创平台上空气能子公司的总经理本是负责荣事达集团太阳能销售的员工，伴随着荣事达集团走过风风雨雨的岁月。随着时间的推移，"家电下乡"政策的红利不再，太阳能产品市场严重下滑，集团想转向新的产品市场。空气能事业部的总经理看到了空气能的市场前景，向集团提出开拓空气能市场的想法，与集团一拍即合，于2012年与荣事达集团共同出资成立空气能事业部，并担任空气能事业部的负责人。

空气能事业部与荣事达集团是两个独立的公司。荣事达集团控股空气能事业部，由事业部的总经理全权负责空气能事业部的经营。一开始，荣事达将空气能产品的生产外包给原始设备制造商，集团在子公司职能上为其提供帮助，事业部将精力投入市场的开拓。空气能事业部在借助荣事达集团原有太阳能渠道进入市场的同时也不断开拓新市场，当市场规模达到一定程度后，自己投入生产。仅6年的时间，空气能事业部成长为各种职能健全、能够独当一面的企业。

总的来说，每个人的资源都是有限的，没有企业能够通过单打独斗而实现长久不衰，智慧全屋的实现必须依靠多方合作，无论是垂直领域的"独角兽"，还是互联网、硬件、家电领域的行业巨头，单打独斗、针锋相对，很可能会两败俱伤；合作互补，方能实现双赢。双创平台连接了大企业和创客，各个创客发挥自身所长，就智能家居产业链上的某一节点向纵向或横向的产业延伸，立足于自身的核心业务开展经营活动。双创平台上的各个创新主体共享平台资源，分工协作、相互依赖、互补共创，形成一个庞大且联系密切的整体，当双创平台上的创客足够多时，整个双创平台便拥有了单个企业无法比拟的优势。

第二节
智能家居生态化

下午五点，走出公司，天气颇冷，打开手机应用软件"小达"，通过"小达"提前打开家里的空调，并启动电饭煲开始煮粥（早晨就已将谷物放入其中）。回到家，将手指放在智能门锁上，打开门，进到家里，温暖如春，客厅灯光自然亮起。

"你好，小达，我回来了，播放音乐。"

"好的，主人，欢迎回家。"

忙碌了一整天，身体很疲惫，躺在沙发上，心想如果能按摩一下，放松放松就好了，"小达，打开沙发按摩。"

"好的，主人。"

边听音乐边享受着沙发按摩带来的轻松感，半个小时之后，小达提醒道"主人，粥煮好了。"

起身去厨房喝粥的同时告诉小达打开厨房和餐厅的灯……

小达是一个智能语音助手，在使用小达的时候，只需要说一声"你好，小达"，就可以和小达进行聊天，小达可以和各种智能设备进行交互，控制调节灯光、空调、电视等，通过小达可以实现智能设备之间的互联互通，这便是智能家居生态化。

各个厂家纷纷进军智能家居行业，但不同品牌单品之间却无法实现交互，每个品牌的产品都需要一个单独的应用程序去控制，这样的"智慧全屋"非但没有提高人们的生活质量，反而使生活变得更加复杂。不围绕用户需求、不聚焦用户使用场景的智能化都是空中楼阁，实现智能家居生态化，才是企业打造智慧全屋的核心所在。

让家居环境变得"听懂你说的话"，能够与人顺畅交流，这就是智能家居生态化。智能家居生态化以"音箱"作为中枢，以"语音"作为交互手段，将物业、建筑、家电、手机、机器人等智能硬件设备、信息服务连接在一起，以家庭和用户为中心充分共享数据，实现不同智能单品之间、人与家居环境之间的互联互通。以智能洗衣机为例，智能家居的生态化体现在两个方面：一是在智能洗衣机中嵌入语音交互为主的人机交互界面，使用户与洗衣机之间的沟通像人与人沟通一样自然高效；二是洗衣机后台要具备学习能力，在学习了足够多的衣服材质和用户习惯数据后，可以自主选择合适的洗衣模式。[①]

一个良好的智能家居生态体系，可以解决设备之间标准不统一、无法互联互动、数据难共享等问题。其中，打破各个智能单品生产研发企业之间"各自为战"的僵局是解决问题的关键。在智能家居生态体系中，许多智能家居单品的功能、所运用的技术以及面向的用户都是相似甚至相同的，产品间的共性和联系保证了产品之间的生态，促进了创客企业之间的合作。双创平台上不同的创客在人才、技术、资金、品牌等创新创业资源方面有着各自的优势，负责不同的项目，从事不同产品的研发、设计、生产和营销。创客们各有所长，在电器制造、芯片制造、终端制造、渠道以及应用和职能服务的提供等方面展开合作，当创客在诸如生产、销售、研发等某些方面的能力有所欠缺时，可以通过与平台上其他创客的合作来弥补。

创客企业在技术、生产、销售以及服务提供等几个方面的互补共创，一方面促进了双创平台上诸如人才、技术、资金、品牌等创新创业资源的优化配置，另一方面，也促进了双创平台上知识的转移。在知识转移的过程中，创客之间彼此吸收、学习、运用又产生新的知识。创客们在获得新知识的同时，也创造出更多的价值，彼此知识水平不断提高，进一步促进了创客企业之间的合作。正如前面所提到的循环往复过程，创客企业在此过程中实现了双创绩效的持续有效提升，形成了一个诸如生态系统的动态演化过程，构成"智能家居双创生态"。

"智能家居双创生态"主要包括技术、生产、渠道、服务四个维度。技术方面，产品创新离不开技术创新的支撑，单个小微企业的研发能力较弱，创客结成伙伴关系在技术创新方面展开水平合作，互补共创，在促进双创技术创新绩效持续提升的同时也降低了技术创新的风险；生产方面，针对创客之间生产力不均衡的问题，创客之间就产品生产展开合作，部分创客整合生产，生产型创客为生产力低下的创客提供生产力，专注于特殊配件生产的创客为其他生产型创客提供零配件，在产品生产方面的专业化分工和资源共享降低了双创平台的生产成本，提高了生产柔性；渠道方面，双创平台上有专注于渠道建设和产品销售的创客，也

---

① 刘峣.智能家居：有生态才叫"智能"[EB/OL]．（2018-06-27）[2020-05-06]．http://paper.people.com.cn/rmrbhwb/html/2018-06/27/content_1864227.htm．

有专注于产品研发设计和落地的创客，创客之间既可共享渠道资源，也可形成供应关系，就产品和渠道建设展开合作；服务方面，创客企业的组织构架和内部功能不完善，在双创平台上有着各种各样的服务型创客，可为其他创客提供诸如市场信息服务、运销服务、财务托管服务、管理咨询、人力资源管理等服务，服务型创客之间、服务型创客和非服务型创客之间分工协作、相互促进。

技术生态：合作创新

产品的革新和性能的改善离不开新技术的推动，任何一个企业都要使用技术。从某种意义上来说，企业的发展就是技术变革的产物，企业的发展离不开新技术的开发，技术创新是"双创"的重点之一。

"企业在面对永无止境的科技变革时，就像在泥流上求生，它必须永远保持在泥流之上移动，稍一停顿下来，就会遭遇灭顶之灾。"

——克莱顿·克里斯坦森

在企业的成长和发展过程中，技术创新可能会给企业带来较高的收益，高收益也意味着高投入和高风险。新技术开发项目在市场上最终能获得成功的概率较低，高昂的成本和高风险使得很多企业在面对技术研发时望而却步。资金不足、研发能力缺乏、承担风险能力不足，犹如三座大山横亘在创客技术创新的道路上。

市场竞争既会促进企业进行技术创新，又会给企业的技术创新带来巨大的风险，而合作创新则是走出这种困境的有效方法。深耕于传统领域的创客对智能家居产品外观的设计、零件制造及组装技术方面了如指掌，但在大数据、云技术、智能家居的连接等互联网技术方面的能力却有所欠缺。专长于互联网技术的创客擅长研究如何为产品插上智能的翅膀，把 WiFi 模块加入硬件，实现产品的互联互通，但是在硬件的生产和测试方面却缺乏专业的技术。硬件生产研发型的创客需要互联网技术的加持去实现产品的升级和推广，而智控技术型的创客也需要更加专业的硬件生产者来做好产品落地，二者之间合作互补可以在降低企业技术创新风险的同时提高技术创新绩效。产品的互补性使部分创客企业之间的技术具有一定的通用性，双创平台上的创客共同享用通用性技术，减少了反复研发的技术成本。

双创平台就像黏合剂一样，将不同类型的创客紧密相连，既有专长于产品研发设计的创客，也有专长于互联网技术的创客，创客通过寻求与平台上其他创客的技术合作以获取自己所需的稀缺资源，解决初创企业或中小企业技术创新困难的问题。创客企业间的技术合作，在缩减研发成本、驱动合作者之间技术创新、降低创客企业技术创新风险的同时，也促进了创客企业技术创新能力的提升。创客之间合作互补、相互促进，推动整个双创平台的技术创新绩效和技术创新能力的持续有效提升，形成技术生态。

合作研发。合作研发的形式多种多样，既可以是人才、成果的形式，也可以是资金入股的形式，还可以是技术供方、技术中介和技术需方等形式。创客根据自身以及平台上其他创客企业的技术吸收能力、技术开发能力、资源、企业规模和企业开放程度等，选择技术合作对象和技术合作方式。①

创客准确评估从外部获取的技术知识的价值、综合利用外部知识进行创新以及对引进技术进行局部修改和应用的能力称为技术吸收能力。创客致力于提升技术吸收能力的同时，也倾向于选择技术吸收能力强的企业进行合作研发。吸收能力对企业在合作中获取隐性知识至关重要，较高的吸收能力能够使企业更好地消化、吸收和利用先进技术，实现与其他企业、高校和科研机构合作的"1+1>2"的协同创新效应，进而提高自身的技术创新能力。创客主动为其他创客提供技术服务，与其他创客一起开发技术创意，同其他创客企业以及双创平台以外的第三方一起提出技术创意，解决技术难题的能力称为技术开发能力。技术开发能力是技术创新的关键，没有新技术的开发就没有技术的进步，技术开发能力越高，合作企业的合作研发满意度越高。

双创平台提供各式各样的资源，但是资源能力的互补性越高，创客企业越满意。大企业具有丰富的资源、良好的产品口碑、优良的企业信誉、充足的研发资金等，但是相较于小企业，大企业不太愿意开展合作研发。因此，在选择企业规模时，创客需要根据实际情况进行权衡。创客倾向于和开放度高的企业成为研发合作伙伴，因为开放度较高的企业密切关注外部信息动态，主动搜寻外部信息，主动融入研发创新活动，更倾向于开展合作研发。②

技术开发能力较低的创客企业，在遇到技术难题时，难以凭借自身力量解决技术难题，往往会向技术开发能力较高的创客企业寻求帮助，以获取资金、人才

---

① 孙大明. 基于合作研发的中国制造业技术升级路径研究[D]. 大连：大连理工大学，2018.
② 李凯，王丹，高佳琪. 基于创造性破坏的产业创新均衡分析[J]. 产经评论，2010（1）：29-37.

和成果的支持，进而获得技术解决方案。技术开发能力较低的创客获取、整理、学习其他创客企业的知识，同时结合自身内部资源将其运用到产品中，实现产品创新。在与技术开发能力较高的企业合作中，创客企业的技术开发能力得到提升，当创客企业实现自身能力突破后，与其他创客企业合作，共同致力于研发产品。通过合作，企业既能提高自身的技术开发能力，又能实现自身知识向外部的转移以及知识在双创平台的流动。

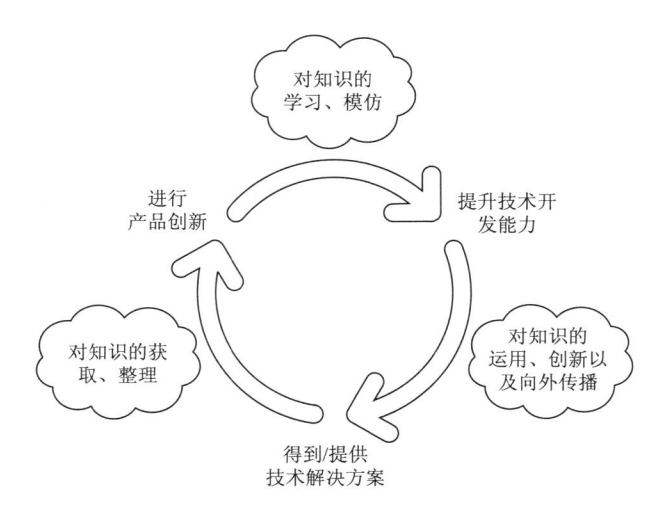

图 3.8　技术合作中的知识转移

外包游戏制作公司 iLogos 的合伙创建人兼首席执行官（chief executive officer, CEO）Alexander Goldybin 至今参与超过 300 个游戏研发项目，他在采访中谈到，游戏市场完全是由热门游戏推动的，所以任何游戏的研发都将存在很高风险。即便对那些经验丰富的团队或专业人士而言，失败的可能性仍然非常高。研发成本越来越受大家重视，同时还有产品的价值、免费游戏（free to play, F2P）模式和运营游戏所需的员工专业知识技能。而合作研发能降低所有风险，成本降低了，产品的价值保持不变，甚至还可能比之前更高，同时员工的技能可以在合作过程中不断累积。[①]

[①] 新浪游戏. 为什么越来越多的开发商选择合作研发？[EB/OL].（2014-02-25）[2020-01-06]. http://games.sina.com.cn/y/n/2014-02-25/1058765927.shtml.

双创平台促进合作研发的自发进行。在共同盈利的平台上，大企业乐于向小企业提供支持以解决其技术难题。同时，小企业之间也趋于互帮互助，进一步降低了技术研发的风险，促进了共赢局面的实现，以此往复，形成一个良性循环。通过生态化双创，实现平台与企业的可持续发展。

相互促进。创客之间的技术合作是一个相互促进的过程。物竞天择，适者生存。在双方的合作中，当一方的技术水平无法与另一方互补时，要么进行技术革新，要么被抛弃。友达光电股份有限公司（简称 AUO）和 LGD 显示公司（简称 LGD），同时为苹果公司提供显示屏。对于苹果公司来说，AUO 和 LGD 两个企业都能够为其提供相应的产品，这两个企业对显示屏的技术研发投入在一定程度上决定了苹果公司的产品质量，它们在技术上与苹果公司是互补的关系，但是 AUO 和 LGD 却是竞争的关系。如果 AUO 的技术水平明显优于 LGD，苹果公司就会将更多的订单交给 AUO，对于 LGD 公司来说，它有两种选择，要么由于技术水平低下被迫结束与苹果公司的合作伙伴关系，要么加大技术研发投入，满足苹果公司对显示屏的品质和性能要求。

在寻求合作的压力下，一部分创客被淘汰，另一部分创客技术革新成功，为双创平台贡献技术革新的经验并提供新的资源，吸引着另一群创客进入双创平台，形成动态平衡。

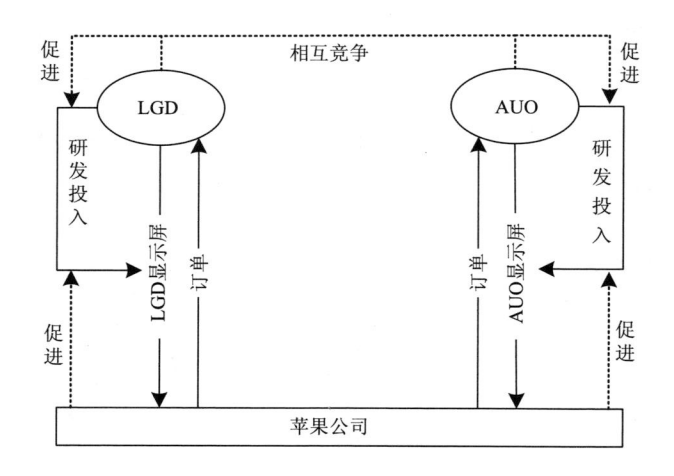

图 3.9 AUO 和 LGD 技术研发的相互促进

第三章 水平化双创平台：互补共创

在荣事达双创平台上，有作为技术转化和共享的总平台的研究院，有专长于智能硬件、智控系统以及软件研发设计的创客，也有专长于产品外观设计、零件制造以及组装技术的创客，通过机制创新形成以"研究院+技术事业部+产品事业部"三位一体的核心技术平台和以科技院校、知识产权公司、个体发明者等为多点支撑的技术生态。研究院作为技术转化和共享的总平台统领各专业的技术事业部和产品事业部，并协同外部单位和个人，保证技术生态水平和更新速度。

智控系统事业部专长于智能硬件、智控系统以及软件的研发设计，为双创平台上的其他创客以及社会提供智能硬件或者智能家居解决方案。智控系统事业部与智能锁事业部合作，为智能锁事业部提供远程控制方案，智能锁事业部只需要将智控系统事业部提供的智能模块安装到智能锁产品中去，就能够直接使用智控系统事业部的 app，实现对智能锁的控制以及智能家居的联网。联网后，云平台会记录用户的使用习惯、使用环境以及使用方式等信息，用户数据为智控系统事业部提供了技术革新的方向。在荣事达智控系统事业部与智能锁事业部的合作中，如果智控系统事业部为智能锁事业部提供的硬件质量不能满足其他智能家居产品的质量要求或其技术解决方案不能与用户的需求相匹配时，智能锁事业部便会放弃与其合作，在双创平台上甚至平台外寻求能够满足其需求的合作伙伴。

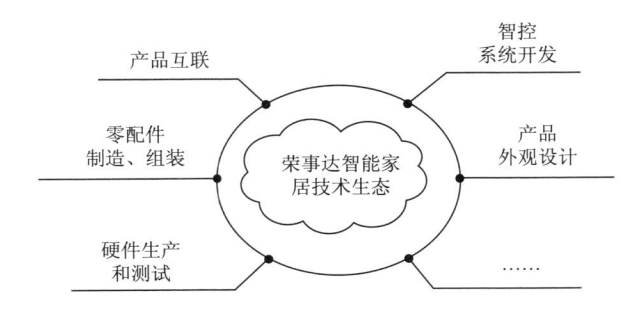

图 3.10 荣事达智能家居技术生态

在无形之手的推动下，创客自发地选择合作研发，创客之间签订相关合同，分别承担一定的技术创新成本，分别负责自己擅长的部分。同时，在合作方技术革新要求的压力下，创客之间相互促进，使双创平台上技术得到整体更新，形成了动态循环下的技术发展生态平衡。

生产生态：整合资源

当企业研发出能够有效解决客户需求的产品和技术时，快速将研发的产品和技术转化为生产力，实现产品品质保证，抢占市场，才能为创客带来源源不断的利润。很多初创企业欠缺的不是产品和技术，而是实现产品快速落地的生产能力。规模小，人、财、物的有限性制约了大多创业项目的生产落地。此路不通走彼路，原始设备制造商（original equipment manufacturing，OEM）和原始设计制造商（original design manufacturing，ODM）成为大多数初创企业的选择。但 OEM 产品缺乏个性化，委托企业和 OEM/ODM 厂家之间缺乏信任与沟通以及生产成本高，导致产品的竞争力不足。双创平台聚集了诸如零配件生产商、原始设备制造商等拥有生产力的创客，在一定程度上解决了创客企业生产力不足以及 OEM 生产中的问题。

生产合作。一部分没有生产力的创客选择将生产外包给双创平台上有多余生产力的创客。这些创客不直接生产产品，而是利用自己掌握的核心技术负责设计开发新产品和开发销售渠道，加工任务通过合同订购的方式由其他创客生产，之后将所订产品低价买断，并直接贴上自己的品牌商标。

没有生产力的创客还可以选择同其他无生产力的创客展开生产合作，组团投建生产线或寻找外部代工厂，形成规模效应。在双簧表演中，"前脸儿"擅长动作模拟，"后背"嗓子好、声音亮，"前脸儿"和"后背"，二人一前一后，一唱一和，"假说真学仿佛一个，前演后唱喉咙两条"，方能展现一场精彩的演出。双创平台上的销售型和研发型创客好比"前脸儿"，生产型创客好比"后背"，"后背"将"前脸儿"研发的产品和技术快速转化为生产力，为其提供优质的生产服务。

生产力整合。拥有生产装备与系统解决方案的创客是双创平台上生产的引导者。此类型的企业需要不断提出超前的生产概念，并运用自身的力量进行生产活动，激发产品的潜能和价值。同时它们还需要与双创平台上的其他创客开展生产合作，整合生产与技术，扩大对土地、设备、厂房、技术、劳动力等传统生产要素的投入，打造共享工厂。共享工厂既可以帮助平台上有生产需求却缺乏生产力的创客企业实现产品快速落地，也可以以代工厂的角色对外输出生产力，实现价值增值，具有批量采购、库存、规模生产等单个创客企业无法拥有的优势。如中航工业构筑的"爱创客"双创平台，引进创客，对航空工业设计、增材制造等专业资源进行汇聚、整合、共享，使其成为支撑中航工业开展业务的技术平台。

另一部分拥有生产装备、系统解决方案的创客选择原始设计生产。这一部分创客具备生产制造的知识背景，设计出来的产品往往在生产上不存在困难，有的时候只要在外形上稍加改动，就能够成功打入市场。但这种类型的企业缺少渠道，所以需要和其他创客进行合作。当具有生产力的创客企业进行技术和生产整合时，需要考虑它们的技术、生产能力、工艺流程及员工技术素质的相似性。当创客企业在技术、生产能力、工艺流程及员工技术素质等方面具有相似性时，它们可以按照生产中的相似性来归并技术、生产设备、工艺流程及技术员工，从而优化生产组织，寻求专业生产的规模效应。当创客企业在技术、生产设备、工艺流程及员工技术素质等方面不具有相似性且存在相当大的差异时，创客企业可以在分类的基础上，按照创客企业发展战略和技术创新要求，在认真调查的基础上，确定保留和放弃的技术、生产设备以及工艺流程。

双创平台上有很多同质创客企业，它们生产的产品在规格、外观、质量等方面区别不大，相互之间几乎有完全的可替代性，所以为了争夺市场占有率、提升企业在平台中的地位以及实现利润最大化，它们之间的竞争十分激烈。但是完全的竞争并不能实现集群企业间利益最大化，反而会带来资源使用效率低、效益偏差等负面效果，创客间的生产合作却能提升集群资源的使用效率，也能提高企业间的效益水平，最终实现整个集群效益的最大化。创客们专注于长远利益，通过加强彼此间的交流沟通和彼此之间的信任强度，他们共同创新、共担风险，从而提高生产力、降低生产成本。越来越多的创客意识到，保持长期的合作才是实现双方利益最大化的最优途径。

荣事达集团与OEM/ODM厂家合伙，实现伙伴创客化。OEM/ODM厂家成为双创平台上专长于生产的创客，与荣事达合力打造共享工厂，为部分创客解决生产问题。例如，从供应链的角度出发，引进创客，成立品冠五金科技事业部，与双创平台上的其他创客形成生产互补。品冠五金科技事业部既生产成熟的五金制品，将产品直接投入市场零售，又为平台上的一些创客提供零配件，如为晾衣架、卫浴、太阳能、空气能、淋浴房等品牌产品的生产提供部分零配件。品冠五金科技事业部与双创平台上其他创客之间的合作，在前期占据了其80%的业务量，保障了其在双创平台上能够快速安身立命。其他创客与品冠五金科技事业部合作看中的是与其同属于一个双创平台，由此成本降低、可靠性增加。当与平台外其他企业相比，品冠五金科技事业部不具成本优势时，创客也可以选择不与其合作，这激励了品冠五金科技扩大生产、降低成本、加大研发力度。

双创平台上的创客，一部分集生产和营销一体，一部分为其他创客的产品生产提供零配件，另一部分只负责销售，产品由其他负责生产的创客提供。双创平台上的创客通过集成、重组、共享生产资源，在产品生产方面合作互补、相互促进，不仅降低了整个双创平台的生产成本，同时也提高了生产的柔性。创客们在生产合作中分别实现各自长期的利润最大化，在利润最大化的驱动下又趋于合作，使生产力处于稳定增长的状态，逐步形成双创平台的生产生态。

渠道生态：构筑消费生态

以往，好的产品可以做到无推自销，但单纯的内容为王的时代已经过去，在好产品普及的今天，酒香也怕巷子深，产品只有走出去并为大众所接受，企业才能盈利。

很多传统的家电行业和互联网巨头涉足智能家居行业，凭借着品牌影响力和现有渠道，快速地打开了产品的市场通路。但是大众对突然冒出来的新品牌是很陌生的。对于资金有限、人才资源有限、销售渠道空白的初创企业而言，推出新产品，仅仅依靠自身力量打开产品通路，开发自己的营销渠道，必然需要大量的投入。从零做起，这是一个格外艰难的过程。铺天盖地的营销广告，五花八门的智能家居产品，在这个竞争白热化的智能家居市场中，草根团队如何才能脱颖而出呢？

随着"怕上火，喝王老吉"这条广告的广泛流传，王老吉似乎成为每一家火锅店的标配。

食客在饮用王老吉饮料的时候，"火气"能得到控制，从而增加对火锅的消费，也就是说，火锅店通过销售王老吉饮料间接提升了自己的销售额。王老吉根据产品之间的互补功能，借助火锅店拓展销售渠道，通过合作实现共赢。单个初创企业的力量是有限的，资源也是有限的，但是初创企业之间若能整合渠道资源，联合营销，互相取长补短，将会帮助彼此快速打开销售通路，迎来更加广阔的发展空间。

三洋利用海尔在中国丰富的渠道资源，销售自有品牌的家电和手机电池，海尔收购三洋在日本的电冰箱厂，利用三洋的通路，在日本销售电冰箱和洗衣机；微软和英特尔的软硬件组成互补共同体，共用渠道，不但帮助 Microsoft Windows 成为电脑操作系统的霸主，也让奔腾芯片成为电脑最核心的标配。无论是海尔与三洋之间的渠道合作，还是微软与英特尔之间的渠道合作，皆是资源丰富、势均力敌的大企业间的强强联手，它们共担营销费用，协同进行营销传播、品牌建设、产品促销等方面的营销活动，在帮助企业巩固已有市场地位、增强企业竞争力的同时也降低了企业进入新市场的壁垒和成本。然而，对于初创企业而言，与大企业联合营销则极有可能处于弱势地位；与同样缺乏资源的某一个或某几个初创企业联合营销，收效甚微，且在合作中难以确定各自所承担的费用，营销活动的时间、地点、内容和方式难统一，这些都将对营销效果产生负面影响。

大企业引领双创平台，为创客之间的合作提供天然纽带，既为初创企业提供了众多合作对象，也在一定程度上为创客之间的合作提供了保障。互联互通赋予了智能家居单品之间的互补关系，平台上的创客企业根据产品之间的互补性进行渠道合作。共用渠道，相比单独开辟渠道有着事半功倍的优势。大部分创客都有自己的销售渠道，创客可以将自己经营的产品按渠道归类，将适合其他创客的产品和适合自己渠道的产品进行交换。在双创平台上，除了大企业自建渠道、创客自有渠道外，还有以销售为主的创客企业为所有创客产品提供的公用渠道。创客之间通过渠道交叉销售、供应销售、共建渠道等方式进行渠道合作，在销售渠道上合作互补、共创共赢，构架起双创平台的营销系统，形成渠道生态，完成品牌服务、产品开发、市场开发、市场运营等职能。

荣事达双创平台上，大部分以产品为核心的创客都有着自己的销售渠道，创客之间通过互借渠道、共建渠道等方式展开合作。保险柜事业部和智能锁事业部互换产品，捆绑销售智能锁和保险柜；智控系统和其他智能单品之间是互补关系，双创平台上的所有智能家居单品都可以通过嵌入智控系统事业部的智控系统，使用同一个 app 来达到控制所有智能家居单品的目的，智控系统和智能家居单品组成互补共同体，共用销售渠道；"品冠之家"门店销售各种各样的智能家居单品，致力于打造一站式智能家居购物平台，双创平台上创客的产品都可以利用"品冠之家"这一渠道进行销售；工程渠道部专门负责与社会上的工程单位打交道，负责创客产品工程销售渠道的开拓；双创平台上还有创客专门负责产品的线上销售，如电商事业部、三品电子商务、品冠网络等，它们专注于产品线上销售渠道的建设,为其他创客提供线上销售渠道。

渠道交叉销售。双创平台上具有产品差异性和互补性的创客通过渠道交叉销售展开合作,产品之间原有的互补关系,使其天生就是一对。此类产品的创客结成合作伙伴关系,互借渠道销售自己的产品。创客在交叉销售产品时,可以在其他创客的渠道单独销售自己的产品,也可以同与其具有互补关系的产品捆绑销售。在已存在的单一产品和服务市场中,向现有客户推销新的产品或服务,其成本远低于在市场中开拓新客户。同一渠道中产品和服务品种越多,客户流失的可能性就越小。创客企业之间互借渠道交叉销售产品,不仅能够使自身渠道中的产品多元化,也能增强客户忠诚度,降低营销成本和获客成本。

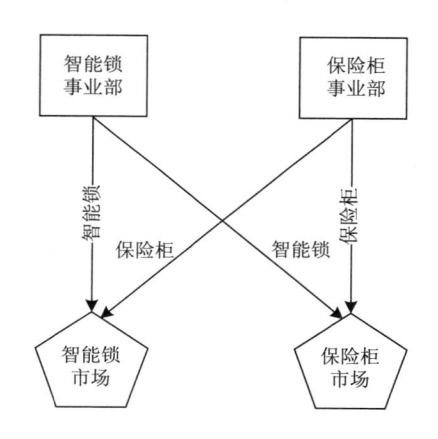

图 3.11 智能锁和保险柜的渠道交叉销售

供应销售。在双创平台上,有的创客专注于渠道建设,整合其他创客的产品,与其他创客形成供应关系,进行销售。对于供应产品的创客而言,除了自有销售渠道外,又多了一条额外的零售渠道。相比自有渠道,零售渠道整合了众多创客的产品,多元化的产品和更加专业的销售提高了渠道竞争力。众多创客与专门负责零售渠道的创客一起进行产品促销,在提高促销效率的同时也降低了单位营销成本。供应销售渠道中值得注意的是,在一定程度上,零售渠道与创客自有渠道形成竞争关系,创客与负责零售渠道的创客之间应制定有效的合作机制,避免因彼此之间的竞争而损害双方利益的局面产生。

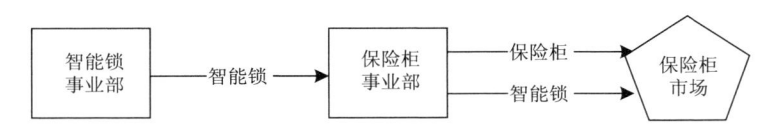

图 3.12　智能锁和保险柜的供应销售

共建渠道。众多创客形成合力，各自分工又合作互补，共建渠道、共享渠道资源，既弥补了自身渠道结构的缺陷，又拓展了产品的销售空间。一人之力难破强虏，只身之功莫开殊勋。初创企业和中小企业的能力与资源有限，自建渠道成本大且渠道竞争力不足，大多是依托如苏宁易购集团股份有限公司（简称苏宁）、国美控股集团有限公司（简称国美）、淘宝网等线上线下零售巨头销售自己的产品。在此情况下，销售成本较高、品牌影响力较弱以及激烈的市场竞争等因素给初创企业和中小企业带来了巨大的压力。双创平台为创客企业提供了合作的契机，产品和服务关联较强的创客企业形成合力，合伙成立销售公司，共建销售渠道。共建渠道的成本分摊到每家创客企业身上，就能远远低于单个创客企业自建渠道的成本，众多创客共享销售渠道既提高了渠道中产品的多元化程度，又在扩大市场影响力的同时降低了单位产品的销售成本。

在渠道生态形成之后，新进创客企业可以借助其他创客已有的渠道打开销售通路，当某个产品进入大众视野并被广泛认可和接受后，流量和口碑的相互促进便会带动大众对渠道中其他产品的需求。小米生态链企业的发展便是一个典型的例子。2014 年，小米开始向生态链企业方向发展，以小米的标准，复制小米的模式，从零起步，吸纳专业人才，不断地摸索出一套自己的发展模式，北京智米科技有限公司（简称智米）、华米（北京）信息科技有限公司（简称华米）、江苏紫米电子技术有限公司（简称紫米）等公司成为小米的首批生态链队伍。小米生态链企业共享小米之前积累的用户和销售渠道，打开产品市场，高性价比的产品丰富了如小米之家、小米商城等渠道商的产品类别，培养了更多的忠实用户。产品提供商和渠道商之间资源互补，相互促进，为小米系列的产品积累了越来越多的用户，社会对产品的认可度不断提高。小米公司旗下生态链企业如紫米的小米电源、华米的小米手环、智米的小米净化器等明星产品，以其高性价比为生态链企业带来了巨大的流量和良好的口碑，流量和口碑相互作用，推动着每个新加入小米生态链企业的成员像转动的飞轮一样快速发展。

伴随着创客企业的发展壮大，除了创客之间的渠道合作外，创客企业之间也可以通过"对抗性"联合营销进一步实现双赢，进一步丰富渠道生态。加多宝与王老吉之间的品牌权益战，便是"对抗性"联合营销实现双赢的例子。从2010年5月到2012年5月，加多宝和王老吉之间的品牌权益争夺战闹得沸沸扬扬，二者都想把对方"打倒"。本以为会两败俱伤，但最后的结果却是两个品牌发展得越来越好，占据了凉茶行业前二的位置，反而是曾经凉茶销量第二的和其正受到了冲击。竞争无处不在，双创平台的创客企业可以合理利用消费者的"围观效应"和彼此之间的竞争关系，通过"对抗性"的联合营销实现双赢。在"对抗性"联合营销策略下，创客企业要选择平台上具备行业或群众影响力且与自己实力相当、产品内容相似的创客企业。对抗策略是市场中稍处弱势的创客企业向另一个创客企业发起冲击，可以通过如调侃基调的口水战、价格战等方式制造舆论的一种策略。当双方产生对抗行为时，企业高的关注度和吐槽点会吸引市场中的媒体报道、市场份额、消费者关注度等资源，形成天然的免费舆论场，帮助企业节省品牌推广资源。①

服务生态：取长补短

阿里巴巴，曾经只是一个为买卖双方提供交易中介的第三方服务平台，如今，它已经变成一个集电子商务服务、蚂蚁金融服务、菜鸟物流服务、大数据云计算服务、广告服务、跨境贸易服务、互联网服务几大业务板块的生态体。每一个加入阿里巴巴的生态个体，都能够自发地成长，阿里巴巴为其生态体中的每个个体提供支付、物流、金融、云计算、广告营销等服务。

如果你是网红，想要在淘宝网开店卖衣服，你不需要自己设计和生产商品，甚至你无须拥有商品，可以从1688网进货，店铺美工、文案、客服、物流甚至售后都可以交给阿里生态体中的第三方，你只需要发挥自己所长，打开销售渠道即可。

如果创业能够像开淘宝店一样，在初创时期，创业者只需要专注于自身的核心业务，其他必要却不擅长的业务暂由他人提供，创业成功率会大幅度提升。

---

① 小5. 案例分析1 "对抗性"品牌运营策略深度解析[EB/OL].（2019-11-13）[2020-01-08]. http://www.niaogebiji.com/article-24634-1.html?iv=mqVkzixDJXNdV9BB.

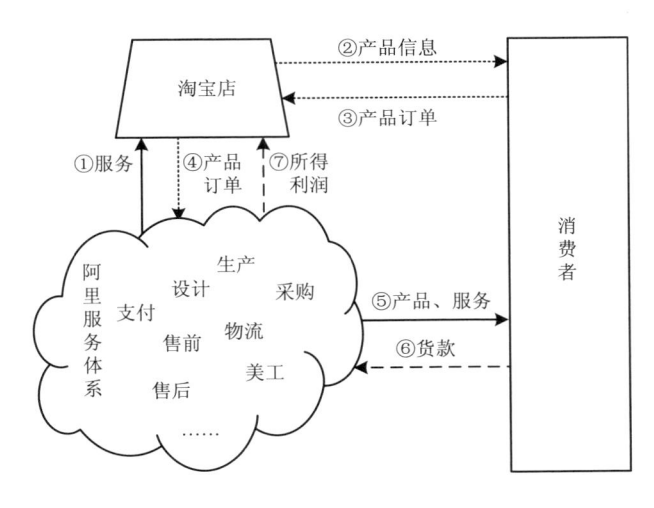

图 3.13　淘宝店的服务生态

双创平台，本只是聚集了围绕各种智能单品的研发、设计、生产、销售进行创业的创客，创客企业的生存发展促进了服务型创客企业的落地开花。初创企业，往往都存在资金短缺、人才匮乏、业务开拓吃力等问题，需要清楚并专注于自己的核心能力，如市场的开拓、产品的开发等。至于公司注册、商标注册、财税登记、品牌的包装策划、项目的股权众筹、新媒体的营销推广等活动，可以交给专业的第三方服务公司。在创客项目的孵化过程中，当项目进入实操阶段后，创业者需要注册公司、注册商标、登记财税。创业者往往不熟悉这些业务流程，便由引领双创的大企业代劳，随着越来越多的项目进入实操阶段，双创平台上便衍生出为创业者提供公司注册、商标注册、财税登记等服务的创客公司。完成基本的公司注册流程后，初创企业进入自我循环的成长阶段，可能会需要品牌的包装策划、新媒体的营销推广、审计、财务体系的建设、人力资源等服务，提供该类服务的创客公司便在双创平台落地。

随着双创的推进和初创企业的发展，具有服务性质的创客公司纷纷在双创平台落地，服务型创客企业的服务在一定程度上保障了其他创客企业日常经营活动的正常进行，其他创客企业对职能服务的需求也促进了服务型创客企业的生存和发展。创客之间水平互补、相互促进，形成服务生态，为平台上的其他创客提供如财务、审计、传媒、法务等企业职能服务。

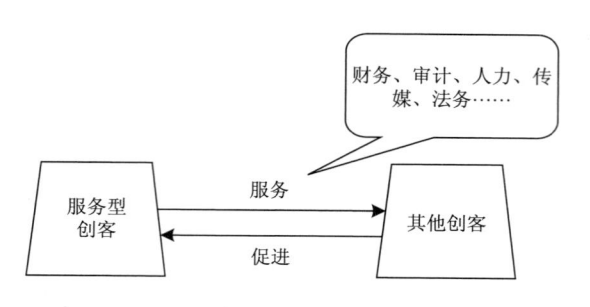

图 3.14　服务型创客与其他创客间的关系

财务服务。初创企业规模小、组织构架不完善、精力有限，通常存在财务流程不规范、财务制度缺失等问题，也有部分创客企业存在自身财务人员难以解决的财务问题。服务型创客企业拥有专业的财务团队，可为双创平台上其他的创客企业提供及时、高效的财务服务，或承包创客企业的全部财务工作，或针对某些创客企业无法解决的财务难题给出解决方案。原先每个创客企业都要有两个或两个以上的财务人员，当财务服务型创客为其他创客提供财务服务后，财务人员月均处理凭证数量以及单位凭证的处理费用均会显著降低，创客企业财务人员数和中间管理层级的减少降低了企业运作成本；服务型创客企业对其所服务的所有创客企业采用相同的标准作业流程，废除了冗余的步骤和流程，同时也拥有相关创客企业的所有财务数据，提高了创客企业之间财务往来的处理效率。与每家创客企业均自己全权负责自身财务工作相比，服务型创客企业优化了其他创客企业的组织结构，规范了双创平台上的财务处理流程，同时也提升了创客企业的财务处理效率，降低了运营成本。

审计服务。当企业达到一定规模后，往来账目款项会越来越复杂，再加上公司人数增加、部门众多，作为企业老板，无法做到每天紧盯公司财务，然而为了防止高管中饱私囊，同时确认财务收支及其他经济活动的真实性，进行财务审计必不可少。若企业规模达到一定程度，内部都会有自己的审计部门进行审计，但是一般性企业更多是股东委托第三方审计机构进行企业的审计工作。双创平台上以审计为主的服务型创客企业为双创平台上的所有创客提供审计服务，通过内部审计监察形式，对审计所披露的问题进行追踪，找到症结所在，并在创客企业的内部控制流程、财务核算、税收风险等方面，为创客企业提供初步的客观评价以及改正建议。

传媒服务。好的产品能否走进市场在一定程度上取决于营销成功与否。一个好的营销活动，不仅能够吸引消费者的注意力，还能够传递企业品牌的核心价值观、提高消费者的忠诚度。对于大多数初创企业来说，营销一直是最难解决的问题之一，资金的匮乏使得它们难以像大企业那样在有线电视、线上网络等渠道进行铺天盖地的宣传；加上营销经验的欠缺和精力有限，初创企业难以凭借自身力量开展高效的营销活动。以传媒活动为主的服务型创客整合了品牌策划、社会化营销、媒介代理等服务，拥有初创企业所欠缺的市场经验，为有需求的创客企业提供传媒服务。双创平台上的创客企业共用大企业的"品牌"，因此拥有合作推广品牌的契机，以传媒业务为主的服务型创客作为中介，可以整合众多创客企业的营销活动，如多个创客企业一起宣传其共用的品牌，既增加了品牌的影响力，又降低了营销成本。

法务服务。市场经济就是法治经济。对于任何一个企业而言，无论大小，从登记成立，到注销清算，企业的整个运作过程都离不开法律。初创企业规模小，所产生的常规法律事务有限，若自建法律事务部门，则面临着高昂的管理成本和资源的闲置。双创平台上以提供法律服务为主的创客与其他创客企业形成互补关系，为其他创客提供法律服务，帮助其有效地识别和防范法律风险，为其在创业过程中保驾护航。以法律业务为主的创客企业为双创平台上的创客企业统一提供合同范本、统一管理法律事务，极大地降低了平台上创客企业合作时产生法律纠纷的可能性，提高了创客企业间的合作效率。

荣事达双创平台成立"三品"服务品牌，专注为创业团队提供全方位、专业化、低成本的商业服务，承担了初创团队大量非产品研发和业务开展的服务工作，让每个创客团队专注做好产品和销售。三品服务品牌旗下各三品服务公司同样作为创客，参与市场竞争，以最低的价格，提供最优质的服务。

在荣事达双创平台上，一些刚成立的创客公司，或多或少存在一些账目混乱和报销流程不规范的问题。荣事达双创平台引进精于财会的创客，应创客的需求成立了从事财税管理服务的专业化公司——合肥三品财务管理咨询有限公司（以下简称三品财务）。

三品财务为刚成立的创客公司提供资金结算、日常会计结算、税务代理等财务托管服务，使初创企业将精力专注于企业的生存和稳定。一些慢慢发展起来的创客公司，已经初具规模，没有必要再将财务托管给第三方，这时，三品财务主要负责对其进行财务方面的规范指导，帮助其招聘、培训专业的财会人员，使其慢慢建立起规范的财务体系。当企业已经初具财会体系时，三品财务的职责就是配合企业自身的财会体系，站在第三方的角度，洞察企业自有财务人员忽视的财务问题，从财务风险方面把控企业经营风险，与企业自有财会体系形成互补。在三品财务为创客提供服务的同时，自己作为一家创客公司，也得到了业务收入以及业务能力的提升，二者互补双赢。同样应需求而生的是荣事达双创平台成立的第三方审计机构——合肥三品管理咨询服务有限责任公司（以下简称三品管理咨询）。

在为其他创客提供财务和审计服务时，三品财务和三品管理咨询之间亦具有水平互补关系。审计主要针对企业的财务工作，审计的滞后性使审计无法把握企业的日常税务风险。三品财务通过对创客企业的财务核算来把控一些日常的税务风险，从而弥补审计的不足。当平台上的创客共用三品财务和三品管理咨询的资源时，这时所创造的价值要大于单独被任何一个创客使用时所创造的价值，资源的共享产生了互补效应。

服务生态中创客企业之间的互补关系不仅局限于具有职能服务性质的创客与其他创客之间，也体现在具有职能服务性质的创客企业之间。一方面，具有职能服务性质的创客企业与其他创客企业水平互补，为创客团队提供全方位、专业化、低成本的商业服务，承担初创企业大部分的非产品研发和业务开展的服务工作，帮助每个创业团队专注于自身的核心竞争力，快速成长起来；另一方面，当为其他创客提供企业职能服务时，具有职能服务性质的创客企业之间也具有水平互补关系。以财务公司和审计公司为例，第三方审计公司通过审计工作可以找出创客企业在财务日常核算中出现的问题，并提出解决方案，与第三方财务公司形成互补。而当审计公司为创客企业提出解决方案后，必须要第三方财务公司配合才能发挥出审计的作用。第三方审计公司和第三方财务公司合作互补，双方配合，共同把控创客企业的财务风险。

双创服务生态的形成，保障了双创平台上服务型创客和其他创客之间合作的稳固性与可持续发展。初创企业，尤其是规模较小的初创企业，缺乏管理经验和优秀人才，组织结构不完善、资源匮乏等问题阻碍其发展。服务外包产业的迅速发展让"精通的自己干，剩余外包"成为初创企业解决管理经验缺乏、组织结构不完善等问题的好方法。但外包服务提供商之间的竞争带来的服务质量不统一、响应不及时等问题以及在创客企业与外部服务企业合作过程中产生的信任危机、协调机制缺失等问题都可能会给初创企业带来重大经济损失，令原本就脆弱的中小企业雪上加霜。然而，大企业引领双创平台、与所有创客合伙成立创客企业这一属性保证了服务型创客企业和其他创客企业的利益一致性,解决了服务提供商与服务接受者之间的信任问题。同时,大企业对服务型创客企业的高标准和服务型创客与其他创客企业处于同一地理区域的性质,保证了高服务质量和高服务响应速度。

创客自愿选择将企业某项职能服务外包给服务型创客企业还是平台外部的服务外包商。服务外包商和服务型创客企业之间的竞争,促进双创服务生态朝着良好的态势发展。服务型创客为双创平台上的其他创客企业提供企业职能服务,在一定程度上保障了初创企业的成长。但随着初创企业的成长和双创平台的发展,对服务型创客所提供服务的要求也就越来越高,当其提供的服务不能满足创客的要求时,创客便会寻找平台外更加优质的服务机构。为了保持与双创平台上其他创客企业的合作,服务型创客会不断地提升自身服务能力和服务质量,当自身实力达到一定高度时,服务型创客便可转向外部寻找与平台之外的企业合作,创造更多的价值。具有企业职能服务性质的创客与其他创客在提供服务与接受服务中互补共创,共同进步。

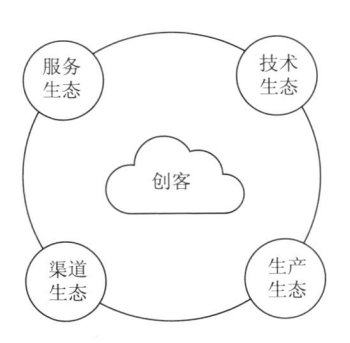

图 3.15 智能家居双创生态

双创平台由多种类型的参与主体构成:创新创业资源、大企业以及不同类型的创客,这些参与主体扮演着不同的角色。创新创业资源是创客成长必不可缺的条件,大企业为初创企业提供庇护,服务型创客为生产型创客提供第三方服务,各主体各司其职、相互关联、相互依赖,形成双创平台上的技术生态、生产生态、渠道生态、服务生态,四者密不可分、相互补充。

例如,在双创生态中,生产生态和技术生态便是密不可分的整体。针对同一类产品,技术型创客针对产品设计、制造工艺进行开发规划,生产型创客则根据制造工艺进行生产规划和过程管理。创客企业之间产品、生产工艺、技术、员工技术素质等方面的差异以及市场对创新型产品的需求，决定了双创生产生态和技术生态必然是一个动态的发展过程。故产品的研发设计必须要考虑产品生产的可能性和经济性，尤其是对具有研发成本高、技术密集、单件或小批量生产等特点的产品来说，其研发设计和生产制造过程更是不可分割的。

此外，生产生态和技术生态相互促进、共同演化。

18世纪下半叶，第一次工业革命的爆发，首先从投资少、资金周转快、利润高、经济效益好的纺织工业开始。第一次工业革命前英国纺织工业是靠手工劳动的行业，其效率低下，远远不能满足市场需求。生产力低下迫使工程师寻求新的动力。珍妮机和蒸汽机的先后出现为纺织工业带来技术的重大突破，推动着大工业生产的迅速发展，而大工业的迅速发展又需要有强大动力且轻便快捷的输配能量系统的支撑，这种新的生产需求，又促进着电力技术的发明、电力应用等技术创新活动的进行。

从第一次工业革命的爆发可以看出，生产需要是技术发展的主要动力，技术发展又促进着生产实践的进步。市场需求是不断变化的，生产型创客需要不断调整以满足不同创客的需求。不断变化的市场需求推动着生产实践永不停息地向前发展。生产实践在向前发展的过程中，总会碰到各种各样的困难和问题，这些困难和问题会阻碍着生产的发展。只有不断进行技术创新才能解决生产过程中层出不穷的难题，进而推动技术生态的动态发展。技术突破又促进着生产实践的向前发展，推动着生产生态向良好的方向演化。生产生态和技术生态在以上循环往复的过程中相互促进、相互补充。以合作筑生态，以生态促合作。在生产生态和技术生态的循环往复中，创客企业间的合作起着关键作用，合作就是推动它们正常运行的齿轮。

又例如，在销售型创客和生产型创客之间的知识转移过程中，渠道生态和技术生态相互促进。技术创新助力着企业竞争力的提高，由销售型创客向生产型创客的知识转移是促进技术创新的不竭动力。销售型创客是双创平台上与消费者接触最为密切的主体，可以从产品的销售信息中获得诸如颜色、外观设计、尺寸规格等消费者需求信息。消费者的需求信息是生产型创客开发新产品所需要的关键信息。从渠道生态中销售型创客所收集到的消费者信息中，可以总结归纳出消费者对不同产品以及不同产品组合的需求特点和偏好等知识，这类知识向生产型创客的转移有利于生产型创客全面掌握消费者的需求和偏好，指导生产型创客的产品创新与技术发展，促进技术生态朝着良好的态势发展。同样地，从事产品研发生产的创客拥有关于产品性能、可靠性及产品的技术含量等知识。这类知识向销售型创客的转移，能够提升销售型创客对产品的认知程度，从而提高销售型创客企业服务人员的服务能力，促使渠道生态朝着良好的态势发展。[①]

技术生态、生产生态、渠道生态以及服务生态四者彼此联系，相互促进，共同构成水平化双创生态。在水平化双创生态中，创客通过合作汲取自身成长所需的营养，协作共享、互补共创。

---

① 钱丽萍，高伟. 双渠道中知识转移的特点及其互补效应研究[J]. 软科学, 2014, 28（10）: 47-50.

第三节
协作共享、互补共创

随着创客的成长，双创平台上的成员相互制约、相互影响，它们之间的交互推动了双创平台的生态化进程和良好生态环境的形成，吸引更多创客的加入。双创生态一旦形成，双创平台便会像自然生态系统一样，进入良好的循环过程。在循环过程中，创客之间共享资源、互补共创，促进新企业的快速衍生与成长。同时，双创平台的专业化分工水平不断提高，衍生出更多的分支，吸引更多创业者的加入，为双创平台注入新鲜的血液，壮大双创平台的力量。双创平台力量的壮大，进一步增加集聚效应，助推双创平台的发展。

资源共享、分工协作

资源共享。腾讯成立之初的办公室是马化腾一位朋友的舞蹈室，一群技术大牛到处给人做项目挣钱，以股资抵债被嫌弃，到处找投资碰壁，兜里没钱，还要为昂贵的服务器租金发愁……直到获得第一笔投资之后，情况才有所好转。腾讯刚成立时，其技术优势很明显，但是缺乏资金、办公场地、渠道、品牌、人力等资源。决定木桶能装多少水的是最短的木板，如果没有第一笔资金的投入，腾讯就无法取得如今的成就。能力固然重要，但是资源更是重中之重，刚成立的初创企业，更应该关注自己缺少什么，如营销渠道、市场经验以及客户资料等无形资源。这些无形资源既是初创企业安身立命之本，又往往是它们一时之间难以获取的资源。

资源是企业成长的基础，初创企业既然无法在短时间内积累大量的资源，又难以通过市场交易直接获取自身所需，那么初创企业应该如何获取资源供自身生存所用呢？

他山之石，可以攻玉。与拥有自身所需资源的企业建立合作关系，从别人那里获取自身所需资源，可以解决初创企业资源匮乏的问题。大企业构筑双创平台，引入创客，整合企业内外部的资源并开放资源供双创平台上的所有创客共享。例如，大企业规模大、资源多、行业影响力强，初创企业能够共享大企业多年来积累的良好口碑以及销售渠道。小米生态链上的所有企业一起共享小米的品牌和渠道，所有的生态链企业都可以在小米商场、米家 app 以及线下门店"小米之家"销售产品。消费者信赖小米产品的品质，其生态链企业无须广告投入，就能得到可观的流量，给产品带来定价上的优势。

双创平台将所有的创客聚集在一起，形成伙伴关系。每个创客都有着各自的优势，或专长于技术，或拥有丰富的渠道资源，每个创客也有自己的劣势，如生产力不足、资金缺乏、技术能力有限。创客聚集在双创平台，使企业活动所必需的资源集聚在一起。将每个创客碎片化的资源集中在一起，化零为整，创客与创客之间资源互补，通过"取人之长，补己之短，以己之长，补人之短"进行价值共创。

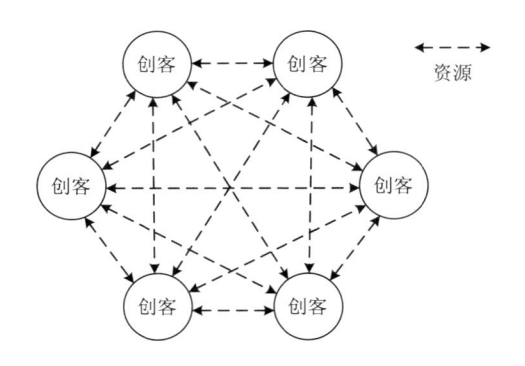

图 3.16 创客之间资源共享

双创平台不仅仅是创客间资源共享的平台，更是一个资源整合和开放的平台，所有的优秀资源都能够在双创平台上发挥自身价值。老板电器借助其双创平台吸纳智能厨房、绿色厨房资源，并依靠自身数十年的软硬件积累，帮助相关创业者实现科技创新，让创新科技落地；张瑞敏对海尔平台的设想是，任何外部的研发资源均可以进入海尔平台，创客企业的供应商和消费者以及大企业的供应商和消费者都可以参与到新产品创新的全过程，共享资源。[①]

---

① 宗京京. 老板电器：领跑中国"智造" [J]. 中国品牌, 2017（12）：74-75.

分工协作。在双创平台上,有专长于技术的创客,有具有高效营销渠道的创客,也有专门提供职能服务的创客,在双创平台上形成技术生态、生产生态、渠道生态、服务生态,四者之间相互补充、互相促进,构成智能家居双创生态。无论企业规模大小,任何一个企业都不可能把所有的生产过程放在企业内部进行。随着交易协作成本越来越低,越来越多的创客将自己的设计、营销、生产、物流、财务甚至研发等职能分割出去,交给双创平台上的其他创客去做,每个创客只专注于自身的核心优势,如研发核心技术、专注关键生产环节、搭建高效的营销渠道、完善售后服务网络等,形成一个专业化分工程度极高的双创平台。对于新进入双创平台的创客而言,只需专注于自身所长,生产、技术研发、销售、财务以及审计等工作皆可交给平台上的其他创客,创客与创客之间分工协作、互补共创。

下面是荣事达双创平台上的创客在技术、生产、渠道和服务上资源共享、分工协作的例子。

技术上。在荣事达双创平台上,创客所生产的智能单品种类很多,智控系统事业部为生产智能单品的创客们提供技术上的解决方案,能够将所有智能家居单品都纳入智能家居系统中。当其在为其他创客提供技术解决方案时,也实现了智能家居控制系统的推广。同时,智控系统事业部通过系统集成收集消费者的相关数据,并根据对相关数据的挖掘、分析为其他创客提供产品更新和改进的方向,也为自身的发展提供技术和研发方面的支持。

生产上。荣事达双创平台整合创客的生产要素资源,成立智能工厂,对创客开放,实施柔性化生产。当平台上的产能不能满足创客要求时,创客会以高标准对外寻找代工厂。在双创平台上,所有创客既可以共享平台内部的生产资源,也可以与其他创客共享平台外部的生产资源。例如,在双创平台上成立品冠五金科技事业部,对双创平台上的创客开放生产资源。现阶段,品冠五金科技能够为卫浴、太阳能、空气能、淋浴房等关联度较高的事业部提供部分零配件。

渠道上。"品冠之家"是一个专注于销售的事业部,销售各式各样的智能家居单品,致力于打造一站式智能家居购物平台。"品冠之家"是专注于销售的创客,此时双创平台上的其他创客就提供智能家居单品供其销售。同时,"品冠之家"也为其他创客的产品扩大了销售渠道。

服务上。随着初创企业的成长,企业规模不断扩大,对人才的需求也会增加。若荣事达双创平台上的每一个创客都单独进行人才招聘和职工培训,那么规模较小的创客公司在招聘人才时将不具备优势。此时,集团会为创客提供人力资源管理服务，以荣事达集团为整体，集中优势，实施"集中管理，统筹安排"以及"统一调配，分配资源"的人力资源管理原则，发挥集团本部人力资源部的优势，平台上的所有创客共享服务。

荣事达双创平台以智能家居产业为核心，整合企业内外部资源，将社会上具有核心优势的创业者、创业团队以及合作伙伴等利益相关者创客化，以此拉近利益相关者之间的距离。创客之间共享资源、分工协作，聚合成有机整体，拥有着单个个体所不具备的特性，整体发挥的作用大于所有个体的效用总和。

互补共创

双创平台将创客以及组织的资源整合到一起，构建起一个如共生环境般的价值共创生态系统，为创客提供资源共享与交换的平台。创客间通过互动与合作来实现资源的共享与交换，在为自己创造价值的同时也为对方创造价值。随着双创平台上创客价值的增加，整个平台的价值也不断提升，平台新增的价值转化为资源，这些新增的资源又不断为创客所用。在共享资源、创造价值的过程中，创客与创客之间相互依存、互补共创。

创客之间的互补关系，降低了创客的交易成本和经营成本。围绕某一个产业进行创新是创客间联系的纽带。从事某一产业相关的经济活动的创新主体聚集在双创平台上，彼此之间的熟悉和信任程度在长期合作中不断提高，信任度的提高以及大企业的风险控制大大避免了交易过程中企业的机会主义行为，降低道德风险，从而降低了创客企业的交易成本。在传统的生产模式下，生产力的扩大意味着固定成本的增加，企业要想实现规模经济，就必须增加生产投入、扩建厂房、购买更多的设备以扩大生产力。但在双创生态下，生态系统内的所有创客企业可以通过合作、战略联盟等形式进行生产、销售，在不扩大企业内部规模的情况下实现规模经济。具有产品生产工艺和技术可整合性的创客企业共享双创平台上的资源，降低了经营成本。

双创平台上的众多创客在各自负责的产品的设计方面具有一定的市场敏感性，但是一些创客既缺乏实现系统智能化的技术，又缺少扩大业务范围的资金，荣事达双创平台成为其解决这一难题的选择。智控系统事业部与其他创客企业开展合作，为它们提供智能化方案，在产品卖出去之后再从中分成。与平台外的其他企业合作相比,与双创平台上创客企业的合作既降低了交易成本又保证了创客产品智能控制系统的质量。创客智能单品的销售量既影响到创客自己的收入,也影响到智控系统事业部的利益。当然,帮助其他事业部提高产品质量,激发智能控制系统的市场需求,占领市场高度也是智控系统事业部的目标。

创客之间的互补关系促进了双创平台上的专业化分工,提升了创客间的协作效率。随着双创平台创客企业数量的增多以及企业规模的扩大,双创平台衍生出为中小企业提供企业职能服务的第三方服务公司,进一步促进了创客企业间的专业化分工。双创平台上汇集了有关产品研发、生产与销售的组织,原材料供应商、生产商、中介组织以及支撑智能家居产业发展的其他组织机构。创客各有分工、各有所长,服务由专业的服务机构提供,销售可以交给专门从事销售的创客,生产可以交给生产型创客,技术难题交给专业的研究机构……分工不仅提高了人员的工作效率、专门设备的使用率,也提高了企业的生产效率。同时由于双创平台的创客基本聚集在同一个区域,地理位置上的聚集、创客间紧密的合作关系以及创客之间在智能家居产业链上的专业化分工,都使得创客企业能够更加迅速地响应客户需求。创客企业围绕某一产业链的各个环节有序分工,创客间的分工合作使得资源在合理充足的基础上重新整合,双创平台上的各个企业形成更加开放、发散的网络关系,进一步提升了创客之间的协作效率。[1]

创客在互补合作中传播知识,激发创新能力。创客之间通过纵向分工和横向合作在双创平台上形成一个知识共享网络,平台上所有创客之间的互补关系有利于创客之间相互学习,更快捷地获取技术变革、服务营销观点等最新信息,在相互学习中实现新知识的产生、传递和积累,促进创客企业的创新。双创平台上每个创客企业的经营能力、生产方式存在差异,因此,一方面技术、管理经验等自发溢出效应有助于提高企业创新效率;另一方面,企业也会有意无意地近距离观察其他企业的生产经营活动,吸收同行的先进经验或者通过同行失败的教训来规避风险,将优秀企业的经营方式、生产流程等与自身企业的经营战略重新组合,实现创新。智能家居产品在生产过程中,可划分为软件操作系统、硬件设备、产品功能和外观等几个模块,模块的升级与重新组合是智能家居产品创新的重要途径。例如,创客在为智能家居品牌商提供智控系统时,可以从智控系统的视角为智能家居品牌商提出产品改进的方向,同时智能家居品牌商对产品功能的定位也

---

[1] 闫彦明. 分工、专业化与模块化:产业集群演化的一个视角[J]. 学术月刊, 2011, 43(11): 86-92.

可以促进智控系统创客对软件操作系统进行更新升级。

在创客企业合作的过程中，如果一方所提供的产品或服务无法满足另一方的要求，那么合作就无法达成。为了维持合作关系，双方必须要提升自身能力，通过合作互补来促进企业的快速衍生与成长。创客之间协作共享、互补共创，在自身成长的同时也推动其他创客甚至整个双创平台的发展。

第四章　垂直化双创平台：全价值链服务

"创新创业是人类文明进步的不熄引擎，是植根于每个人心中具有顽强生命力的'种子'。"虽然这粒微小的种子集聚了希望和新生力量，但不是随便在哪都能生根发芽，长出丰硕的果实。只有将这粒种子播撒在肥沃的土壤中，在和煦的阳光和微风里，经由园丁的精心浇灌和培育，才能长出累累的果实。一个好的创业项目亦是如此，既需要大企业开放平台，提供创新创业阶段所需的资源，也需要大企业分阶段提供精准扶持，才能在创业维艰的市场中生存下来，并缔结出双创硕果。

第一节
开放资源、精准扶持

创新创业市场存在这样的现象：社会中的创新创业者有很多创意和灵感，他们需要保障创意"孵化"的场所和要素资源，由于缺乏必要的创业要素资源与服务支持，创新创业成功率非常低，一些有创意和优秀的项目最后也只能是昙花一现，可谓心有余而力不足。相反，很多大企业在经营发展过程中积累了许多要素资源，这些要素资源在企业内部没有得到充分的整合和利用，要素资源的闲置还给企业增加了很多不必要的成本。与此同时，大企业也需要企业运营的新理念、新技术和新模式，以推动企业不断创新，保障自身的核心竞争力。

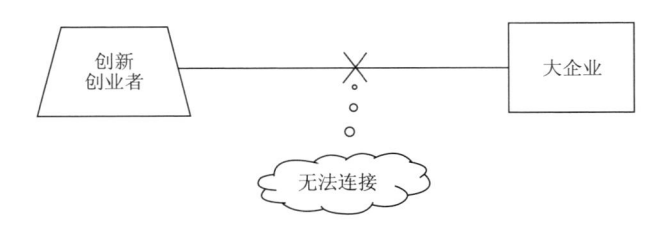

图 4.1 创新创业者与大企业的关系

缺乏一个大企业引领的资源整合、开放式共享平台是创新创业者与大企业不能完美对接的主要原因。二者借助双创中心实现各自的资源互补、取长补短，优化资源配置，携手打造生态化双创。大企业构筑的共享平台让双创真正落地开花，将创新、创业完美地适配在一起，解决了企业成活率低、创业成功率低、创新型企业占比低的"三低"问题。大企业借助双创实现平台化，创业者借助双创实现创客化，平台恰似肥沃的"土壤"，培育具有创新创业思想的"种子"。

双创平台作为创新创业的支撑中心，既是一个实体场所又是一个虚拟场所，是创新创业活动的基地，也是创客们价值交换的空间。互联网的存在让平台的边界不断模糊化。平台以大企业为中枢，通过价值链把利益关联的创客们紧紧连在一起，形成一种新的协作关系。尽管大企业与创客之间存在交叉持股的现象，它们之间的价值空间得到了提升和拓展，但其实大企业与创客之间是一种不存在严格契约关系的共生关系。平台的存在实现了中枢和创客的动态平衡，它们共同创造了新的价值并分享价值，实现各方利益的最大化。创新创业者从双创平台中获得创业要素资源和精准扶持，创新创业项目的存活率得以提高，创业企业不断地发展壮大；大企业释放出闲置的要素资源，不仅整合了全社会的要素资源，更在盘活存量的同时也做足了增量。

创新创业者是社会中极具活力的一部分，他们作为社会科技和新生事物的发展者和开拓者，蕴含着无限的活力和智慧，他们将梦想和追求转化为创新创业的实际行动，为未来社会经济增长提供不竭动力。致力于为创客提供"孵化"载体和服务支撑，大企业借助双创搭建垂直化平台，为这些创新创业者提供全价值链服务。平台利用供应链、销售链、服务链整合内外部要素资源和服务，对创客开放共享，分阶段对创客的创业项目进行精准扶持。双创的全价值链服务平台为创新创业者打开了一扇窗，让世界发现他们，也让他们发现世界。

图 4.2 双创平台连接大企业和创新创业者

创新创业要素支持

李白用"蜀道之难，难于上青天"来形容蜀地道路崎岖，如果用这个比喻来形容创业道路上的艰难曲折似乎也十分贴切。创业者怀揣炽热的创业梦想，舍弃舒适安逸的生活环境，毅然踏上荆棘密布、困难重重的创业征途，只为证明自己的目标不是妄想。创业就好比一次鲁滨逊式的冒险旅程，其结果无非是一边通往天堂，一边通往地狱，一面炙热如火，一面寒冰如歌[①]。然而，尽管创业"死亡率"居高不下，"大众创业、万众创新"的脚步依旧没有停止，创新之花反而在布满荆棘的花丛中愈开愈盛。

---

① 冯仑，东方IC.创业 一种是勾搭 一种是爱情[J].企业观察家，2017（1）：92-95.

"真的猛士，敢于直面惨淡的人生，敢于正视淋漓的鲜血。"每个创业者都是一位勇士，用如临深渊、如履薄冰的态度，在充满不确定性的路上进行无畏的尝试，在险象环生的环境中挥洒汗水。选择了开始，就得身披战甲，驰骋沙场，历经百战，为的不仅仅是在市场中存活，更是在险象环生的道路上杀出一条"血路"。每个创业者都是值得尊敬的，他们敢于想大部分人不敢想的事情，敢于做大部分人不敢做的事情。

创客难为无"米"之炊。创业不仅仅是创业者激情与梦想的体现，更是对创业者勇气、智慧和耐力的考验，创业者仅仅怀揣激情与梦想是无法在创业的道路上一帆风顺的[①]。即使创业项目再好，创业者再努力，一旦缺乏要素资源的支持和帮助，所有的努力只是杯水车薪，创业的梦想也只能如昙花一现。创客若小舟，大企业若河流，要素资源则为水。"船无水不行，鸟无翅难飞。"创业要素资源是开创企业活动所必需的要素，它们与创业活动有着直接关联。大企业辅助创客前行，必须开放创业要素资源，创客要存活和发展，离不开创业要素资源的支持。创客所需的要素资源也不是一成不变的，而是根据每个生命发展周期的不同而不断发生变化的。想要保证创业项目存活下来，增加创业的存活率，不能没有要素资源的支持。

荣事达整合全社会创客，分段精准扶持，打造智能家居产业生态圈。荣事达空气能项目成立于2010年，其团队负责人是销售出身，属于服务型人才。但是，团队缺乏品牌、市场、生产等创业要素资源的支持，发展受到很大的阻碍。进入双创平台后，在将近四年的双创运作过程中，平台为创客补足品牌、生产和市场要素资源，帮助其迅速打开市场渠道，拓展客户群，实现销售额的增长。创客不仅存活了下来，而且在同行业具备了一定的影响力。成立于2014年的荣事达智能锁项目，其团队原本专注于生产制造，属于典型的有制造而缺资金、技术、品牌、市场等要素资源的情况。借助双创平台的优势，大企业对该项目进行技术、市场、品牌和资金要素资源的补缺运作，不到半年时间，智能锁项目实现了技术突破和销售额增长。现如今，智能锁项目已经纳入智控系统当中，并在智慧全屋中充当重要的角色。

"品冠之家"一站式平台项目于2014年启动，负责人具备较强的管理能力和营销能力，但由于缺乏技术、品牌、生产、资金等要素资源，项目很难立项。然

---

① 本刊编辑部. 创业需要的不仅仅是激情[J]. 职业技术教育, 2005, 26（11）: 6-14.

而，在进入双创平台后，通过借助平台和创客的资源互补，经过短短三年的运作，"品冠之家"实现了技术、制造、资金的整合运用，成为独具特色的一站式购物平台。在平台的支撑下，2020年，"品冠之家"已经实现每年数千万元的营业额，并借助赋能开展智慧全屋定制的新项目。这些案例反映了同一个问题，即创客在初创期间如果没有要素资源的支持，单凭一己之力很难在市场中存活下来。

缺乏要素资源成为创业者和小微企业创新创业背后的痛点。垂直化服务平台让这些痛点成为创客发展的突破点。

开放优势资源，激发创新活力。大企业引导的双创俨然成为社会中一股重要的创新创业力量。大企业双创作为一项复杂度很高的活动，需要多方共同参与、完备的要素资源体系、高度市场化的运行机制以及适宜的创新创业环境[①]。大企业构筑双创示范基地，开放要素资源，保障和扶持创客的生存与发展，激发创新创业活力。

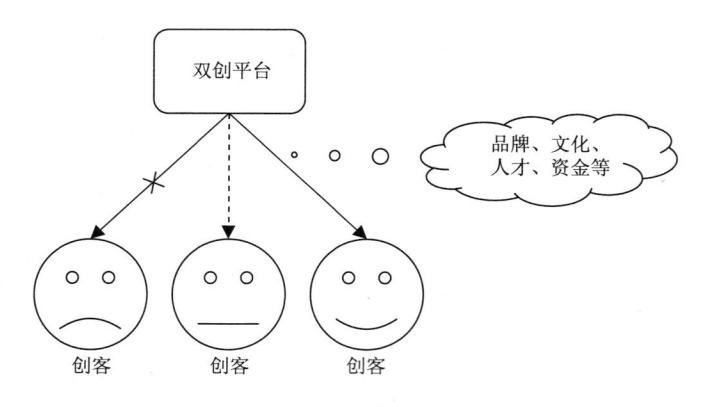

图 4.3　双创平台开放资源、激活创客

开放要素资源是实施全价值链服务的基础。平台开放多年积累的品牌、文化、人才、资金等要素资源，提供全方位要素支持体系，激发创客创新活力，为创客保驾护航。

品牌支持。作为双创的载体，品牌在其中扮演着中流砥柱的角色，是双创的第一要素。大企业双创代表的不仅仅是一个品牌，更是中华民族的资产，这也诠释了"企业不是有钱就可以做双创的"。在这样一个经济高速发展的时代，外国品

---

① 夏存海. 关于双创平台构建的几点建议[J]. 中国经贸导刊, 2017（18）：70-72.

牌充斥着整个商品市场，而真正的中华民族本土品牌却很少，大企业借助双创带动一大批小微企业，把民族品牌做得更大更强，大企业双创部分初衷和动机就是为了实现品牌的复兴。因此，所有创客在使用这些品牌的同时，有责任、有义务维护好品牌，真正地为社会创造价值，让大企业的品牌同中华民族一道实现伟大复兴。

文化支持。双创文化是平台和创客在进行长期生产经营过程中逐步形成和发展出来的，体现了双创的精神。一流的企业管理靠文化，二流的企业管理靠制度，三流的企业管理靠人。"21世纪的企业竞争将在一定程度上取决于文化力的较量，没有强有力的企业文化支撑的企业将会失去发展所必需的营养，企业发展就会面临困境。"美国当代经济学家莱斯特·瑟罗在《二十一世纪的角逐》一书中对企业文化的重要性有着独到的见解。文化是双创发展的基础，双创事业的传承需要依靠企业文化的支持，双创精神的弘扬需要依靠企业文化的传播。双创在不断壮大的过程中，凝聚成新的双创文化，推动双创不断实现高质量发展。

人才支持。柳传志说过："人才是利润最高的商品，能够经营好人才的企业才是最终的大赢家。"双创需要专业的人做专业的事，充分利用人才不仅要做到人尽其才，还要做到才尽其用，发挥人才的潜能。双创平台实施人才考核机制，遵循美国作家吉姆·柯林斯在《从优秀到卓越》一书中指出的原则："请合适的人上车，送不合适的人下车，给合适的人安排合适的座位，然后再决定行驶的方向。"人才是双创发展的活力，也是双创发展的不竭动力，更是双创持续焕发强大生命力的重要支撑。

资金支持。作为企业发展的"血液"，资金可以左右一个创客的命运。资金是双创的关键要素，创客和平台如果没有资金或者资金不足，再好的计划都是空想，再好的投资活动都有可能中途搁浅。2015年以来，依靠大量资金投入的ofo小黄车缔造了"无桩单车共享"出行新模式，ofo迅速打开了国内外市场，拥有全球超过1000万辆共享单车，并发展为涵盖21个国家、超过200个城市、用户数量超过2亿的独角兽企业，成为全球领先的共享单车平台。在ofo最辉煌的时刻，命运却跟它开了个玩笑。2018年，由于诸多原因，ofo出现资金周转问题，资金链的断裂导致其拖欠供应商的货款，用户押金无法退还。面对咄咄逼人的对手，ofo只能任其摆布。当其资金链断裂的时候，ofo的命运早已写好，失败是它唯一的归宿①。在创新创业上亦是如此，资金可以成就一个创客，亦能击败一个创客。

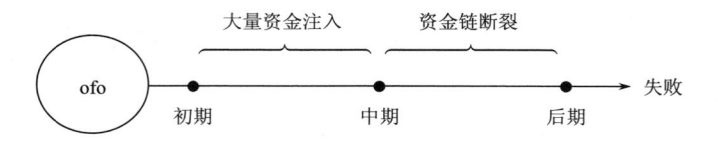

图 4.4　资金要素对 ofo 的影响

要素资源的开放能够实现大企业与创客之间的资源互补、整合与对接。但不同于孵化器和众创空间，双创平台对创客并非来者不拒，而是依据企业的发展战略和产品规划等企业要素甄别和筛选最适合平台的创新创业项目。正是因为依托于原有产业，大企业的资源优势得以充分发挥，对创新创业者的扶持质量大幅提升。创客利用大企业的优势资源大力发展，反过来不断完善和拓展双创的综合要素，进一步增强大企业扶持创客的能力。

除了这些要素资源支持，双创平台还会开放信息、技术、管理、市场、生产制造等资源，在开放平台内部资源的同时，整合外部的资源。大企业借助双创平台服务创客，实现资源对接和双向流动。对初创企业而言，大企业成熟的品牌、资金、渠道等资源是其无可比拟的优势，可以迅速补足创业短板；对大企业而言，创客所带来的新理念、新技术、新渠道等，也恰恰是自己的相对短板。大企业和创客在双创平台中取长补短，实现互补共创。

平台若开放，创客会自来。作为引领双创的主体，大企业往往是成功的典范，留下时代的烙印。它们积累了大量成熟的技术、雄厚的资金、领先的管理经验和多元化营销渠道等要素资源。在双创的激发下，这些要素资源借助品牌优势进一步推动技术创新，加快产品转型升级，不断提升双创自主创新创业能力。大企业引导推动双创又好又快地发展，对创客开放要素资源平台，不仅能够促进自身发展的转型升级，还能够加速创意孵化和技术成果产业化。平台中的创客在成长中释放新资源、新服务和新动能，通过大手拉小手，开创大、中、小微企业联合创业创新的新局面。

---

① 亿欧网. ofo 的创业悲剧：成也资本、败也资本[EB/OL]．(2018-09-13) [2019-07-15]. https://www.iyiou.com/p/81275.html.

双创平台以多方参与、高效协同、合作共赢的融通发展机制为纽带，对创客开放要素资源，从产品、服务到技术，鼓励创客利用平台要素资源自主创新创业，并为创客构建开放、完善的创新创业环境。平台吸引创客入驻，让创客可以在竞争市场中先存活下来，再逐步发展壮大。与此同时，企业内部的创新创业也得到鼓励，实现内部资源平台化，积极培育内部创客文化，激发员工创造力，提升市场适应能力和创新能力，建立健全股权激励机制，突破成长中的管理瓶颈，形成持续的创新动力。[1]

荣事达开放服务平台

荣事达以双创平台为中心，同时构建创客基地、创客金融、创客服务、创客大学、创客实验室和创客工厂六大服务平台，为创客保驾护航。服务平台注重为创客提供资源、精准扶持，给创客提供最便捷、最安全的创业服务模式。

创客基地。荣事达创客基地主要是各个创客团队的落地场所，涵盖了智能家居总部大厦、智能家居全屋系统双创中心、双创大厦、营销基地、智能家居产业互联网服务平台、智能家居体验区、创客产品体验区、创客办公区等，荣事达对创客开放各个创客基地，更好地为创客服务。

创客金融。保障创客的创业资金需求，建立以"品牌、品类、品质"为主导的"三品基金"，用于扶持创业项目，企业联合政府设置大型投资基金，组建综合金融平台，为创客提供资金支持。平台利用资金集中管理系统对资金进行统一的管理（统收、统支、统借、统贷），平台化的金融服务为创客节省时间，并且更高效地满足创客在金融方面的需求。

创客服务。双创平台是一个服务平台，除了创业孵化平台和创客交流平台，双创平台还会为创客提供系统化、专业化的服务，如财务、法务、物流、管理、咨询等，形成一整套完善的创业服务体系，大大提高了创业效率。除此之外，平台还建立了质量、市场、人力、财务四大评估体系，为创业保驾护航。

创客大学。为更好地服务创客，荣事达建立了双创大学，以双创大学为平台，与国内诸多高校建立良好的联系，引入优秀的公开创业管理课程和高校、科研院

---

[1] 国务院印发《指导意见》加快构建大众创业万众创新支撑平台[J]. 现代企业, 2015 (10): 1.

所的教师，对外和对内开展创新创业培训。此外，荣事达不定期地开展训练营和社区互动活动，加强创客之间的交流学习。以企业高层和优秀创客作为创业导师指导创客经营管理，对外开设课程和讲座，输出荣事达的创业经验和创业模式。

创客实验室。荣事达设立了若干创客实验室向创客开放：由专业研发设计团队负责的研究院，致力于产品和技术的开发和设计；专门的智能家居产品检测中心，整合物联网技术，保证产品的智能化和安全化；智能家居控制系统测试实验室，对开发的控制系统进行检验和测试。

创客工厂。荣事达对所有的创客开放制造工厂，创客只需要积极开拓市场，产品产能问题就交给制造中心。对工厂进行信息互联网制造功能升级，打造共享互联网工厂的智能制造平台，通过智能化订单管理系统，依据主计划、库存、交期和其他因素自动排单，实现工厂柔性化生产。

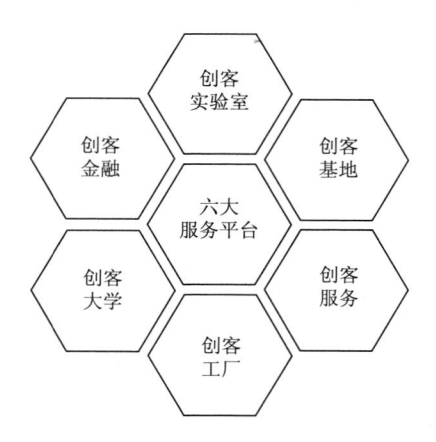

图 4.5 荣事达六大服务平台

荣事达的服务平台相互作用，为创新创业提供更加专业化的服务，为创客搭建更加低成本、便捷、开放的新型双创服务平台。持续开展平台和创客、创客和创客之间良性互动合作和更深层次的合作，实现多方更高质量的互利共赢，提高平台的服务质量和效率。

"平台若开放，创客会自来。"资源要素、服务平台实现对外开放共享，创客会主动找上门来。平台开放要素资源，激活和聚集诸多创新创业个体，最后以平台为中心，创客实现快速落地并得以存活，并且向外散发源源不断的"引力"。创客之间的相关性和互补性产生集聚效应，这一良性循环会吸引更多的创客加入双创平台中，涓涓细流汇聚成双创的新动力，并不断衍生为开放式的双创生态，让双创生态成为创新驱动的新势头。

打破思维定式，实行"拿来主义"

创业角色和思维转变。双创新模式的出现是对传统模式的革新与再创造，传统模式和双创的碰撞对创客来说既是机遇又是挑战，也是需要去调和的矛盾。创客进入双创平台后，思维还比较固化，自身角色还没有转变过来，一些创业者原本在市场外部，比较"闲散"，没有很强的规范意识，对公司经营和管理不严格。进入双创平台后，平台有严格的公司体制，因此，一部分创客还不习惯正规的公司模式；还有一部分创客原本是企业内部的职能部门，内部没有市场化，与前企业属于上下级关系，内部市场化后，由内部员工演变成创客，员工与企业的关系转变为创客与平台的关系，此时，创业者还不适应关系的转变。

李嘉诚说过："鸡蛋，从外打破是食物，从内打破是生命。"如果鸡蛋等待别人从外打破，那么注定成为别人的食物；如果能从内破壳而出，将会是新的生命。创客亦是如此，如果等待市场和环境迫使其改变，失败是必然的结果；如果学会自主创新，利用平台与市场的要素资源，学会与时俱进，结果将会是颠覆性的突破。同时，创客要扮演好自身的角色，学会进行思维转变，自己去利用、整合要素资源，并与其他创客建立横向合作关系，实施优势互补，实现创客间的互补共创，从而更好地保住自己的核心竞争力。

创新创业犹如战场，需要发挥"拿来主义"精神。面对双创"风口"下互联网时代的巨大变革，创客切忌顶风乱撞，而是应乘风破浪。鲁迅在《拿来主义》一文中讲到，要学会运用脑髓，放出眼光，自己去拿，"没有拿来的，人不能自成为新人；没有拿来的，文艺不能自成为新文艺。"在双创平台中，创客也要学会分析公司发展的实际情况，根据自身的经营状况考察自己缺什么东西，摒弃"等、靠、要"的思想，不能等着平台"抛给""送去"，应当有一种破釜沉舟的胸怀，勇于去闯，勇于去追。

"逆水行舟用力撑，一篙松劲退千寻。"创新创业如逆水行舟，不进则退。双创平台提供的资源和服务很多，涉及面也比较广泛，对大部分创业者来说已经是供大于需了，关键问题是创客如何去利用资源和服务。双创是价值共创的一个过程，创客需要按自己的需求去"拿"，与其他创客实现资源共享。若创客不会整合和利用平台开放资源，资源闲置就会造成浪费。双创平台已经搭建好，资源也已经对外开放，剩下的就是靠创客自己主动去"拿"，学会把平台的资源最大限度地整合利用。创客的发展壮大衍生出新的要素资源与服务，新的要素资源与服务也对外开放。平台与创客、创客与创客之间的要素资源和服务交相融合，创造出新的价值。

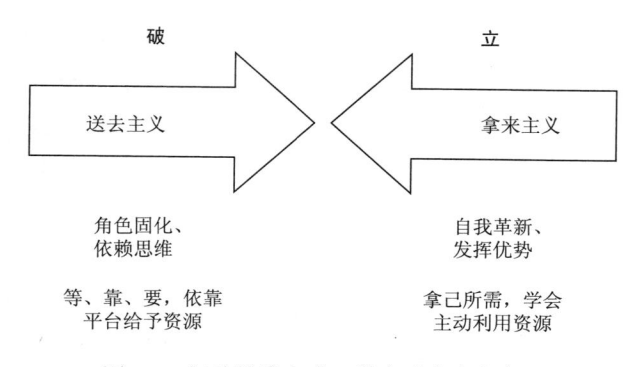

图 4.6 打破思维定式，学会"拿来主义"

创客发挥"拿来主义"精神充分利用资源，进而盘活存量资产，平台和创客双向发展，互利共赢。当然，所有创客在平台中共事，不可避免地会存在竞争问题。创客要学会主动去"拥抱"问题，把这种竞争关系转变为合作关系，在平台中共享资源，实现优势互补。众多创客分工合作，形成行业内大中小企业协同共进的生态新格局，在大大提高双创项目成功率的同时，也为社会培养了一大批受人尊重的企业和企业家。

"双轨制"精准扶持——供血与造血

双创的落地需要以大企业为载体，双创想要取得成效，离不开与实体经济的结合，需要依靠企业平台，尤其是大型企业。大企业积累了大量要素资源，并且懂得如何经营管理企业，助推双创成效显著。在大企业的帮扶下，创新创业项目的存活率得到提升。双创借助大企业得以落地，大企业借助双创得以发展。双创以垂直化平台为着手点，高效配置要素资源，分阶段扶持创客项目。

双创的精准扶持是一个"五里一回头，十里一徘徊"的过程，平台为创客提供全方位、系列化服务，为他们解决成长中的烦恼，不仅把创客"扶上马"，还要"送一程"。

聚合要素资源，全过程精准扶持。"双轨制"的精准扶持是一个平台"供血"与创客"造血"的过程。中国有句古话叫"授人以鱼，不如授人以渔"，即传授给别人既有知识，不如传授给别人学习知识的方法。大企业引领双创，不仅要对创客授之以鱼，还要授之以渔。授之以鱼，是保障创客进入双创平台后，可以利用平台的资源要素使创客企业存活下来，保障项目正常运作，即给创客"供血"；授之以渔，是传输企业的文化和价值观、双创发展理念和经验，让创客学会自主经营公司，与平台中其他创客和市场中的公司合作竞争，做到独立核算、自主经营、自负盈亏，即教会创客自我"造血"。"双轨制"精准扶持，就是在创客公司发展的三阶段——创客期、创业期、成长期，双创平台针对创客项目不同发展阶段的目标和需求，导入相应的要素资源，进行垂直化精准扶持。平台不断给创客"供血"，让他们在学会自身"造血"的同时，也不断地为双创平台提供反向支撑，拓展和壮大双创平台，保障双创更好更快地发展。

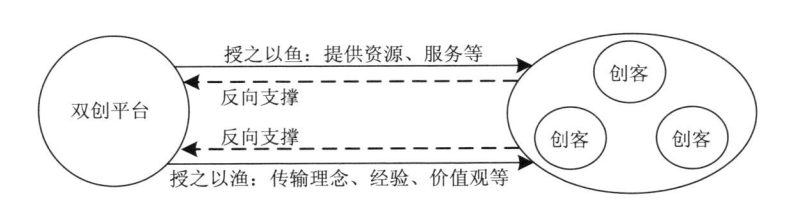

图 4.7 "双轨制"精准扶持

创客期。初入双创平台，创客对企业的运营和管理一知半解，平台会重点提供垂直化扶持。该阶段最缺乏的是经营的启动资金，双创平台会根据之前签订的合作协议提供项目启动资金，同时导入必要的基础硬件设施和信息要素。由于创客或者项目是新进入的，难免会缺乏管理或者业务人员，平台为创客培训合格的相关人员，创客也可以依据自身需求组织招聘，如果需要财务服务，平台会对创客的财务进行托管或给予财务指导。

平台在创客期为创客提供基本的办公场所，考虑到很多创客之前都没有经营公司的经验，平台会根据创客的具体情况，安排其与联系紧密的其他创客一起办公，让新创客向老创客学习，发挥双创"以老带新"的作用。此外，平台还会不定期开设培训课程，让创客学习企业文化、经营模式、管理理念和方法，组织交流论坛，让优秀的创客讲述创业经验，供新创客借鉴和学习，帮助创客在初创期对市场进行充分调研和要素评估，找准自身市场目标和定位，建立人才评估体系，培养创新创业精神和学习能力等。这个时期的创客就像襁褓中的婴儿，平台会满足创客的要求，保证创客企业可以存活下来。

创业期。经历了创客期，创客已经适应了双创平台的模式，可以自己经营运作公司，创客企业可以在竞争市场中存活下来。到了创业期，平台更加注重弥补创客的技术短板，利用双创平台技术部门的资源提高他们的技术研发能力，进行战略指导和文化导入，同时注重加强思想引领，简政放权的同时，规范他们的规章制度，进行财务辅助，实现快速发展。通过建立经验分享和竞合平台，在平台中交流学习、竞争合作，实现各个创业项目的传、帮、带作用。除此之外，其他职能部门为创业团队提供数据分析、运营指导、研发和技术管理方案等，使创业者获得持续性对接的资源和成长支持。

成长期。这一阶段，创客已经达到一定的成熟度，平台的主要作用在于为他们导入大型资本和 O2O 营销，增强其业务服务能力和市场份额。如果创客的各项指标和条件达到标准，创客就会拥有完全独立经营、独立核算、自负盈亏的权利。为推动创客更好地发展，平台将创业者和企业的利益紧紧捆绑在一起，与国内知名投资基金建立友好联系，对成熟的项目进行 A/B 轮投资，推动创业项目上市，使创客在市场经营中可以游刃有余。

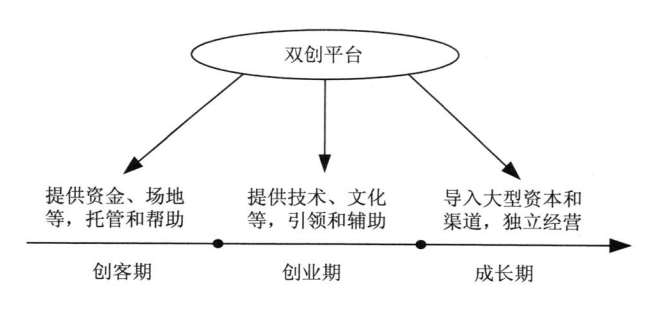

图 4.8 分阶段精准扶持

站在双创"风口",让精准扶持蔚然成风。站在双创的"风口",中国平均每天新登记注册的企业超过万户,平均每分钟诞生近十家公司,但双创的"风"从哪里吹来?又将吹向何方?[①]双创是一个选苗育种、植树造林的过程,一株株创新创业的幼苗需要适宜的土壤,然而并不是所有的幼苗都可以成长为参天大树。不是每一个灵感和创意都是一蹴而就的,不是每一个创客企业都能生存下来,"选择有潜力的创客"是大企业开展双创扶持过程的重要原则,只有选择有潜力的创客,才能将一株小苗培育成一棵参天大树,最终孕育出一片双创森林。

精准扶持并非提供"保姆式"服务,这些创客不是要成为"温室里的花朵",而是要成为创新创业的助推器。双创平台也不是一个简单的、机械的资源平台,而是一个良性的、符合创客成长规律的生态环境。双创平台通过分阶段要素投入和全过程精细化扶持,使创客可以较好地融入双创文化中,为平台和创客以后的共赢发展奠定基础。平台积极增强产品的互补性和相关性,依据行业性质把众多创客归类为不同的创客群,加强创客之间的合作与交流。精准扶持成为创客创新创业的助推器,让创客站在双创的"风口"上迎来发展机遇。

双创平台并不仅仅精准扶持创客,还扶持和带动着平台中的每一个员工、每一个价值创造者,在共同创造价值的同时,也能共享双创带来的福利。平台和创客公司鼓励根据员工的贡献度、资历以及企业认可度,给予优秀员工不等份额的股份,激发员工的积极性和潜能,保持创业团队持久的活力。精准扶持那些有创造力、脚踏实地的员工,在他们为企业做出贡献的同时,实现自我价值,并享受双创带来的好处。

全价值链服务:打造一站式服务平台。大企业基于自身的资源优势,围绕项目和创客,整合产品、服务、资源等要素,打造一个综合的一站式服务平台。从研发设计、采购、制造到物流、营销、售后,最后到生产流程再循环,多角度、多层次为创客提供特色化和定制化的双创服务,让"大众创业、万众创新"的节奏更快。在双创的背景下,大企业敢于自我变革、勇于颠覆创新,保持灵活,永不僵化、永不停滞[②],以创新为引擎,引领创新创业者快速成长壮大,为他们发展提供有力支撑。

---

① 新华社. 创新与我: 2016,"双创"的中国"风口"[EB/OL].(2016-01-17)[2019-05-21]. http://www.gov.cn/xinwen/2016-01/17/content_5033598.htm.

② 《新一代领导集体执政理念与执政风格》[J]. 中国纪检监察, 2014(24):17.

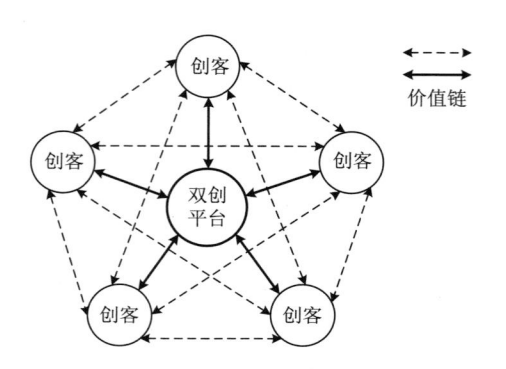

图 4.9 价值链下的双创平台和创客

大企业构筑垂直化双创平台，以供应链、销售链和服务链作为载体，为创客提供全方位、多层次、宽领域的全价值链服务。大企业引领双创有以下特点：形式上更加开放，面向全社会开放优势资源，真正实现了资源共享；内容上具有可复制性，积累的双创模式与经验拿来可用、用即有效，而且不分行业和企业，其示范性与标杆性强，这也是大企业双创的社会价值所在；结果上更具安全性，通过大企业引导双创的模式，让所有的双创项目实现零死亡。[①]

荣事达淋浴创客公司成立于 2015 年，是卫浴公司下面的一个分支，进入双创平台前，该创客团队是做设计的，对淋浴行业比较了解，但由于缺乏品牌、资金、市场等要素，一直没有机会自主创业。曾经的创客、现在的项目合伙人就指出："如果自己做，一年达到百万的销售额几乎是不可能的，因为我们没有品牌支撑，难以得到市场的认可。"进入双创平台后，在双创大环境下，要素资源在创新平台上整合集聚后，原本已经奄奄一息的项目得以起死回生，成为智能家居的重要组成部分。

双创平台体系下，创客的创业体系和思路比较完整，特别是得到了成功的创客公司传授的创业经验，加入双创平台后创客企业发展会比较顺利。双创平台为事业部导入全价值链服务，从供应链、销售链、服务链三个大方向精准扶持和服务。到 2016 年，淋浴事业部实现收支平衡，2017 年开始盈利，2018 年注册成立子公司，事业部有了自己完整的生产线，可以自己接受订单组织生产、销售，目

[①] 中国产业经济信息网. 一个马桶和荣事达"双创"的故事[EB/OL].（2016-08-08）[2019-07-23]. http://www.cinic.org.cn/zgzz/pp/345520.html.

前事业部已经有100多人，有三个车间，并逐渐扩大生产。荣事达淋浴正逐步得到市场的认可，市场不断扩大。

双创平台借助全价值链服务大力鼓励和支持创新创业者，不断提升平台的整体创新创造能力，使创客企业变成小企业，小企业变成大企业，大企业变成强企业，不断促进资源进一步流动和优化配置。双创全价值链服务增加了大企业的软实力，促进了内部新旧动能转换、产业结构转型升级，不断提升大企业市场竞争优势和发展水平。大企业通过双创实现了三个转型：由传统制造企业到物联网企业的产业转型、从雇佣制到合伙人的机制转型、从追求利润到塑造价值的价值观转型。大企业完成了从创造产品到创造企业与企业家的华丽"蝶变"，企业的发展速度越来越快，呈现裂变式发展。双创成为大企业产业转型发展的新抓手，并为创新创业者提供有力支撑，双创新模式为社会同类企业提供了可借鉴的蓝本。[①]

> **案例：荣事达开放要素资源、精准扶持创客**

经过数十年的发展，荣事达逐渐形成了以"智能家电""智能建材""新能源"三大领域为主，着重打造智能家居全屋系统的双创企业，积累了品牌、资金、文化、管理、人力、信息、技术、制造和市场九大要素资源。通过建立400多个项目库，吸纳了一大批外部优秀创客团队，实现了企业平台化以及资源的互补、整合和对接，不仅激发了创客团队的创业热情，也释放了要素资源的生机与活力。

品牌要素。荣事达作为一个国企老品牌在几代人心中留下了时代的烙印。如今的荣事达正全力打造三大品牌，即"荣事达产品"品牌、"荣事达制造"品牌和"荣事达双创"品牌。作为双创的载体，品牌在其中发挥着中流砥柱的作用，是双创的第一要素。荣事达借助双创拯救和壮大了品牌，同时也弥补了创客团队的品牌缺口，以细分市场找准品牌定位。平台提供品牌资源，通过品牌影响力打通营销困局，从而进行营销模式的升级，使创客一进入双创平台就可以通过品牌影响力快速切入市场，减少树立品牌形象的时间和成本，极大地提高创业成功率。

资金要素。为了吸引更多优秀创客团队的加入，荣事达给创客注入资金资源，成立了以"品牌、品质、品类"为主导的"三品基金"，并与当地政府成立了智能家居双创基金，用于扶持智能家居领域优秀项目的初期孵化，保证项目的存活。

---

① 实施创新驱动 振兴中国制造——荣事达集团董事长潘保春的双创故事[J]. 中国经贸导刊, 2017（36）：71.

借助资金集中管理系统,在双创平台搭建一个委贷平台,根据创客各成长阶段的资金需要,提供多种低于市场利率的贷款资金,确保项目中期可以正常运营,同时与国内知名投资基金公司建立良好联系,对成熟的项目进行A/B轮投资,推动创业项目上市。

文化要素。多年来,荣事达一直注重企业的文化建设,把企业文化作为企业发展的精神动力,在长期发展中形成了具有自己特色的企业文化。在双创中植入优秀的企业文化,以"合作向上,为爱前行"为企业核心价值观,树立内涵丰富的"创新驱动、产业报国"文化理念;秉承徽商文化的精髓,创新发展"新和商"理念;追求用户至上,建立个性鲜明的"红地毯"服务理念。在招募创客时选择那些与企业文化相契合的具有"品德、品质、品位"的"三品创客"团队,重点培养出一批有理想、有责任、有担当的企业家。

管理要素。荣事达开放管理要素资源,为创客传授成功的管理经验和管理技术,以市场和用户为中心,实现企业管理与市场变化、用户需求的"零距离"对接,在长期的发展中形成了独具特色的"零缺陷"管理模式,并建立了四大评估体系(市场、质量、财务、人力评估体系)。同时兼备"以人为中心"的柔性管理模式,激发员工的主观能动性和内在潜力,培养员工的创造精神。

人力要素。荣事达树立"以人为本"的思想,使员工与工作可以灵活地匹配,实现专业的人做专业的事,确保人尽其才、才尽其用。秉承"用人不疑、疑人不用"的用人思想,以信息化手段加强人力资源管理。根据创客的战略和竞争环境变化,制定更加灵活的人力资源管理模式,为创客在不同阶段和情境下导入与之对应的人才。

信息要素。荣事达通过建立双创"产品中心"以收集用户、供应商、渠道、市场和技术等信息,这些有价值的信息通过双创平台向创客开放。荣事达整合和分析核心资产,借助这些信息为其他创客公司提供服务,为创客提供信息共享平台。荣事达还在积极推进建设"工业云"大数据、"基于产品研发及营销的大数据溯源系统"以及对原有的企业资源计划(enterprise resource planning, ERP)系统进行优化升级。荣事达把握市场动向,加强创客的数据分析能力,为智能家电、智能建材、智能新能源三大柔性制造平台提供更为高效的信息化系统保障。

技术要素。荣事达推进产学研结合,以集团的研究院为主要平台,引进国内外智能家居领域高端智力资源;与多所高校、技术中心合作,重点打造智能家居关键技术创新产学研平台。集团每年会将10%的销售费用和80%以上的"三品基金"用于技术研发，以提升集团的整体科研水平，并通过一系列自主创新活动，建立以智能家居为主体的技术库和产品库，为创客团队源源不断地提供技术保障和产品保障。

制造要素。荣事达对创客们开放工厂实施柔性化生产：当内部产能不足时，荣事达会以高标准对外寻求工厂代工生产；当内部产能过剩时，荣事达也会积极寻找市场的订单。为了打造智能家居全屋系统制造工厂，搭建智能家电、智能建材、智能新能源三大柔性制造平台。平台开放现代化工厂，对信息互联网制造功能升级，提供互联网工厂的制造平台，为产品从概念到实现提供强有力的保障。

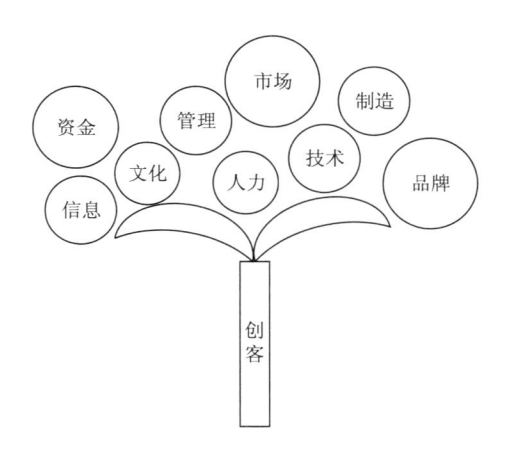

图 4.10　荣事达开放资源扶持创客

市场要素。经过多年的发展，荣事达已经在全国建立了 5 万多个销售网点和销售渠道，利用 O2O 全网营销系统实现线上与线下结合，成立营销中心给创客传授先进的营销理念和经验，为创客团队的产品营销广开渠道。此外，荣事达还会帮助创客们通过市场调查分析确定市场需求，找准产品定位和市场定位，在明确产品市场和销售对象后，制订详细的市场推广策划方案。

荣事达双创开放的九大要素资源契合了创客的需求，针对创客不同阶段的需求导入相应的要素资源，保障创客企业存活和成长。开放共享要素资源实现了要素自由、高效地流动，让优质资源更加聚集，发展空间更广，助创客一臂之力，把双创发展推向更广阔的空间。

第二节
全价值链服务之供应链

市场上只有供应链而没有企业,真正的竞争不是企业与企业之间的竞争,而是供应链与供应链之间的竞争。

供应链是一个复杂的大系统,它围绕核心企业,通过对信息流、物流、资金流的把控,将供应商、制造商、销售商直至最终用户连成一个整体的功能网链结构模式。其系统特征主要体现在整体功能上,供应链系统的整体功能集中表现在供应链的综合竞争能力上,这种综合竞争能力是任何一个单独的供应链成员企业都不具有的[①]。对于企业来说,市场竞争已经从单一客户之间的竞争转变为供应链与供应链之间的竞争,同一条供应链的内部各方相互依存,形成"协同共创、互荣共生"的局面。企业唯有不断完善和优化供应链,与互联网和金融结合构建现代供应链生态系统,在系统中植入新的知识模块,建立知识核心库,才能持续保持供应链的核心竞争力。

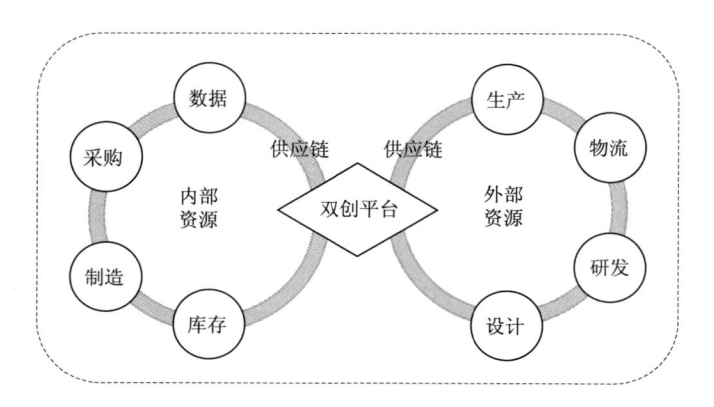

图4.11 双创平台盘活内部资源,连接外部资源

---

① 聂茂林.供应链系统管理原理研究[J]. 经济师,2004(1):151-152.

双创中平台供应链服务的出现化解了大企业和创客在资源整合方面的矛盾。双创平台中的供应链关乎平台中所有创客，供应链作为一条连接生产经营各个环节、各个方面的"红绳"，整合优化了平台内部资源和外部资源，并对所有创客开放。通过有效的供应链管理方式，促使企业内部各业务流程有机统一，与外部企业建立联系与协作，发挥出与整个产业相关的内外部供应链整体成效，为平台创客提供更优质的供应链服务。平台借助信息系统的集成管理改善上、下游供应链关系，整合和优化供应链中的信息流、物流、资金流，从各个环节导入知识模块，在平台中构建智慧型、开放型、系统化和去中心化的供应链生态系统。

成立于 2017 年的青岛檬豆网络科技有限公司（简称檬豆）凭借供应链资源整合优势创建了工业互联网平台，通过感召和聚集供应链中研发、采购、制造到销售等主要环节的各方创新创业资源，打造最优创新创业生态。在几年的发展中，檬豆相继培育出"檬豆云""玺品云""檬豆物联"三朵云，在盘活平台现有资源的同时，整合更多的外部新资源，帮助企业解决采购成本高、技术创新慢、智能制造量级重三大供应链难题，聚焦采购降本、技术创新和智能制造，为企业提供采购信息管理系统、集采代采服务、供应链金融、技术需求、创新对接孵化等系统解决方案。

如今，檬豆通过工业制造供应链已经整合服务企业超过 7000 家，平台积累了 50 万家制造企业、100 多所高校及科研院所和 150 万行业从业者，覆盖电子制造、冷库冷藏、仪器仪表、新零售等行业。檬豆在融通发展的同时不断进行自我"造血"，围绕"采购降本＋技术创新＋智能制造"为客户进行产业赋能，从而提升企业市场竞争力。

盘活内部资源

企业内部资源涵盖了人力、物力、财力、信息等有形和无形的资源与管理经验，这些资源与经验是企业未来的竞争优势和蓬勃发展的基础，只有把这些资源与经验充分挖掘出来，并借助内部供应链将这些资源与经验整合起来，方能形成企业自身的竞争优势与竞争力。[1]

---

[1] 张毅，刘凯，张铭锐. 基于供应链管理的企业核心竞争力研究[J]. 中国商界, 2009（4）：50.

在双创平台中，内部供应链将研发设计、采购、生产、存储、销售等经营环节的资源和信息有机连接起来，共同组成一个供需网络系统[①]。双创平台的工作就是收集和整合内部供需网络系统中的资源数据信息，建立平台创客共享的信息库，利用信息库提高创客对市场预测的准确性，为研发设计、采购、生产和制造等环节服务。双创平台构建柔性化的内部供应链，增强内部供应链中所有成员应对顾客多元化、个性化需求的能力，以此来提升供应链的整体响应速度。大企业重新协调平台和创客的供需能力和水平，提高双创系统的综合竞争力和竞争水平。

搭建数据整合平台，建立平台信息库。管理学家汤姆·彼得斯认为，不了解在新经济中将数据和信息作为有形资产进行管理的压倒一切的重要性的组织将无法生存。双创作为一个大系统，以其独特的结构和分门别类的创客，形成一个相互交织的信息网。平台利用这些信息建立信息库，对于平台中的创客来说，信息库就是一个海量的资源池。

信息库的建立是一个纷繁复杂的过程，需要所有与双创相关的创客企业和员工相互协作。双创平台建立客户服务部门，以信息化和互联网技术为基础，负责收集各创客、战略合作伙伴以及客户的数据信息。双创平台在原料采购的同时导入采购数据，在生产制造的同时导入工艺数据和研发数据，在产品营销的同时导入销售数据，在售后服务的同时导入反馈数据等。平台充分运用客流、物流和信息流拓展业务，整合双创中的产品数据、销售数据、运营数据等，并结合业务数据制定标准化服务。

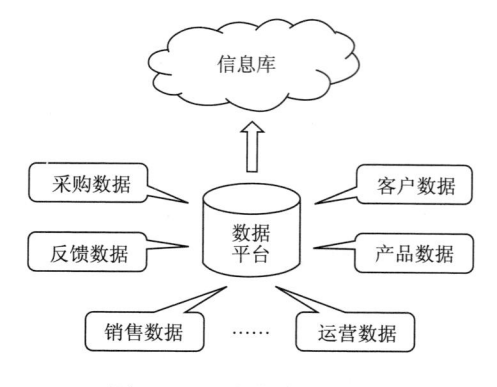

图 4.12 双创信息库的建立

---

① 徐章一. 企业供应链的优化[M]. 北京：清华大学出版社，2006.

推动双创平台信息化是实现数据信息真实可靠的源头工作。面对大量数据信息，双创平台采用大数据技术和方法来提高数据信息收集和分析的能力，以获取对创客和平台有用的数据信息，并在每一个环节及时反馈和处理，提高运营效率，加速业务增长。平台以产品、服务的生态关系为基础，借助互联网信息化系统收集采购、客户、产品、销售、反馈和运营等数据信息，再经客户服务部门的分析、加工、挖掘和整合，以网络为桥梁建立商业数据信息库，并通过数据分析优化平台与创客的决策和经营模式。平台与创客依据创客之间的合作交流进一步丰富和扩大信息库，并在双创平台内部形成大数据生态，以数据信息驱动产业体系成为双创的杀手锏。

大数据开放，信息库共享。"'双创'既是小企业兴业之策，也是大企业昌盛之道。"[①]以大企业为中枢、创客为系统的双创俨然是一个庞大的产业体系。同时，数据和信息成为双创的核心资产。借助双创平台打造信息共享中心，集聚创客、平台、经销商、用户等信息资源，信息共享中心中海量的资源面向所有创客开放，实现大数据开放、信息库共享。

信息共享中心是双创实现信息化建设的"心脏"，数据信息是信息化建设的"血液"。面对庞大的信息库，不同的创客有不同的需求。创客要想获取更加准确、有效的数据和更丰富、精准的信息化服务，需要根据自己的需求对信息进行整合利用。当双创信息共享中心的数据和信息无法满足创客的需求时，创客可以向平台提出要求，平台根据创客的需求，向外延伸获取外部信息资源，整合到信息共享中心，形成无边界的信息生态系统。

利用信息共享中心收集到的信息与数据，创客可以预测消费者的消费趋势，制订研发设计、采购、生产、存储和销售计划，决策主体由原本的企业领导层转变为社会消费者。结合双创的特征，信息共享中心分析、提炼数据和信息，帮助创客提升市场洞察力，提高创客决策的合理性和正确性，最终增加消费者的满意度。同时，信息共享使营销模式更加科学化，可以通过大数据的收集、分析与处理，了解消费者的需求并对市场进行细分，给平台和创客创造更大的价值。

从野蛮生长到现在成为社交和娱乐界的"独角兽"——腾讯。自1998年诞生至今，借助QQ、微信、QQ游戏平台等手机应用，腾讯积累的用户数已有十几亿，

---

① 李克强："双创"既是小企业兴业之策，也是大企业昌盛之道[EB/OL]. （2017-04-28）[2021-01-16]. http://www.gov.cn/xinwen/2017-04/28/content_5189526.htm.

收集了大量用户的社交、消费、游戏等信息。根据腾讯控股 2022 年公告，微信及 WeChat 合并月活跃账户数达到 13.089 亿，QQ 的移动终端月活跃账户数达到 5.74 亿[①]。腾讯借助这些娱乐和社交工具积累的用户行为数据和用户信息量相当可观，编织了一张庞大且相互依存的"用户关系网"——腾讯云数据库。

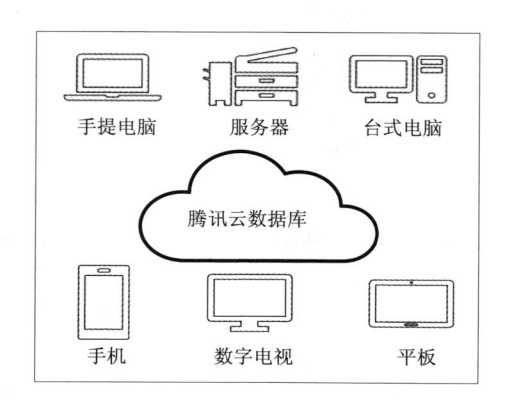

图 4.13 腾讯云数据库

腾讯的生意，有相当一部分就是用户数据的生意，正是这些用户的数据和信息，成就了如今的腾讯商业帝国，帮助腾讯成为一家庞大的投资集团[②]。同时，腾讯也获得了中国最大的社交广告平台、中国最大的互联网综合服务提供商之一、中国服务用户最多的互联网企业等称号。腾讯分析并运用这个偌大的信息库，成功抓住了用户的兴趣爱好，深入了解用户，预测产品趋势，提升了用户的满意度和使用体验。腾讯开放了全新的政企大数据平台"腾讯慧聚"，已应用于商业、消防、警务、交通、气象、园区、物联、电力运营等多种场景[③]。除此之外，腾讯的用户数据、用户关系链也被大众点评网、拼多多、京东等诸多企业使用，共同形成一张巨大的关系网。在保护用户信息的前提下，这些数据和信息也为学术研究作出了巨大的贡献。

---

① 腾讯官网.2022 年中期财务报告[EB/OL].（2020-08-12）[2021-01-16].https://www.tencent.com/zh-cn/investors.html#investors-con-2.

② 搜狐网.揭秘腾讯社交关系生意经：10 亿用户个人信息属于谁？[EB/OL].（2019-03-16）[2019-09-16].https://www.sohu.com/a/301611488_510292.

③ 搜狐网.10 亿用户的数据积累，腾讯推出大数据品牌"腾讯慧聚"[EB/OL].（2017-12-13）[2019-09-16].http://mt.sohu.com/20171213/n525135741.shtml.

国家主席习近平在视察中国科学院时指出："大数据是工业社会的'自由'资源，谁掌握了数据，谁就掌握了主动权。"大数据和信息越来越成为双创平台重要的经济资产，成为创客软实力和竞争力的重要标志，甚至是掌舵双创发展方向的重要工具和资源。双创企业掌握了管理运营中的大数据，就在市场中获得了发展的主动权和核心竞争力，能够预测未来发展趋势，适应瞬息万变的时代潮流。大数据掀起的风暴已席卷到生活的各个角落，这条新的起跑线，牵引并带动双创向更高层次发展。创客要学会与时俱进，敞开胸怀迎接大数据，让信息和数据成为赢得商机的重要渠道。

采购方式的多元化。采购是企业发展的重要一环，它影响着产品的质量、资金最终的周转速度，关系到项目经济效益的实现程度，更是企业提高质量、节约成本的关键。采购是供应链中的前端环节。与传统企业不同，双创平台中有很多创客，每个创客的需求也不尽相同，相比之下，双创平台的采购方式会更复杂，更难满足每个创客的需求。那么，如何安排和管理双创平台中各创客的采购方式呢？

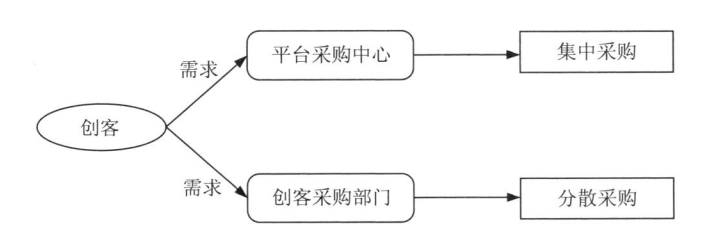

图 4.14 双创平台中的采购方式

以平台为主导的集中采购便于管理和运作，整体的采购量和采购额更大，由此产生的规模效应大大压低了供应商的供应价格，供应商面对大批量和大额度的订单也会加大重视程度。但是缺点也很明显，由于采购量大，供应商的交货时间会很长，再加上每个创客的具体采购要求不尽相同，难以满足所有创客的需求。反之，分散采购虽然可以满足每个创客的要求，供应商的选择和采购品的品类更多，供应商的供货速度也更快，但是由于采购量小，价格相对就会较贵，而且采购的质量很难把控，平台的管理也相对变得困难。

双创平台中的采购就像三角形和矩形一样。分散采购如同三角形，其中两点固定了，只要再确定第三点距离和角度，整个三角形就可以固定了。创客自己分散采购，需求量、供应商和采购价格都自己决定，在采购中不存在任何异议，但是采购质量和供应商质量成为一大难题，采购的质量和价格难以得到保障。而集中采购则如同矩形，固定其中的两个点，另外两个点依旧可以通过长度来调节。采购时，其中的部分创客得到满足，但是一些创客会利用集中采购的价格找其他供应商再去压价，压缩供应商的利润空间，这样创客之间就很难达到平衡。

荣事达双创平台设有供应链管理部门，专门负责平台的采购和创客需求管理，收集平台上创客的采购需求信息，将需求进行整合，并和供应商进行议价。当创客有需要采购的产品或者原料时，需要将需求信息和订单发送至供应链管理部门。供应链管理部门根据创客的订单进行分类和整合，以荣事达集团整体的名义选择合适的供应商和价格，进行集中采购，减少创客们的采购成本和差旅成本。

然而，这种只存在集中采购的采购模式的弊病逐渐凸显出来：采购人员和车间生产脱离，不了解生产车间每天物料的消耗情况；集团内部的物流信息化程度低，集团没有办法正常运行生产管理；采购品并不完全符合创客的需求，而且创客对采购价格也褒贬不一。一时间，采购变成荣事达平台和创客之间的争端。最后，平台决定对创客进行赋能，创客自己选择集中采购或分散采购。当创客选择集中采购时，集团可以组织批量采购，降低创客的采购成本，但调和难度增加。创客在实施分散采购时，供应商针对小批次的订单量不仅不重视，还拖延交货时间，产品质量得不到保证，价格也居高不下。采购问题在平台中一直未得到有效解决。

在双创模式下，如何满足创客和平台各自的需求，调和创客之间的矛盾——采购，成为亟待解决的难题。

严控采购源头，供应商共享化。 为了解决这个难以调和的矛盾，双创平台制定了"统一管理、各自运作"的采购政策。统一管理即对平台整体的采购活动进行统一服务、统一监管、统一把控；各自运作即创客在符合平台整体的规则下自己安排和管理采购活动，平台放开管理，让创客自己发挥作用。创客选择集中采购还是分散采购，主要看各自的需要，但当双创平台受到不利影响时，局部利益应当服从整体利益。

统一管理，平台起到服务和管控的作用。采购中最难的部分就是供应商的选择，这也是原料进入的源头，需要严格把控。《国语·晋语·史苏论骊姬必乱晋》中有言曰："伐木不自其本，必复生；塞水不自其源，必复流；灭祸不自其基，必复乱。"如果源头抓不好，结果将会是满盘皆输。平台会依据平台整体和创客的情况统一管理供应商进入的规则、资质、条件和流程，根据供应商的资质、条件和产品优良程度，把它们分为A类、B类、C类和D类，针对不同的类别有不同的管理要求。如果进入平台的供应商没有提供符合要求的产品或者时常延期交货，平台内部会及时对这类供应商发布预警。供应商如果违反规则次数过多，就会面临被降级处理甚至被清理出供应商名单的结果。之所以全阶段地严格把控供应商，是因为供应商只要进入双创大平台，就有可能为平台中的任一家创客企业供货。双创犹如一个生态系统，一条生态链被破坏，整个生态系统也会受到影响。

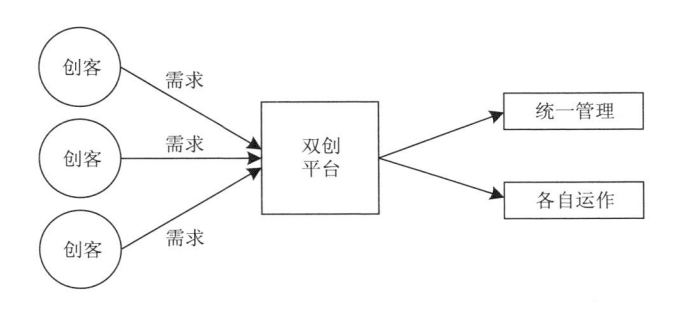

图 4.15 采购方式"统一管理、各自运作"

但是如果把这个环节下放给创客，原本供应商都是合格的，创客自己在选择供应商的时候难免会为价格妥协，把较次的供应商引入平台，结果导致整个供应商的资质被搅乱。进料不合格无异于引入一颗定时炸弹，把炸弹放在生产线上，一旦生产线工艺不够好，最后落到客户手中，炸弹随时可能爆炸。如同汽车的零部件一样，并不是一个零部件正常运转汽车就可以前行，相反，当一个零部件遭到破坏时汽车便存在安全隐患。口碑一旦坏掉，即使花费很大代价也难以挽救。为了防止创客进入双创平台后不顾全大局，进来只是为了"捞钱"，破坏企业的品牌和口碑，平台必须对进料的环节和供应商管理部分严格把控。

各自运作。这体现在供应商共享上，创客可以自由选择平台引入的供应商。一方面，采购产品的质量可以得到保证，价格也会比创客自己到外面找的供应商价格低；另一方面，由于平台会依据创客的具体需求引进很多优良的供应商，产品的多样性得到了保证，交付时间在平台的把控下也会得到很大改善。为了进一步满足创客的需求，体现创客的独立经营，平台也允许创客自己到平台外部找供应商，但是供应商的资质必须经平台的品质管理部审核，必须遵守平台的进入规则。如果创客在平台外部寻找的供应商质量不错，平台还会将其纳入平台的供应商系统库中，为整个平台中的创客服务，利用集约化、柔性化的优势，为双创创造更大的效益。

建设好双创"甲板"，实施生产标准化。生产、制造是大企业引领双创经营发展的核心环节，为了给创客提供有力的生产制造保障，平台集中自身和创客的优势建立双创制造中心。如果说创客是"兵"，那么制造中心就是为创客提供粮草弹药的"后勤部"，"兵"之间需要做好协调合作工作，在"战场"上奋勇杀敌。因此，制造中心在整个双创平台的角色就显得尤为重要，它帮助整个平台向前发展。双创犹如一艘航母，制造中心是"甲板"，创客就是甲板上的"战斗机"，如果航母主体不稳，不能提供一个强有力的保障，战斗机的作战能力即使再强也是无法施展的。制造中心在生产制造方面的工作做好了，整个双创平台就会得到保障，无论外界发生什么，创客企业和平台都可以正常运营和发展。

由于创客的多样性，即便平台的生产工艺有很大的差异，也难以满足众多创客的生产需求。制造中心第一步就是实施生产标准化，重点在规则、流程、细节等上实施标准化，制造中心把内部的工厂打造成一个标准化工厂，形成一个对标基础，为对外找代理工厂做好"榜样"。标准化不是简单地做出符合标准的产品，而是在制造过程中所有动作、流程、规则符合标准。工厂作为一个机器或者工具，针对不同产品设定不同的程序，导入不同的工艺参数。制造中心生产环节实现标准化，在扩大生产时，向其他工厂推广生产模式，不仅可以服务创客的生产，也会给社会带来溢出效应。

生产标准化最重要的是工艺数据和研发数据，虽然很多研发数据都可以模仿，但工艺数据往往各家工厂不尽相同，这也成为双创的杀手锏。生产标准化以及对整个制造系统的管控，是生产扩量和增加产能的必备条件。而制造中心的任务就是积累创客们的经验，把所有的实验数据和生产经验全部整合起来，为创客提供制造服务。当生产标准化实现后，诸多生产制造的难题便得以解决，产品的质量得到进一步的保证，价格会在当前的基础上降低，产能得到很大提升。制造中心把所有的创客都当作客户，通过调整各个工厂的生产标准和产能来满足客户的各种需求。当工厂实现了标准化，会逐渐从接单式生产向透明化和智慧化生产转型。

标准化工厂 > 透明化工厂 > 智慧化工厂 > 共享化工厂

图 4.16 双创工厂的发展历程

工厂透明智慧化，生产制造共享化。打造标准化、透明化、智慧化工厂是企业走向智能制造、生产制造共享化的必经之路。在实现双创平台的工厂标准化生产后，第二步就是打造透明化工厂。首先工厂要对创客和社会公开，不仅对内部创客透明，也要对外部社会透明，实施公平、公开、公正的原则。透明工厂的优势体现在可以为客户量身设计和打造产品，从订单确认到产品下线，客户可以根据个人的选择与爱好设计和装配产品。只要不涉及工厂的核心技术，产品的生产工艺和流程都可以对外开放。创客和市场顾客可以组织人员到现场来参观，让所有的创客和顾客了解工厂，并且愿意将订单交给双创制造中心。工厂透明化是基于集成联网技术系统的，在企业的规定和要求下高效互动地运行，极大地降低生产成本、提高生产效率，通过信息化和可视化提高生产制造的水准。

在实现工厂透明化后，第三步就是打造智慧工厂，智慧工厂的建设是基于双创平台中的大数据库和信息共享中心的，智慧工厂集聚平台和各创客的资源和信息，利用物联网技术和设备提高生产过程中的管理和服务效率，并通过电脑和人工智能减少生产过程中的人为控制，仅留下少数管理和监控人员。智慧工厂将执行系统和控制系统集成为一体，形成一个智慧管理系统。系统不仅把制造工厂内部各环节通过物联网连接在一起，而且结合了创客，形成一个庞大的网络结构，生产工艺和流程设计也更加合理化。智慧工厂让人机之间具备互相协调的合作关系，各自在不同层次之间相辅相成。双创系统中的各个工厂不再采用传统的生产制造流程，而是以先进技术为手段，以数据、信息和知识为核心，向更智能、更安全、更透明、高效率、高敏捷的生产制造方向发展。[①]

荣事达以信息物理系统（cyber-physical systems, CPS）和工业互联网为基础，引入国内外智能化生产系统和网络化生产设备，形成了纵向集成环境和横向集成环境，实现了生产过程的智能化。为打造智能建材生产平台，工厂引进德国豪迈集团的一整套自动化设备。现场智能自动化输送线能有效提高产品流通效率、规避运输风险，让车间精益化程度更高。此外，制造中心通过数据应用和工业

---

① 中国智慧工厂 1.0 概念解析之基本理论与核心内容[J]. 智慧工厂, 2017（8）:26-27, 32.

云服务共同构建了一个完整的价值网络体系，形成一个智慧工厂，荣事达借助集约化和智能化生产推动中国"智"造。

双创平台为满足众多创客的生产需求，内部工厂实现前三步的发展，第四步打造共享工厂势在必行。平台的重心是将内部的工厂打造成一个标准化、透明化、智慧化的共享工厂，共享工厂充分利用闲置生产设备，降低企业成本，信息精准对接，推动企业实现转型。而创客以"专业人做专业事"的原则负责自己的事情，将"好钢用在刀刃上"，做好专业领域的工作（营销、经营、市场引领），找准市场定位，开发市场、挖掘客户。

共享工厂为所有创客和市场顾客提供服务，只要客户有生产相关的需求，向制造中心下发订单，剩下的生产制造任务就全权交给制造工厂。共享工厂将整合创客需求，同时给出智能化的供需匹配方案，进一步实现共享制造。如果平台内部产能不足，制造中心会将生产外延，要么自己新建工厂，要么找平台外部的工厂代工，把这些需求转化为可执行的方案；如果产能过剩，制造中心发挥共享工厂的功能，将产能释放到外部市场，外部市场就不需要再去建新工厂，而可以利用制造中心的产能。工厂实现标准化，质量、价格、产能都有明显优势，使现有资源实现效益最大化。

双创驱动下，荣事达集团为满足众多创客的生产制造需求，引入创客共同组建品冠五金科技有限公司，负责给各个事业部提供配套支持。品冠五金建立初期，为晾衣架创客提供生产服务，发展到现在，已经对内部诸多创客开放，可以为卫浴、太阳能、厨房、空气能、淋浴房等创客公司提供配套支撑，只要是可以开模具的产品都可以组织生产。品冠五金科技有限公司也具有自主性，自身生产的成熟的五金制品投入市场，直接进入市场零售。此外，作为一个成熟的生产工厂，可以承接外面的加工业务，为外部企业提供生产配套服务。平台共享工厂的诞生，大大提高了产品的质量，生产制造环节的风险更加可控，生产价格也相对较低。在双创的支撑下，品冠五金科技有限公司成为一个共享工厂。

整合外部资源

在推动双创持续发展的过程中，平台与创客需要与外界环境接触，需要衔接外部资源来满足自身发展的需求。双创平台中产品生产和流通过程涉及外部的供应商、生产商、储运商、零售商以及最终消费者,这些环节共同组成一个外部的供需网络系统。传统企业和外部的供应商、生产商、物流行业、销售行业等之间的关系很多时候只是单纯的合同关系,这种关系是建立在法律基础之上的,合作的企业缺乏主观能动性和积极性。在双创的带动下,平台和创客会积极主动地整合外部资源,将资源引入双创平台中,对所有创客开放,形成外部资源大通道。

双创模式下,平台和创客注重外部资源的整合,外部资源整合的重要方式就是实现对外部资源的管理。为实现企业外部资源的整合管理,使供应链中企业之间的信息得到充分共享,双创平台将外部资源引入,并致力于与其建立一种长期的、互惠互利的战略合作关系,实现共生共创、共创共赢。

生产柔性化,服务集中化。随着消费者的个性化、多样化、定制化的需求与日俱增。为了应对消费者需求的多样化,柔性化生产模式被众多企业青睐。20世纪90年代,柔性化生产的概念被提出,这一概念来源于汽车行业发达的欧美国家,企业靠着柔性化管理为其带来时间优势和成本优势,快速将具备价格竞争力的优质产品带入市场。

柔性化生产是双创模式下生产制造的重要特点,它以平台中大数据库和信息共享中心为基础,通过收集、整合和分析大量客户的数据与信息,让创客准确了解市场消费倾向,让消费者参与到产品的设计、加工和制造过程中,提高创客应对市场的敏捷度和反应能力。柔性化生产摒弃了大批量生产的方式,借助智能制造,打造多个柔性化生态平台以保障产品多样性、高产量和低成本等竞争优势,供需关系也从"以产定销"转为"以销定产",这是对传统供应链的颠覆。双创致力于为买方市场和消费者提供个性化、差异化、定制化、时效性服务。以柔性化生产满足多样化、小规模、周期可控的产品需求。因此,柔性化生产成为创客在竞争市场中制胜的法宝[1]。

双创平台由"刚性生产"向"柔性生产"转型。面对平台中众多类型的创客,每个创客的经营行业虽然有一定的关联性,但具体来说也不尽相同。如果创客的产品能够在平台中组织生产,制造中心会满足这些创的生产需求,并且相较于交给外部工厂代工生产,内部工厂的生产成本更低,并且制造中心组织生产时可以对质量和风险进行直接管控。如何安排内部产能才能保证制造中心的产能得到充

---

[1] CIO时代. 柔性制造才是发展工业互联网的真正目的[EB/OL].(2018-07-27)[2020-01-06]. http://www.ciotimes.com/manufacturing/155524.html.

分利用，又该如何安排外部的代工产能才能把社会的资源整合起来？

内部工厂以满足内部创客生产需求为前提，如果平台内部产能过剩，为减少资源闲置浪费，平台会将过剩的产能转向社会的其他企业，将平台企业的产能优势充分辐射至外部市场。内部工厂的标准化生产，既可以解决内部产能过剩的问题，也可以弥补外部企业产能不足的困境。如果内部产能较小或者内部工厂无法实现生产，平台会依据创客的需求，寻找外部生产企业进行代工。寻找外部企业代工生产时，制造中心会对其产品质量和生产现场进行管理，严格按照内部标准组织生产，无论工艺、流程和质量，都严格把控。通过这一举措，既满足了创客的产量需求，同时也可以帮扶外部的工厂，达到一举两得的效果。

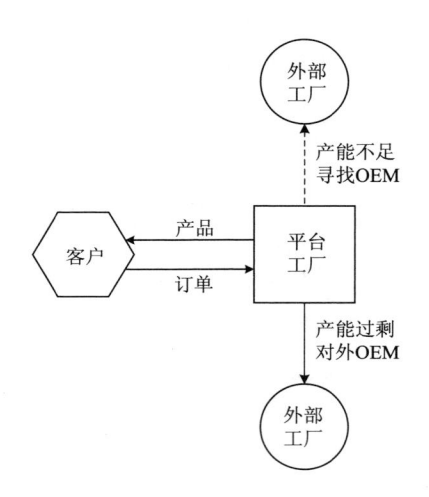

图 4.17 双创平台产能的协调与分配

在长期合作的过程中，如果外部工厂各方面都表现良好，平台便会将它们引入双创平台中，与创客之间交叉持股，建立长期战略合作关系，将其转型为生产型创客。这样一来，一方面，可以为平台内部的相关创客提供生产服务，保障基本的生产业务量，同时可以通过内部创客的关系找到新的需求端；另一方面，增强生产型创客的自主性，本身依旧可以对外寻找订单，保障其业务量增长。创客还可以根据自身的需求寻找生产厂家，代工企业只要能够满足生产的硬性标准，就可以整合到平台当中来。这种充分利用市场过剩产能的方式，既实现了社会去产能化，也达成了平台、创客、市场三者共生共创、共创共赢的目标。

双创平台的优势不仅体现在可以收缩和扩张产能，还体现在平台柔性化生产的诸多方面。例如工艺柔性，工厂生产时原本会使用相对单一和固定的材料，制造中心会根据产品特性，使用不同的材料组织产品的生产，工艺更加完善和新颖；设备柔性，生产同一系列不同类型的产品时，可以根据不同客户的要求和产品的难易程度对设备进行调节，大大增强了生产灵活性；产品柔性，产品更新换代后，系统能够迅速地生产出新产品，其对老产品的优良特性有继承能力和兼容能力。

双创平台的制造中心发展到一定阶段也会进行内部市场化，形成一个独立的创客企业，使自身的自主决策性更强，对自己生产的产品完全负责。制造中心建立完善的 ERP 系统，使工厂直接面对创客，客户在线上和线下下单，订单就可以直接到达工厂，减少其他的中间环节。工厂生产的产品只需要通过一个物流环节就可以直接到达终端，将之前的环节化繁为简，大大提高了效率。生产型创客会根据发展趋势，按照市场需求开展全屋定制，定制化的产品能够体现产品的独特性，更能满足客户的个性化需求。

聚焦物流资源，释放第三利润源。 如今，人们日益增加的需求使得物流成为一个热门行业，网购已经成为物流行业收入的一项重要的来源。有数据显示，2019年，天猫双十一成交额达到了惊人的 2684 亿元人民币，物流订单量达 12.92 亿；而京东成交额达 2044 亿元人民币，京东大力推进"城市群半日达"和"千县万镇 24 小时达"物流提升计划。2020 年双十一期间，天猫的成交额高达 4982 亿元人民币；与此同时，京东的成交额达 2715 亿元人民币。[①]

物流是当代企业发展的命脉，它作为纽带联结企业生产经营各个环节，使之成为一个有机整体。物流的各种要素优化组合和合理配置，实现物流活动效率的提高和社会物流总成本的降低。近年来的物流公司如雨后春笋般兴起，如京东物流集团、顺丰速运、德邦快递、中国远洋海运集团有限公司等。从物流服务的角度看，有效的物流服务，可以给使用物流服务的企业创造更好的盈利机会。物流成为企业第三利润源名副其实。双创平台整合外部资源，视第三利润源为新利润增长极，通过对自身物流业务的管理，降低物流的投入成本，从而获取新的利润。为了获取物流中的潜在利润，构建自身的物流体系成为一些双创企业不错的选择。

---

① 新华社.2019 天猫双十一总成交额 2684 亿 物流订单 12.92 亿[EB/OL].（2019-11-12）[2020-01-06]. https://news.china.com/news100/gd/11038989/20191112/37386541.html.

物流是架在双创平台和创客与消费者之间的"桥梁",升级、整合物流资源,可以将平台打造成优质服务平台。

2016 年,海尔成立双创示范基地。近年来,海尔双创模式发展十分迅猛,其建立的日日顺综合服务品牌,包括了日日顺物流、日日顺乐家、日日顺健康等平台,其中日日顺物流是物联网场景物流生态平台,为品牌商和用户提供"仓、干、配、装、揽、鉴、修、访"全链路、全流程的服务体验①。

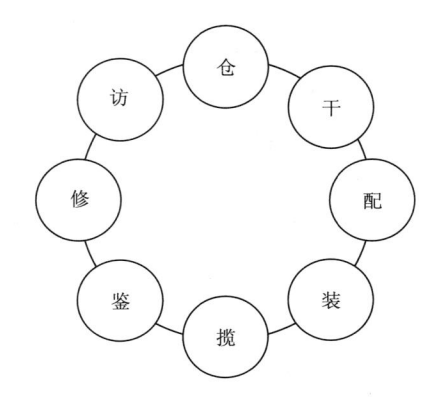

图 4.18　日日顺"天龙八部"全物流服务

日日顺已经为海尔节省了大量物流费用,并且使海尔在管理和协调方面更加顺畅和有效。为了满足大量的订单需求,解决短期消化物流的难题,提高自身的运营效率,海尔启动日日顺的"车小微工程",依托自己在全国布局的门店体系和物流网点,给每一个配送车装上"大脑",强化"最后一公里"配送,形成对整体物流体系的升级②。车小微工程不仅实现了将产品送到客户家中的目标,还对顾客的使用体验进行记录,将产品的不足和顾客的需求反馈至企业。海尔的物流作为一个开放性平台,不仅为自己的创客送货,也为阿里巴巴和京东等其他平台服务,形成一种横向的服务生态。

构建双创"智慧+共享"物流。双创平台中新创客和团队的不断加入,为整个系统带来了新产品、新模式、新思想和新技术。创客企业的业务范围和市场不

---

① 日日顺公司简介. https://www.rrswl.com/index.
② 中国物流信息中心. 日日顺启动车小微工程:布局最后一公里[EB/OL].(2014-06-25)[2020-04-06]. http://www.clic.org.cn/xdwlqywl/232100.jhtml.

断扩大，促使它们在物流方面产生新的需求，迫切需要大企业利用市场平台的优势构建智慧物流和共享物流。智慧物流和共享物流通过互联网、大数据以及信息共享中心实现，实现物流智慧化是建立共享物流的前提和基础，智慧物流是共享物流的支撑，而共享物流是智慧物流的指导[1]。利用物联网、云计算和大数据信息实现物流各环节的智慧识别、地点跟踪、过程监控和实时响应，有效地降低了创客的运营成本，提高了物流效率[2]。"智慧+共享"物流的充分融合，为双创平台物流发展注入新动能，激发新力量。

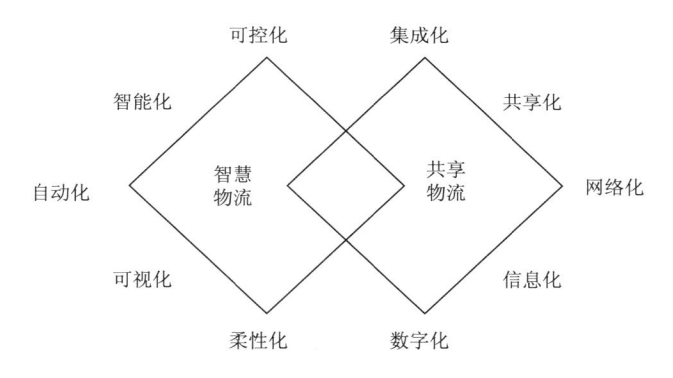

图 4.19 双创"智慧+共享"物流

一方面，为满足创客的物流需求，双创平台将机器人、5G 技术、物联网和区块链技术整合到平台物流部门，利用信息系统全面改进和优化物流的整个过程和环境，以满足创客全面掌控产品生产、运输、仓储和配送等各环节的工序和进度。在双创园区内设置多个智慧物流基地和智慧仓库，配合物流机器人大大减少了人员在运输和配送方面的工作时间和工作量，人、设备、车三者实现互动互联。这样的方式将平台原本分散的资源整合在一起，让整体的优势发挥出来，为双创降低消耗、减少成本、提高效率。物流和经营整合在一起，创客可以就地取材，充分利用好平台内部的物流优势。

另一方面，平台整合自身和第三方物流资源，目的是为创客提供更加便捷、更加优惠的物流服务，并且在平台中实现物流共享化。海尔的日日顺物流是一个

---

[1] 荣长玲. 智慧物流与共享物流的耦合机制与实现路径[J]. 商业经济研究, 2019（6）: 98-101.
[2] 杨亚西, 吴雪婷. 智慧物流时代电子商务末端配送优化研究[J]. 物流科技, 2017, 40（6）: 66-68.

共享物流模式，日日顺为海尔双创平台中所有的创客提供物流服务，为创客降低物流成本。然而，并非所有的大企业都像海尔一样拥有强大的人力、物力和财力，物流行业对人力和资金方面有较高的要求，中国有 600 多个城市，如果涉足所有城市，运输工具、物流网点、储存仓库和工作人员方面的投入将是一笔很大的开支。

从目前来看，市场上的物流公司已经数不胜数，无论是做国内业务的还是做国际业务的，物流业务都已经十分成熟和便捷。整合自身物流优势和第三方物流公司相较于自筹一个大型物流平台，可以很大程度地降低成本。为保障第三方物流公司可以更好地为双创平台服务，平台与物流公司建立战略合作，通过把第三方物流公司引入双创平台中，形成共享物流平台。平台中的创客和物流公司相互持股，创客根据自己的产品结构和特性选择合适的物流公司。这一做法将原本两家企业的合同关系转变为利益相关的伙伴关系，不仅提高了物流的工作效率，也增强了整个平台的物流能力。

共享物流和智慧物流是相辅相成的，互相依存又互为补充，智慧物流通过构造一个智能化的信息平台为实现共享物流提供支撑；共享物流通过营造一个适宜的氛围进一步促进智慧物流的发展。平台需要将智慧物流和共享物流耦合起来，二者的融合为双创平台降低了物流成本，提高了物流效率。

整合外部研发设计资源，平台"活水"不断。"问渠那得清如许？为有源头活水来。"双创平台是一个大系统，产业体系大，经营范围广。每个创客公司虽说都有自己的研发设计人员，但是他们的工作不够集中、不够专业、不够规范。双创平台只有不断整合外部资源和服务，拓展平台的能力和核心要素，才能更好地为创客服务。平台通过建立一个研发设计集中平台（研究院），连接外部的研发设计公司、设计研究院和高校等，把优秀的研发设计整合到平台中，并将这些资源统筹、集中起来，打造双创核心的资产要素，面向创客开放。

研究院以为创客提供更好的设计研发服务为初衷，把创客的技术集中在一起，并将这些技术沉淀下来，进行再创新，整合成平台的核心要素。利用供应链的优势，大企业把社会的优势资源整合到平台当中，与外部的研发设计机构建立良好的合作关系。这一做法进一步增强研究院的竞争力，为创客提供技术保障，当创客有需求的时候，提供针对性服务。

荣事达建立研究院，整合外部优势资源。一方面，与高校建立合作做基础性研究，实施产学研检结合的一体化合作。与检验机构合作，将应用型检测任务交给第三方检测机构，除了提高检验的准确性，也节约了成本；另一方面，进行工业设计创新，邀请国内外优秀的设计团队和企业为平台中的创客提供服务，充分利用外部优势资源。

为了走在时代技术的前沿，推进产学研结合，荣事达集团以研究院为主要平台，引进国内外智能家居领域高端智力资源；与中国科学技术大学及中国科学院合作，重点打造智能家居关键技术创新产学研平台；与合肥工业大学合作，引入物联网智能通信控制系统；与合肥学院合作，打造智能家居中德工业设计产学研平台；与国家家用电器质量监督检验中心合作，构建智能家居检测平台（关键技术检测、强度检测、燃烧检测等）。研究院负责与上述机构和高校合作对接，并把这些研发技术释放给创客，创客负责项目的落地。

双创平台在设计研发方面，整合平台和创客的研发设计资源，同时，利用社会的优势资源，取长补短，建立核心技术库，从整体趋势上来看，有一个逐步深入的过程。双创平台借助研究院，成立一个技术共享平台，向创客定向提供成套技术开发、工业设计、工艺更新等服务。平台定期邀请创客举行技术论坛交流会，以联合研发和知识产权共享等创新模式加强创客间的合作。

供应链生态

内部资源借助内部供应链得以盘活，外部资源借助外部供应链得以整合，内部供应链系统和外部供应链系统的交互把资源和创客融合成一个有机整体，打破空间与区域的障碍，打通生产、经营活动中的所有场景，使创客与创客、创客与平台成为一个命运共同体。双创平台不断积累和补充供应链的资源与服务，打破传统的封闭性供应链，形成平台和创客交融互通的供应链体系，最终演变为更加开放化、系统化、去中心化、智慧化、可视化的供应链生态。

平台化供应链。供应链平台化是生产发展的必然趋势。双创平台中的供应链犹如一根根红绳，每个生产经营环节犹如一枚枚贝壳，这一根根"红绳"把所有双创平台中的资源串联起来，盘活了内部资源，整合了外部资源。同时，双创平台将创客的资源结构化和系统化，在满足供应链中各业务需求的同时，实现供应链整体可视化，与平台整体的优势资源进行融合，形成供应链平台。供应链平台不仅仅是一个平台，更重要的是为创客提供服务，不是命令服从式服务，而是主动支持式赋能型服务，这种平台化的转型是双创背景下供应链发展的必然选择。

平台不仅为平台中的创客提供优质服务，也辐射社会的其他创新创业企业。

平台和创客在专注自身发展的同时，不断开创新价值、新技术、新模式和新资源，利用平台供应链引进社会中有价值、内部创客需要的外部稀缺资源，不断与先进的公司建立战略合作关系，拓展和丰富供应链的内涵。双创平台具备更强大的资源整合能力和竞争优势，能够有效地帮助创客提升核心竞争力。双创平台中供应链成员之间的合作是大势所趋，平台与创客、创客与创客、平台与外部企业之间的连接不断加深、互助共赢，产生价值创造的乘法效应，越来越成为"你中有我，我中有你"的命运共同体。

生态化供应链。双创以产品和服务为核心，整合要素资源建立供应链生态的模式，将成为一种新的合作共生模式，通过价值创造打造多方可持续发展、共赢的生态系统。双创供应链生态强调的是共生共荣，重在深化产业链上下游的深度合作与交流，在资源整合过程中不断实现多维度裂变，实现供应链的跨越式发展。结合产业链的特点，整合平台内外部优势资源，将外部资源整合到平台的资源体系中，利用外部资源激发内部资源的灵活性，在扶持社会企业的同时也能为平台中的创客提供服务。内外部企业的融通发展，形成了信息共享、资源共享、共生共赢的开放型供应链生态。

在大数据、物联网、人工智能等新技术的共同推动下，双创平台促使内、外部资源之间相互衔接融合，连接生产运营的各个环节以及与各环节相关的企业，供应链平台实现共享化、去中心化、智慧化和可视化，以前所未有的深度和广度不断开创全新的供应链模式。平台供应链给创客和供应链中的成员赋能，以大数据为基础、供应链为载体、物联网为手段，打造一大批"互联网＋"型的供应链生态企业。

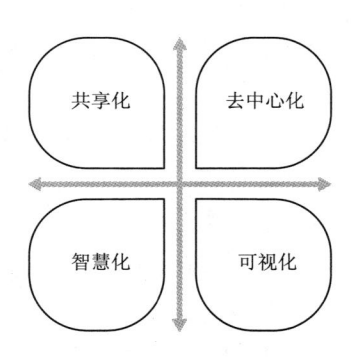

图 4.20　生态化供应链的特征

第三节
全价值链服务之销售链

多元化的供给与多元化的需求促使企业的营销模式从市场驱动型转变为驱动市场型。初创企业和一些小微企业面临着严峻的营销问题,这些问题常常困扰着它们。企业经营观念滞后、销售理念扭曲、宣传方案缺乏、竞争意识和品牌意识淡薄等问题,成为发展道路上的拦路虎。酒香不怕巷子深的时代已一去不复返,再好的产品也需要合适的营销模式。优秀的营销模式是企业利润的来源,是企业突破瓶颈、发展壮大的利器。

2019年《暖通空调资讯》发布的《2019年中国中央空调行业草根调研报告》指出:格力再次蝉联市场占有率第一的宝座,以14.7%的市场占有率,实现了自2012年以来连续八年第一的佳绩。格力官网显示,格力现有专卖店超过30 000家,遍及全国各省市区县,经销网点超过60 000家,专业售后服务网点超过13 000家,专业售后服务人员达150 000人[1]。格力是凭借什么让如此庞大的营销系统运作起来的?

外界对"铁娘子"董明珠的评价是自信、霸气、雷厉风行、作风强硬。正因为董明珠的这些性格和犀利的眼光,在她的带领下,格力空调从默默无名成长为如今的家喻户晓。优秀产品的销售离不开其独特的营销模式。自1996年以来,格力实施内部合伙制和外部合伙制。合伙制在中国大地火了起来,并在格力的实践中取得了巨大成功。合伙制销售模式将格力和经销商的利益捆绑在一起,成为一个利益共同体,这就是销售渠道合伙人愿意跟着格力一道发展,并为其立下汗马功劳的原因。

大企业引领双创以销售价值链为突破口,解除了创客在营销方面的束缚,为创客发展赋能。双创平台系统的营销模式具有独特性,除平台自有的营销渠道外,平台中也有很多营销型创客公司,它们都有自己的销售渠道,产品型创客也拥有自己的营销渠道。平台借助销售链的功能整合创客和平台的销售渠道,实施渠道一体化建设,同时注重渠道多元化建设,并融合市场其他企业和经销商的销售渠道,加强和深化渠道、买卖方等各环节的关系,发挥销售价值链的整体优势,打

---

[1] 格力集团简介. http://gree.cn/list/7.html.

造渠道大通道，为创客提供更加全面、优质的销售服务。

渠道一体化服务

渠道和终端是双创发展的一个永恒话题，"渠道为王、终端制胜"，增加与消费者接触的机会，抢占最大市场份额是创客实现可持续经营的重要方式。尽管众多企业一直将渠道拓展视为应对市场竞争以及扩大市场份额的重要手段，但在很大程度上来说，企业只是提供相应产品的供应商，而渠道只是一个工具，市场中大多企业只有少数几种产品，当渠道中出现同质化产品时，产品的竞争力急剧下降。渠道本身没有"造血"功能，经销商为了生存不会花费功夫去销售毫无竞争力的产品，这些产品最后的命运就只能是退出市场。

双创平台中的渠道与传统企业的渠道不尽相同。平台整合各个创客的渠道资源与外部的渠道资源，并对创客开放，为其所用。双创平台根据创客产品或服务的关联性组建创客群，发挥创客群的优势，一种渠道销售数种或数十种产品，并且渠道之间可以相互交叉和重叠，大大激发了创客的渠道活力。双创平台开放渠道资源的同时，不仅要注重渠道的流量，也要将更多的精力倾注于帮助渠道商应对激烈的市场竞争，帮助其形成不竭的生命力和持久的战斗力，使创客在市场中占据有利地位，获得自身的核心竞争力。

线上引流，线下体验。 双创平台通过线上引流结合线下体验的方式，不仅将互联网作为营销工具，更将其作为与客户建立关系的纽带，改变了传统单一场景的消费模式，为创客提供渠道服务，让消费场景无处不在。双创平台充分利用线上强大的引流能力为线下的渠道提供流量，同时，线下为线上的发展提供支撑和保障，使双创的品牌效应锦上添花，在整个销售链中形成闭环，使产品在销售过程中发挥线上线下的优势。在客户引流方面，线上比线下更具优势，线上商城突破了区域和时间的限制。创客利用平台和自身的线上渠道引入大量顾客，利用引流能力为线下实体店的营销提供大量资源，减少经销商和顾客之间的中间环节。在实际体验方面，线下发挥区位优势，负责实体店的体验、服务、配送等传统功能，解决"最后一公里"问题。线下不仅仅是一个销售渠道，更是品牌和消费者的一个交流中心，为线上电商的发展提供反向支撑。

经过多年的发展，荣事达双创平台已经建立了一个大型的综合性电子商城，涵盖了创客们自身的智能家电、智能家居、新能源、建材等多品类线上的产品营销。平台还整合创客和第三方经销商庞大的专卖店、体验店、经销店等线下资源（全国 5 万多家门店），建立线下产品销售管理系统。线上和线下通力合作，线上商城借助流量为线下各区域经销商门店进行销售导流，线下门店负责产品体验、配送、安装和售后服务，线上线下互相支撑，增强平台盈利能力和竞争力。

王石说过："淘汰你的不是互联网，而是你不接受互联网，是你不把互联网当成工具跟你的行业结合起来。"以互联网为基础的线上市场越来越成为营销的主战场，只有真正利用好线上市场，才能为线下市场服务。双创通过线上引流、线下体验的方式，将线上信息和数据资源整合成一个综合性系统平台为创客服务。线上市场负责与消费者互动和销售产品，引导流量和收集信息数据；线下负责提供服务、顾客体验和个性化定制，为线上商城做好品牌背书，给消费者带来极致消费体验的同时，降低线上线下的销售和服务成本，提升创客和经销商的产品销量。

线下引流，线上扩散。线下引流、线上扩散的思想是建立在双创庞大的生态销售系统基础上的，平台通过自身和创客的渠道优势为经销商积累流量，扩大产品销售渠道。尽管线上市场发展得如火如荼，但线下渠道依旧是巨大流量的入口，放弃线下流量就等于放弃大半个市场。线下方面，创客和经销商负责打造极具产品特色的体验店，这些店面的设计和装潢更具情景感，通过线下消费的方式加强创客或经销商与消费者的良性互动和情感交流，丰富消费者的购物体验，提升消费者对双创产品的认同感和好感度。线下实体店为线上电子商城引流，线上商城凭借信息丰富化和渠道扁平化的优势，利用渠道的影响力进行营销推广。消费者线上的评论和交流会直接影响产品的销售，创客需要做好消费者的情感维护工作，引导他们在线上进行二次营销和口碑营销，不断扩大品牌和产品的知名度。线下实体店为线上成功引流，线上为线下提供精准营销数据支撑，并不断增强品牌影响力。

线上引流增加的是线上产品的销量，而线下门店引流的效果很难量化，自身利益也很难衡量，所以这一方式难以实施。双创企业采取线下引流、线上扩散的销售模式与其结构密切相关。营销型创客在招募自己的分销商时，通过让分销商持有创客公司的虚拟股份，与其建立稳定的合作关系，可以通过股份分成实现创客与分销商之间的收益共享。为了进一步加强线上与线下的联系，各个分销商可以作为第三方把产品直接放到线上平台销售，线上商城可以利用定位系统，识别顾客的地理位置并为其推荐附近的门店，引导顾客进店体验和消费。

线下门店的顾客也可以被引流到线上。由于线下门店受到位置、数量、空间的限制，实体店的商品种类往往不能满足顾客多样化的需求，门店店主可以引导顾客登录线上电子商城浏览商品，顾客可以直接在线下单。店主还可引导顾客购买其他线上产品，交易成功后店主依据虚拟股份持股比例获得分成，实现线下门店到线上平台的导流。线下引流、线上扩散的模式不仅对销售有利，还可以累积庞大的消费者信息和消费数据，创客可以对这些资源进行大数据分析，精准指导研发、生产、推广、销售、售后等工作。

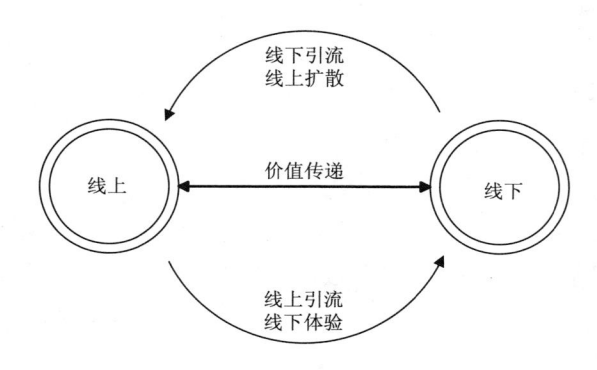

图 4.21 线上线下渠道的关系

线上线下融合——渠道一体化。为创客提供渠道一体化服务，线上线下一体化是双创销售链发展的必然趋势，平台整合线上线下资源，对所有创客开放。要实现线上线下的无缝连接，需要加强线上线下的设施建设和数据信息融合。线下方面，不断引进营销型创客，开拓二级市场寻找新机遇，建立足够多的双创产品体验店和专卖店，增加消费者与产品的接触点。虽然线下门店的辐射范围相较于线上电子商城要小，但是建立与线上市场互相弥补的线下体验店十分重要。线下体验店注重消费者和销售者的互动与交流，给予消费者的是看得见、摸得着的真实感受，让消费者在轻松的环境中体验产品。此外，线下产品真实可见，支付更安全，并且线下门店可以为消费者提供售后服务。线上方面，平台不断整合创客和第三方的线上渠道资源，建立一个渠道信息化系统，覆盖销售链上的全渠道成员并开放共享。线上购物的方式让消费者在购买产品时可节省更多时间，可选择种类更加丰富的产品，可随时进行产品咨询，还可以在线分享购物体验和对服务进行评价。消费者在线上下单，产品从最近的实体店调配，这一方式缩短了产品在物流环节的运输时间，提高了产品的流通与运转效率。

图 4.22 线上线下一体化

双创企业的渠道一体化更好地将多股线上和线下的力量聚集在一起，打通线上与线下的流量通道，充分利用线上线下各自的优势，来弥补线下产品的有限性和线上产品的虚拟性。渠道一体化模式将会给纯电商和线下实体店带来极大的冲击，并预示新零售将成为未来主流的商业模式。线上线下虚实交互结合的新零售，打破了纯电商和传统零售的模式，线下借助互联网和大数据向更加高效的方向转型，线上借助实体店和物流向更加便捷的方向转型[1]。线上不断走向线下，线下不断走向线上，线上线下全渠道融合发展成为双创营销的主流模式，形成一个开放、共享、透明的一体化渠道，不断提高客户体验指数，提升渠道服务能力。

荣事达以网络系统为平台架构基础，对接 ERP 系统，使企业内外部信息、要素资源线上化，从而建立云数据中心，实现平台与平台间的对接。整合平台、创客和外部渠道资源，布局双创 O2O 平台，线上开拓高成本渠道和低成本渠道，线下开拓产品和服务渠道。高成本渠道建设包括与天猫、苏宁、国美、京东等大型电子商城合作，在线上开旗舰店和专卖店；低成本渠道包含了微信的微店商城、创客的单一产品商城和官网。线下产品渠道以产品为中心，在全国各城市开设专卖店、体验店和社区门店，寻找总经销商和二级经销商；线下服务渠道依靠双创中诸多服务型创客，在对外输出服务的同时也打通销售渠道。产品售后服务也是销售渠道的重要一环，基本实现对现有线上线下渠道的集成化，为创客提供营销保障以及渠道服务。

---

[1] 朱春晓. 新零售模式下电子商务的现状及趋势分析[J]. 现代营销（经营版），2019（6）：133.

双创园区内企业可以通过打折、提供信息、服务预订等方式，把线下商店的消息推送给互联网用户，从而将他们转变为自己的线下客户；将线下的实体商务与互联网结合在一起，让互联网成为线下交易平台的新型 O2O 营销平台。荣事达 O2O 电商平台建设匹配全网营销的总部基地、呼叫中心、大型机房、物流基地等，打造智能家居产业互联网平台，以销售链为核心，为园区内外企业提供良好的渠道服务。线上的流量线下扩散，线下的流量线上扩散，渠道一体化服务为荣事达双创开拓了一片崭新的市场。

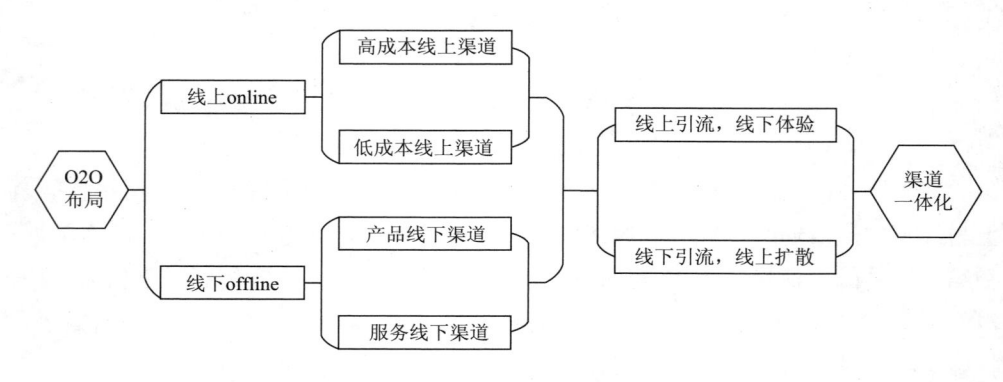

图 4.23　荣事达双创 O2O 布局

双创平台线上和线下充分发挥各自的优势，相得益彰，缔造更有价值的品牌效应。线上负责数据收集、移动支付、开辟电子商城，线下负责货物运输、售后服务以及客户体验，线上线下的功能各自发挥到极致，实现产品互补、创客互补、服务互补、运输互补等功能。双创平台营销渠道线上线下一体化，增强了顾客的满意度，让消费者在购物和产品选择过程中感受到优质的服务和无微不至的体贴与关怀。

渠道多元化服务

科学的营销规划是企业最主要的核心竞争力之一，相较于传统大卖场模式，多元化渠道更受企业家们的青睐。对于双创平台而言，渠道多元化是创客做大、做强，逆势寻找突破之路的必要手段。为了保证销售链各环节、各成员的利益，创客应当充分认知到双创平台提供的全价值链服务只是一个引导，具体的实施措施还需要落实和完善。双创企业面临的销售链的诸多问题，归根结底，还是营销渠道的问题。

目前，双创平台销售链面临三个重要问题：第一，双创平台虽然设置了很多线上线下的销售端，创客们也努力地开发销售渠道，但产品和消费者的接触点依旧过少，销售链面临宣传方式不当和宣传力度不足的问题。品牌效应发挥不出来，导致很多创客研发的新产品在消费端还未被顾客接触到时便被淘汰了。第二，市场开发和渠道策略缺乏创新性，市场调研不足，致使研发端和需求端的一致性偏离。创客们将更多的精力投入在招商前端，导致后期维护乏力，这也是双创平台面临的一个重大问题，双创平台常常被误解为招商渠道，而非做实体的企业。第三，大企业虽然在前期对创客有大量的资金投入，但到后期创客自主经营的时候，由于前期尝到了招揽分销商带来的甜头，很多创客不愿在产品设计与研发上花费精力，更不愿在产品创新等方面耗费资金，因此创客的产品更新速度慢，创新度不够，销售缺乏产品竞争力。

针对上述销售链的现状，双创平台会对渠道进行优化与升级，充分发挥平台的优势，利用产品的相关性建立创客群。双创平台将创客按照产品或服务种类划分为不同的创客群，在渠道开发、产品创新以及销售环节针对不同创客群采取不同的措施。双创平台破除创客在渠道方面的阻碍，通过建设多元化的渠道，整合创客的渠道资源和优势，形成以大企业为引领的渠道多元化模式。

渠道多元化建设。渠道多元化建设是创客和平台在面对市场竞争时一般会采取的措施。双创平台为了给创客提供多样化的营销渠道，开发多种营销渠道，将渠道多元化建设作为在渠道建设方面的重中之重。面对不同的竞争对手，各创客采取的渠道策略不尽相同，需要有针对性地采取相应的分销措施；面对目标市场不同特点的消费者，创客需要采取不同种类的渠道模式；面对不同的目标细分市场，创客需要建立不同种类的销售渠道。

作为具有市场竞争力的创新模式，以创客为单元的创客群成为拓展渠道的重要力量。平台利用这些优势，让新创客企业初入平台就可以利用现有的营销渠道存活下来，并不断完善和补充平台渠道的多元化建设。平台为创客提供多渠道接口，包括项目渠道、礼品渠道、社交渠道和整合服务渠道等，为创客发展奠定了坚实的基础。

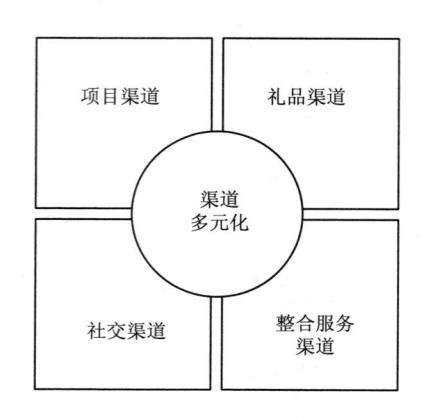

图 4.24 渠道多元化建设

项目渠道。项目渠道建设是一项复杂的工程，在限定的时间内向客户提供定制的综合性产品集合，其中包含一系列的系统组件、服务和劳务。项目对产品的需求和消耗都是大批量的。项目渠道实施侧重于项目策划或建设之前，即如何把即将策划或建设的项目承接到手。双创平台以工程项目为渠道开发重点，积极为创客争取订单。平台中有专门负责工程渠道的部门，部门的市场专员通过市场调研，和一些工程项目取得良好联系，与工程单位建立合作关系。工程渠道优势在于大批量输出产品。当项目中需要产品时，平台直接对接相关创客，然后在合同期内为工程单位提供合格的产品。以荣事达空气能为例，空气能本身就是工程类产品，通过双创平台引进大量工程订单，创客只需要按质、按量、按时提供产品即可。

礼品渠道。礼品渠道是建立在双创大平台和大品牌基础之上的。在双创平台中，有很多创客公司，每个创客公司有很多员工，平台外部也有很多合作公司。逢年过节、公司年会、产品展会、公司宣传活动等都是利用礼品渠道的最佳时机，平台对礼品市场作出合理的评估分析，通过内部交易价格把内部创客的多品类产品作为礼品进行推广。此外，实体店在显眼的位置摆设商品礼盒装，提示顾客购买商品可以赢得精美礼品，由此打开礼品渠道。经销商、创客和平台不仅可以减少在礼品方面的开支，还可以推广产品，发挥广告效应。以荣事达智能马桶盖为例，随着人们生活质量的提高，人们对智能马桶盖的需求逐渐提高，并且以荣事达品牌作为背书，智能马桶盖成为很好的礼品，这不仅可以让顾客体验到创客的产品，还可以起到一定的宣传作用，是一种双赢的销售模式。

社交渠道。在城市中，星罗棋布的社区蕴藏着巨大无比的潜力。城市社区是人群比较密集的地方，目标人群集中，目标接触点直接面对消费人群，宣传比较直接且可信度高，更有利于口碑宣传[1]。社区营销已经逐渐被一些企业视为一种全新的分销方式，并被越来越多的企业关注。双创平台集合创客的社交渠道，联合创客区域的经销商在社区开展一系列小规模的产品巡展、品牌宣传等市场活动，对合作伙伴进行全方位支持，为其业务发展提供有力保障。社区渠道在社会开展销售活动时还可以制造销售氛围，不仅资金的投入较少，而且见效快。除此之外，社区渠道直接掌握了消费者的反馈信息，能针对消费者需求及时对宣传战术和产品进行改进与优化。

此外，"朋友圈"渠道同样是社交渠道的一种，它不是我们平时所说的微信朋友圈，而是我们的社会交际朋友圈。朋友圈是社交分享的一根线，这是一根没有尽头的线，连接社交群体的所有成员，信息通过不断被分享与传播，对品牌线上线下宣传产生不可估量的影响。让现有的消费者购买体验产品和服务，并邀请朋友帮忙砍价或分享到朋友圈中，带动身边的社交圈关注信息并刺激新消费，让新增消费者参与进来并成为新的"经营者"。经过二次传播，信息被扩散到朋友圈中，给经销商带来新的消费者，这种裂变式的社交渠道让传统渠道华丽变身成为新的流量源头。社交渠道的一大特点就是"良性互动"，它超越了低效率的传统口头营销模式，重在通过消费者和朋友圈的互动，达成双向的沟通交流，并让消费者成为二级传播源，让客户通过低价买到自己心仪的产品，同时提升门店的流量和销售量。

拼多多通过社交渠道营销模式取得的成绩有目共睹，在各种社交软件的"朋友圈"我们经常会看到来自拼多多的砍价链接。拼多多剑走偏锋，运用长尾理论避开京东、天猫、淘宝网等成熟市场，转而奔向青睐超低价的人群[2]。这批人往往更容易被市场忽视，这些微不足道的个体会聚而成的巨大流量，足以与主流市场的流量相匹敌，在短短几年内，拼多多成功以低价拉拢大量用户。这种分享链接到朋友圈帮忙砍价的模式，一直是拼多多的营销利器。通过社交圈分享和传播，拼多多实现了裂变，不仅仅传播了信息，还将自己的品牌、销售渠道和市场活动

---

[1] 北京晨报. 快消品渠道的自我革命[EB/OL].（2016-12-30）[2020-01-15]. http://finance.china.com.cn/roll/20161230/4049351.shtml.

[2] 搜狐网. 一路狂奔的拼多多：让你们失望了,我活得很好![EB/OL].(2018-07-29)[2020-01-03]. https://www.sohu.com/a/244061616_100029318.

结合在一起，在销售中传播，在传播中销售。朋友圈帮忙砍价实现品牌和营销信息的扩散，让消费者在口碑相传的同时与其他现有消费者或潜在消费者互动，消费者与消费者之间、产品与消费者之间产生紧密的联系。

整合服务渠道。大企业作为双创的领头羊，发挥着领导者的作用，在和一些大型商务或公司建立渠道合作时，需要平台牵头去整合创客的渠道资源与服务。各个事业部按照协议分摊费用，以平台层面与外部其他公司进行合作和谈判，不仅可以达到合作的效果，而且可以大大控制建立渠道合作的成本。

当创客需要与大型电子商务企业合作时，如果单个创客公司与大企业洽谈渠道合作，在大企业的相比之下，小创客没有谈判的筹码，没有实力进行渠道运营。相反，如果创客以双创平台为整体去跟别的大企业谈判（网络供应商、网络推广商等），效果会完全不一样。平台代表的是整个双创，平台的影响力远大于单个创客的影响力。平台为创客提供品牌扩散和渠道推广服务，这一举措对每个创客来说都是有益的，而合作所消耗的费用平摊到每个创客，其成本可谓微乎其微。

双创平台多元化渠道建设的目的是增加消费者对产品的接触点，除了项目渠道、礼品渠道、社交渠道和整合服务渠道，平台还会开发电视销售渠道、区域合伙人渠道（事业部与区域合伙人成立合伙公司）等。平台需要研究新的渠道规划和建设，既可以在商场、超市、批发市场这种传统通路深挖渠道，也可以在高端会所、机场等特定场所增加消费者对产品的接触点。然后，各事业部和营销主管组成区域销售公司（股份制），按成本价进行合作，借鉴大企业或事业部合伙人的成功经验，将竞争力真正输送到市场前线，进而激发市场活力、培育市场动力。

渠道共生共享。双创平台借助销售链服务将渠道的优势呈现给创客，通过终端不断优化升级把企业和创客的企业文化、品牌效应、产品价值以及服务倡导传输到市场终端，其中所展现的不仅是销售功能，而且是双创品牌下各模式的综合展示。创客借助多元化渠道向终端展示个性化、差异化产品，以全方位、多层次、宽领域的服务为轴心，实现从"赚钱"到"值钱"的思维转变，让客户在消费过程中感受到双创平台带来的独特魅力。平台以及创客与销售渠道建立合作的初期，渠道中的创客、分销商和零售商可以相互持股。在日常经营过程中，创客落实与渠道的共同发展，对销售模式进行优化升级，深入了解客户的需求，及时制订改善计划，并在此基础上不断创新渠道合作模式，与渠道共同成长，以此实现对市场精耕细作的长期目标。

在渠道终端市场，双创平台制定公开透明的合作规则，高度重视终端零售商的基本利益，赋予它们一定的自主能力，形成赋能组织群。双创平台的渠道合作不是简单停留在供应商发货、零售商销售的合作关系，而是在合作的各个阶段关注终端零售商的发展情况。通过售后呼叫中心和客户服务部门收集终端和用户的反馈信息，终端可以依据自己的满意度考虑是否接受创客或平台的处理结果，由此避免不良竞争，提高渠道的灵活度。

双创理念下的渠道共生共享是以平台和创客为主体，以渠道和终端为载体，促进平台和创客发展的同时，激活渠道和终端市场。双创生态成员之间提高合作能力和产品、渠道创新能力，不断拓展市场份额，形成具有生命力的渠道生态和终端生态，实现共生共创。

销售链生态

针对创客的渠道痛点，双创平台越来越重视渠道技术支持体系建设，不断完善"产品＋服务＋技术"的销售渠道模式。大企业借助销售链整合创客和平台的销售渠道，并释放渠道资源服务创客，打破线上线下销售渠道的阻碍，建立渠道一体化服务。渠道一体化服务让新进的创客企业不用自己花费大把时间和精力建立销售渠道，使用平台的渠道就可以生存下来，达到个体激活的效果。大企业在创客发展过程中，不断更新和优化平台的营销和渠道资源。大企业融合渠道一体化建设和渠道多元化建设，整合平台内外部的营销渠道，建立新型平台化渠道体系，渠道之间相互依赖、相互作用、互为补充，共同构建具有生命力的渠道新生态。

渠道平台化。 大企业和创客在加强渠道一体化和渠道多元化建设的同时，以产品和服务为核心打造产业渠道群，以"鼠标加水泥"模式（互联网商业模式与传统商业模式的联姻）不断拓展新渠道，连接新经济和传统经济，形成一个营销资源丰富的平台化渠道。平台借助互联网，整合并连接大企业、创客和社会的营销渠道，为创客提供新的业务增值，提升客户的满意度和忠诚度，更好地服务于客户，为客户提供更好的消费体验。渠道平台的演化，需要不断去中心化，大企业不再是中心，每个创客成为自身的中心。平台化的渠道结构，满足了消费者在任意时间、任意地点，以任意方式购买商品的需求[①]。

[①] 郑好. A企业全渠道营销研究[D]. 昆明：云南财经大学，2016.

渠道平台化需要大企业和创客转变角色，它不是多渠道的简单组合，也不是线上线下的相互导流，而是基于互联网技术，以客户为中心，旨在提供消费者优质服务，注重渠道内部最大化开放和自由流动，为创客和用户提供更加便捷、优质的服务平台。平台在进行多维拓展的同时，围绕营销数据、市场需求和行业发展趋势，注重渠道创新、拓展目标市场，建设全新的渠道，形成低成本的长尾聚合效应，与合作伙伴携手拥抱未来。

渠道生态。双创平台借助合伙人机制创新，整合各类渠道并对渠道市场进行细分，打破渠道同质化建设，围绕销售链上中下游核心企业，连接平台、创客、经销商的资源，形成全渠道模式。鉴于具备合伙制的优势，双创平台中的各个创客、创客群、客户群及营销团队，在全渠道建设中不断成长与蜕变。双创平台针对不同市场，开放不同的营销渠道和资源，帮助创客之间取长补短，实现区域市场共享发展。同时，创客借助销售链与其他成员实现共赢，带动经销商和销售链上的企业，不断进行自我成长、自我革新。全渠道的建设契合各方的需求，并与所有成员形成一个充满生命力的渠道生态系统。

渠道生态成为双创平台销售链的驱动器，它打破了传统渠道的壁垒，通过渠道网络搭建生态体系，实现了各渠道客流、物流、资金流的共享，带领双创平台不断走向数字化和智慧化。在内部，平台整合了创客渠道资源，不仅激活了创客个体，还在渠道生态圈中形成了共荣共生的关系，即创客和创客、创客和平台实现互补共创、互利共赢。在外部，平台渠道生态的建设打破了创客单打独斗的发展桎梏，大企业借助平台销售链搭建渠道合作桥梁，整合社会渠道资源，凝聚社会力量，突破传统营销的瓶颈，寻找新的方向。

双创平台作为一个兼容并蓄的开放性平台，不仅注重线上和线下的多渠道合作与协调，还为创客连接资源和服务提供平台支撑，让销售服务链发挥最大效用。在渠道生态系统建设方面，重点落实机制模式创新、商业模式创新、终端建设加强、物流体系规划、营销队伍建设、传播策略研究等工作。创客面向消费者提供个性化服务的同时，尊崇双创平台渠道生态共建、共商、共享、共赢的理念，博采众长、兼收并蓄、突破边界、聚合资源[1]，渠道生态参与方相互赋能，成为命运共同体，共同建设渠道共享生态圈！

---

[1] 凤凰网商业. 渠道网络生态共享大会｜突破边界、聚合资源，缔造全新渠道生态价值[EB/OL].（2018-11-27）[2020-02-03]. http://biz.ifeng.com/c/7iAfkdxR19S.

第四节
全价值链服务之服务链

星巴克以其优质的服务赢得了顾客的一致认可。为了给顾客提供优质的服务，星巴克根据顾客的价值特征进行细分，将咖啡产品的生产系列化和组合化，以实现"一对一"服务。不仅如此，星巴克还将咖啡豆按照风味分类，让顾客可以按照自己的口味挑选喜爱的咖啡，让每一位进入店中的顾客感受到其服务的独到之处。让客户觉得自己被放在第一位，这就是星巴克对服务的诠释，也是星巴克能在中国、新加坡、瑞士、德国等全球82个市场拥有超过32 000家门店的重要原因之一[①]。

双创平台为创客提供垂直化服务，其服务链将创客联系在一起，也将每个运营环节联系在一起。服务链在全价值链中处于核心的一环，为供应链和销售链的不断完善提供支持。服务链以满足创客供应链和销售链的需求最大化为目标，从管控视角和服务视角为创客提供企业发展周期的价值服务，创客与平台、创客与创客在服务网中互为依托、相互借势，塑造强大的产业生命力，使生态圈中的每个成员都能依托生态圈优势获得快速成长。

创客在进入平台前在市场中没有创业资源和全价值链服务的扶持，创业历程举步维艰。双创平台作为资源中心，把创客视为自己的顾客，当创客团队加入双创平台后，平台会依照创客的需求，为其导入各类资源和服务。创客缺乏资源和经营经验，平台从管控视角和服务视角两方面提供精准的服务。大企业从战略性决策支持出发，为创客提供战略规划、风险管控和财务预警，保障其可以顺利渡过初创期；从构建服务生态出发，拓展财务与技术服务体系、法务与人力资源服务体系、传媒与售后服务体系，为创客成长的各阶段提供服务。平台、创客以及平台外的资源服务提供者共同组成一个系统。大企业作为双创平台的引领者，像太阳系的中心，无时无刻不散发着光和热，给创客提供诸多保障服务，并通过"引力"保证创客正常运行，使整个系统保持平衡状态，同时保障双创生态的稳定性。

---

① 星巴克官网[EB/OL]．（2022-12-19）[2022-12-19]. https://www.starbucks.com.cn/about/history/.

战略性决策支持

战略规划，双创平台"行军用兵"之道。现实中，我们往往高估一年里的变化，而低估未来十年里的变化。面对日益复杂和不断变化的市场环境，大企业作为引领者，为实现双创的大目标，需要制定适合平台与创客的战略。以实现双创平台内部条件和外部环境的一致性为目的，涉及大企业和创客的长期发展目标和发展方向，战略的制定不仅要考虑创客项目的实施，更要激发创客的内在潜能。

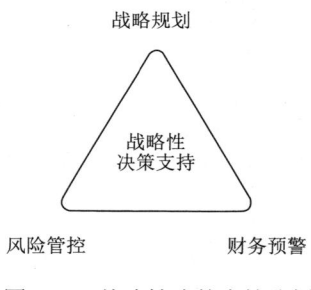

图 4.25　战略性决策支持分析

孙子曰："夫用兵之法，全国为上，破国次之；全军为上，破军次之；全旅为上，破旅次之；全卒为上，破卒次之；全伍为上，破伍次之。是故百战百胜，非善之善也；不战而屈人之兵，善之善者也。故上兵伐谋，其次伐交，其次伐兵，其下攻城。"《孙子兵法》中的用兵之策也适用于企业的管理和运营。企业管理者在制定战略时，考虑"五事七计"才能使战略决策更全面、更深刻、更实际、更具有发展性。双创平台亦是如此，大企业注重整体战略，在进行全过程精准服务的同时，加强和完善创业者孵化、成长、发展的全过程管理。双创平台以全价值链建设为重点，坚持为创客提供全覆盖、全联通、全方位、全过程服务，努力占领行业服务一流创新高地，凝聚平台和创客的智慧，在行业中树立新标杆。

如何协调创客小战略和企业大战略的统一性呢？荣事达以建设智能家居全屋系统为总领战略，引入创客落地项目库中的数百个智能家居项目，引进外部项目扩充智能家居项目库。双创围绕智能家居产业，深度布局家电、建材、能源以及人工智能多元化产业，以"建材家电化，家电智能化"为发展理念，打造荣事达品牌最新发展战略，形成以荣事达企业为中心、全价值链成员共同支持的庞大智能家居产业创新创业生态圈，围绕产业链打造价值链，围绕价值链打造生态链。在双创平台中，创客群作为重要的管理机制，由群主主持群内的重大事务，并围绕双创平台的总体战略制定战略规划。由于创客群中的创客具有关联性，群主在战略制定时充分考虑群内成员的差异性和发展需求，在保障创客群的战略规划的同时，发挥群里创客的自主性，依据自身的经营情况和前期目标的完成程度制定自身的发展战略。

荣事达整合平台的服务资源，成立服务事业群，以打造"三品"服务品牌为战略目标。三品服务事业群集中了三品财务服务、三品传媒服务、三品技术服务、三品管理咨询服务、三品人力资源服务等近十个创客公司。围绕智能家居全屋系统，三品服务以平台为依托，专注为创客团队提供全方位、专业化、低成本的商业服务，承担初创团队95%以上非产品研发和业务开展的服务工作，让每个创客团队专注做好产品和销售。同样，三品服务公司作为创客，除了为平台内的创客服务外，也积极参与市场竞争，有了平台内的业务作为保底，三品服务在市场中能以更低的价格、更优质的服务获取市场份额，做好增量业务。

风险管控：千里之堤，溃于蚁穴。华尔街名言："在交易中，风险控制永远是第一位的，并贯穿交易的全过程。"利润是风险控制的产品，而不是欲望的产品。风险存在于创客发展中的任一经营环节，双创平台提供的保障让创客从襁褓中的婴儿成长为自力更生的独立个体。在成长过程中，创客难免会遇到包括源自市场、法律、会计、策略、技术等方面的风险。新进入的创客缺乏控制和规避风险的能力，而平台有一套完善的风险管控流程，从风险监控、风险识别、风险分析到风险应对，帮助创客排除在日常经营中会遇到的风险，保障创客企业在平台中迅速存活下来。创客成长起来后，具备风险规避的意识和能力，在识别和控制风险的同时，反过来为其他的创客服务，发扬"传帮带"的双创精神。大企业作为一个大家长，在多方面为创客提供指引，在大方向上帮助创客把控公司的发展。

荣事达智能家居控制系统事业部主要负责为智能家居全屋提供解决方案，以住宅为平台，利用综合布线技术、自动控制技术、音视频技术等将与家居生活有关的设施集成起来，构建高效的住宅设施与家庭日常事务的管理系统。创客团队原本是营销出身,通过多渠道发现荣事达双创平台的机遇后,负责人杨其武带领团队加入了荣事达集团,开启了崭新的创新创业道路。

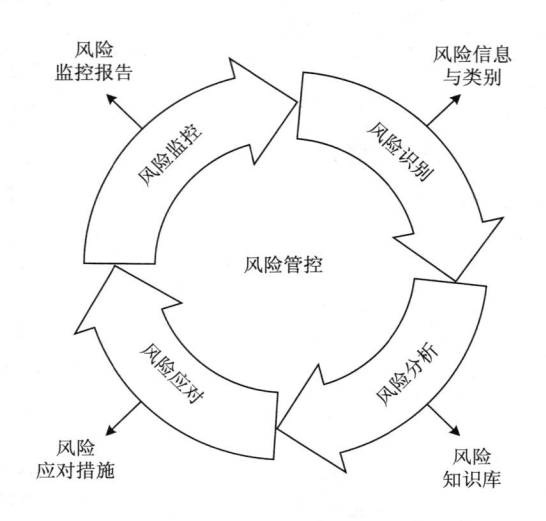

图 4.26　风险管控的流程与措施

在创业初期,公司研发能力薄弱,缺乏核心技术并且风险控制能力不足,80%的软件和硬件都依靠别人。当首批智能家居控制系统投入市场后,大量的产品质量问题陆陆续续反馈过来。由于软件的信号不匹配、系统耗能高、产品不稳定等问题,大批经销商和客户纷纷要求退货,公司资金链断裂,无法正常持续经营。一时之间,公司负债达几千万元,让负责人杨其武不知所措。这对于一个小公司来说,无异于当头一棒,相当致命。

在平台的"兜底"政策支持下,平台帮助创客原价召回所有售出产品,助其规避风险。此后,创客十分重视团队研发能力的培养,全面提升公司的技术和质量检查能力,严格把关产品的质量和标准。至此,公司迎来了发展新局面,并推出了数百种智能家居控制系统设备,这些设备成为市场的热卖品。

双创平台与创客的合作形式体现了双创平台的独特性。从股份构成角度简单地看,创客会认为大企业对创客公司有绝对控制权,对自身发展很不利。但是换一个角度看,大企业承担了项目绝大部分的风险,作为创客公司的大股东,大企业管控创客经营中的各类风险,保障了创客的健康成长。同时,大企业也大大简政放权,让创客自主经营、自负盈亏,保证创客的相对独立性。在发展后期,当创客在成熟市场上能够独当一面，大企业会释放控股权，让创客向更大、更广的空间发展。

财务预警：健康诊断体系。在初创期，对于那些没有财务能力的创客，平台的财务部门会对其财务进行托管（代账），包括从开户、登记到日常的财务管理、财务结算、财务核算和税务管理申报等工作，创客团队的总经理只需要配合平台财务部门，其余的工作将由平台的财务部门全权负责。财务部门并非完全脱离创客，在执行财务托管时，向创客输出集团规章制度，让创客学习企业经营流程。与此同时，财务部门向创客输出财务流程，规范创客的经营方式，对创客的财务进行把控，规避财务风险。

大企业和创客是合伙关系，利润是按股份比例分配的，风险却不按比例承担。当创客初期出现亏损时，平台不会一直让创客亏损下去。平台财务部门会给予创客财务提示，告诉创客其负责的项目已进入预警期。预警主要以财务数据作为依据，平台会组织人员对项目进行重新论证。创客负责人需要写一份详尽的可持续经营分析报告，平台会综合判断该项目是否具有持续经营的潜质。如果项目持续亏损，平台会组织相关事业部人员对项目进行综合分析，考虑是否继续追加投资或者更换项目负责人。

这样，创客的财务风险就能得到严格的管控，但这也存在弊端。财务数据化的指标虽说比较直观，但财务指标不能反映项目发展的全部情况，并且其他可以量化的指标比较少。为此，平台为创客设置3～6个月的孵化期，在这段时间里，创客可以按照自己的方案发展。3～6个月以后，平台会严格按照设置的预算，报备全年运营计划，对总经理进行不定期考核，设置企业健康诊断体系，时刻关注创客的管理与经营情况，保障创客企业健康成长。

职能性服务支持

大企业借助双创实现平台化，提高垂直化服务水平，注重职能服务多元化，重点打造财务与技术服务体系、法务与人力资源服务体系、传媒与售后服务体系，整合资源为创客提供服务。双创平台为创客提供了全生命周期一站式职能服务。

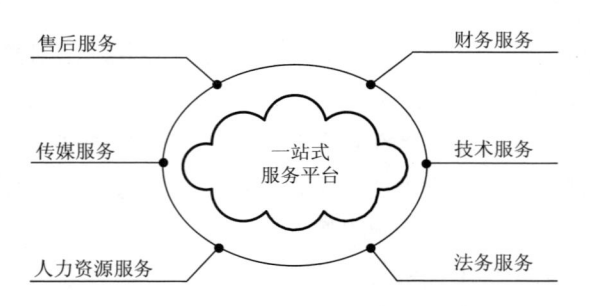

图 4.27　支持一站式职能服务

财务与技术服务体系

财务指引。创客初入平台，财务管理会成为其难题。创客企业内部易出现难以协调的矛盾。创客如果设置一个会计人员，员工既需要管账又需要与平台对接；如果设置两个会计专业技术人员，由于创客前期业务量不足，财务相关工作相对简单，易出现工资成本变高的问题。当业务量拓展到一定程度时，平台的财务部门已经不能胜任，创客又不能缺少财务岗位，平台会把创客的相关财务工作转交给财务创客公司，由财务创客公司委派财务人员和创客对接，让平台的财务本部负责监管。

财务部门是一个公司的神经中枢，强大的财务设计能力和运营能力是支撑创客公司健康成长的基石与保障。平台内部的财务代理和平台外部的财务公司存在差异，平台外部的财务公司只做简单的纳税申报，不做任何的财务基期建设、财务人员培养（建章立制），而平台内部的财务人员更加了解创客公司的发展情况，可以做到随时和创客对接，同时帮助创客建立财务部门。随着创客公司逐渐壮大，业务量不断上升，创客公司的财务部门就派上用场了。

整合性财务服务体现在以平台为主体为创客提供支撑服务上。传统情况下，单个银行开户储蓄的利率很低，创客如果自己去找银行不仅耗时耗力，而且收益也不尽理想。双创平台建立了信息化系统，平台通过信息化资金管理系统与银行进行战略合作，平台中的创客公司在合作银行办理储蓄业务，储蓄利率相较于其他银行会更高，并且资金管理集中化程度高、资金更安全。

大企业利用资金集中管理系统，以平台为主体建立委贷平台。大企业通过平台的资金集中管理系统,对平台中创客的资金进行统一管理(统收、统支、统借、统贷)。借助委贷平台,双创平台根据创客各成长阶段的资金需求,提供多种低于市场利率的贷款。创客不需要在外部寻找银行贷款,在平台内部就可以解决融资问题,并且利率相较于外部更低,确保项目可以正常运转。

财务垂直化共享。传统财务模式即一个萝卜一个坑,每个企业都建立一套财务体系。在这样的模式下,财务人员一边面临着繁重的会计工作,一边面临复杂多变的内控管理任务,公司与公司之间的财务业务总是存在各种不可调和的矛盾。这些矛盾会导致企业中的财务管理工作阻力过大,财务人员时而繁忙,时而闲暇,发挥不出真正的价值。

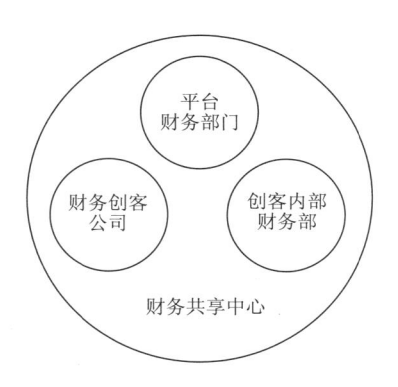

图4.28 双创财务共享中心

双创平台中的财务组织从组织层级角度分为平台财务事业部、财务创客公司、创客公司自身的财务部。创业伊始,创客公司并没有较大的业务量,自己建立一个财务部门成本很高,而且即使建立了财务部,对平台的规章和制度也不是很了解,难以保证财务的准确性。因此,平台为满足创客的需求,整合自身财务部门、财务创客公司、创客公司的财务部门等资源,成立财务共享中心。财务共享中心根据创客的要求和业务量,委派财务人员到各个创客公司负责财务的核算、管理、监管、风险管控等日常工作,根据创客的发展状态进行检查、提示、建议和预警。

为了进一步加强财务共享中心的职能,双创平台依据内部需要,把财务工作进一步细分为战略型财务、业务型财务、核算型财务。不同类型的财务人员负责不同类型的财务工作,保障创客的财务安全和稳定,让创客在开拓市场的同时不再为财务问题而苦恼。财务共享模式,将财务人员进行再分工和转型,财务共享中心的日常工作与后期创客独立的财务相分离,减少企业本部财务事业部的干扰,把繁琐冗杂的会计核算工作从财务本部的工作中分离出去,更有利于强化财务服务能力和战略支撑职能。

技术支持。实践反复验证了"关键核心技术是要不来、买不来、讨不来的"。对于以制造业为核心的双创企业来说,技术仍然是一把尖锐的利器。产品核心技术来源于积淀与创新,大企业整合双创平台内外部的技术资源,形成了以研究院为主,技术型创客公司和产品型创客公司为辅,科技院校、知识产权公司、个体发明者等为多个支撑点的技术生态。研究院作为技术转化和资源共享的平台,统领各专业的技术公司和产品公司,衔接高等院校和企业,并协同外部单位和个人,保证了核心技术的水平和技术更新的速度。

荣事达围绕智能家居产品建设,解决园区内企业关键技术节点,提供与智能家居相关的关键性技术服务,包括智能家居单品技术、控制系统技术、平台实施技术等。而产品型创客则按照自己公司的发展需求和实际状况,组织自己的技术部门研发、设计和改进产品,或者把技术要求提交给研究院,研究院根据创客的要求组织研发、设计和创新等工作。

技术垂直化共享。在双创平台中,由于创客数量众多,技术较为分散,平台设置了研究院,负责集中核心技术,整合技术型人才,研究院成为创客的技术共享中心。根据创客的需求或者平台的发展需要,研究院委派员工跟踪创客的产品,收集反馈的数据和信息,对产品的设计和功能进行改善与创新。一方面,当创客的技术更新和迭代时,需要向研究院备案;另一方面,当平台内部技术与研发不能满足创客,需要与外部技术单位或者高校合作时,研究院会代表双创平台进行整体对接,整合外部的各项技术资源,为创客服务。

一方面,创客群中的创客可以共享研发技术,如空气能热水器、太阳能热水器和电热水器,三者在水箱内胆制造方面拥有共同的技术。另一方面,研究院集中核心技术,将技术分享给同一创客群里的创客,并为他们设计出具有较强辨识度的家族化特征产品。平台内的技术共享中心也可以承接市场中的业务,在平台为业务兜底的基础上,不断做足市场增量,辐射和惠及更多的企业。此外,研究院还会通过趋势预判产业领域未来数年可能会发生的技术变革或产品创新,从而开展超前的研究,以专利保护的形式形成技术战略储备,于未来对竞争对手进行技术狙击时使用。

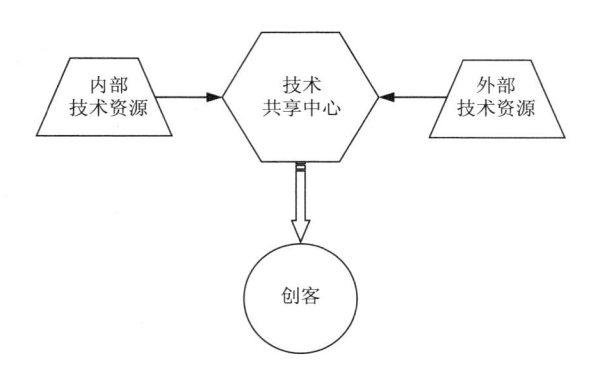

图 4.29　双创平台的技术共享中心

法务与人力资源服务体系

法务保障。创业是一个艰辛的过程，面对复杂的市场环境、激烈的竞争和模糊不定的发展前景，创新创业者不仅需要睿智灵敏的商业头脑和完美的战略规划，更需要稳重可靠的法律武器加持[①]。双创平台也不例外。双创平台中设有法务本部，也有提供法务服务的创客企业，虽然各自的职能不尽相同，但是它们都肩负着维护创客合法权益的使命，处理创客公司在生产经营过程中面临的各种法律问题，为创客在创新创业过程中保驾护航。

创客公司在生产经营过程中，难免会遇到法律纠纷，当法律问题出现时，创客需要将法律纠纷情况通过书面报告及时汇报给平台法务部门，并协助法务部门做好仲裁或诉讼的证据收集工作。如果法务部门认为需要借助外部律师的协助处理争议，经平台批准，创客可以聘请外部律师执行相关法律事务。为提高法务部门审核的效率，促进交易在法律规制的范围内又快又好地实现，创客公司可以提前将合同文本发送至法务部门预审。法务部门是纠纷案件管理的归口部门，若创客公司有诉讼案件，需将有关情况及时提报至法务部门，以免延误最佳处理时间。

当创客公司需要法务部门提供支持的时候，法务部门会积极响应、了解情况并与产生纠纷的对方当事人协商，连同纠纷情况说明、相关资料等上报法务本部。

---

① 姜播.干货｜创业中最令人头疼的劳动人事法律问题，这十个问答给你答案[EB/OL].（2017-11-20）[2020-02-12]. https://www.jianshu.com/p/ce3f1e7c647a.

法务本部会对创客公司提交的案件资料进行审查、分析，并提出法律意见或建议，在必要时可报请公司管理层批示处理意见。非诉讼案件的处理原则上由创客公司负责，法务部门提供法律咨询服务与支持。对于重大纠纷或疑难法律事务，由法务本部联系公司常年法律顾问出具法律意见，作为纠纷处理的参考，或请其协助处理，真正做到为创客保驾护航。

人力资源管理。随着平台规模不断扩大，创客公司数量不断增加，创客不断地发展与成长，对人才的数量和质量的需求不断提高。但创客公司仍不具备招聘和培训员工的精力和经验，存在人才招聘困难和职工培训流程不规范的问题。与此同时，双创平台上众多创客都有人力资源服务方面的需求，需要一个平台专门负责这类业务。为此，平台将原有的人力资源部内部市场化，将其演变成一个人力资源管理中心，为创客提供人力资源服务。

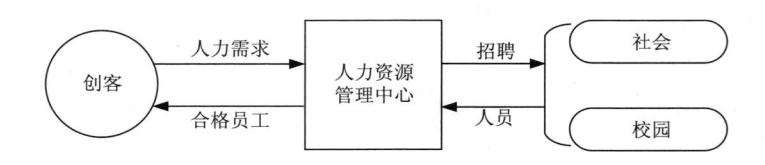

图 4.30　双创平台中的人力资源管理活动

双创平台上，人力资源管理中心会组织人员调研创客公司的人力需求和人员要求，以平台为整体进行统一的组织、招聘、培训和人员调配。当组织校园招聘会、现场招聘会、公益招聘会时，双创平台会安排岗位匹配度较高的事业部或创客公司一同参与招聘，避免因创客公司的营业执照或资质水平达不到标准而无法参与招聘会的问题。双创平台集中优势，实施"集中管理，统筹安排"以及"统一调配，分配资源"的人力资源管理原则，为创客提供一些基础性、规范化的服务，发挥人力资源部的作用和优势。

员工培训工作是人力资源管理的重要组成部分。企业的文化传承和价值观塑造需要通过教育和培训来实现，员工的工作能力和技能的提升也需要通过培训来实现。大企业设置双创大学、校企合作培训课程班、创客大讲堂等，让员工和创客学习团队建设、流程再造、企业规章制度、晋升系统和管理体系。大企业不定期地完善和优化培训课程、培训讲师管理制度、培训效果评估和培训等系统培训体系，为创客输送合格的员工。

建立人力资源管理体系。在初创期，创客企业的首要任务是存活，人力方面的难题可以交由人力资源管理中心帮助解决。当创客需要引进人才和招聘人员时，人力资源管理中心会协助创客开展工作，为创客公司在招聘、社保、培训等方面提供全面的服务，为保障创客公司正常运转和经营提供必要的扶持。人力资源管理中心在提供服务的同时，会帮助创客建立人力资源管理体系。创客公司如果没有完善的人力资源管理体系，很难引进人才，更难留住人才，这会直接影响公司的正常运转和经济效益。创客公司发展起来后，完善的人力资源体系帮助其引进优秀人才，让创客公司在发展后期不再为人力资源而苦恼。

双创平台是一个大生态系统，无论是大企业还是创客公司，对人才的需求量都很大。双创平台内部通过建立人才培养机制、设立人才培养基金等方式支持研发人员开展研究工作。双创平台可以通过引进客座研究员、建立科研工作站、设置高校实践基地等方式进行人才培养与交流，为双创平台培养和输送熟练掌握技术并且熟悉规章制度的高端人才，建立行业人才资源储备库。双创平台营造良好的人才引进环境，鼓励创客以岗位聘用、项目聘用和任务聘用等灵活方式引进高层次人才。双创平台将持续完善以产权、技术等作为资本参股和分配的方法，鼓励有自主知识产权和优质科技项目的高端人才加入其中。

宣传媒介与售后服务体系

品牌策划，塑造品牌力。"好酒也怕巷子深，好产品也要做宣传。"广告投入程度会影响企业发展，无论哪一行的企业，发展都离不开广告的投入。然而，广告的费用少则数万元，多则数百万元、数千万元，对于初创企业来说，这无异于泰山压顶。现实的例子比比皆是，有的企业在广告宣传上投入巨资，却因为资金链断裂而无法维持经营；还有的企业没有合适的广告宣传策略，没有把资金花在刀刃上，最后，巨额的广告费打水漂，产品销量和企业品牌力也都不见起色。

荣事达双创平台为扩大在智能家居行业的影响力，提高创客产品的认知度，以家居家电博览会、进出口商品交易会、高峰论坛和产品推介会等大型活动为契机，加强双创宣传推广，塑造产品品牌力。荣事达以家居家电博览会为重要抓手，积极参加各地各届家居家电博览会，向国内外同行展示双创的成果，推广双创的个性化产品。荣事达会定期举办智能家居领域的高峰论坛、研讨会等活动，共同探讨中国智能家居产业的发展趋势和方向。同时，荣事达加大在网站、报纸、电视等传统媒体以及微博、微信等新兴媒体的宣传力度，提升双创品牌知名度。荣事达致力于构建以双创平台影响力为核心的品牌体系，推动双创品牌以及企业品牌、产品的建设工作。

在保证宣传力度足够、成本合理的情况下，大企业引领双创平台的优势就凸显出来了。在双创平台中，创客们使用统一的品牌，可以在广告投放方面节省成本。平台中的品牌宣传部门按照平台和创客的需求，在市场和媒体中投放广告，以品牌进行统一宣传，从而使宣传效果影响到其他创客的产品。与此同时，宣传成本由创客一起分摊，每个创客只需要承担小部分费用，却可带来同样的宣传效果。这种整合性广告策略不仅得到了大企业和创客的一致认可，在市场中也得到了不错的反响。

售后服务：尽善尽美，善始善终。售后服务作为生产经营中最后一个环节，不是一次性服务，而是双创平台中创客公司与客户建立长久合作关系的关键所在，更是企业可持续发展的必然要求和尖锐利器。售后服务的质量直接关系到双创平台和创客公司产品的品牌形象与声誉，也关系到客户对双创平台和创客公司产品服务的信任度、忠诚度、满意度和认可度。双创平台整合创客和第三方的售后服务资源，分析市场用户大数据，不断更新和建立新的售后服务网点，建立面向创客开放、共享的综合服务系统。综合服务系统帮助创客以更快的速度和更高的效率来满足客户的需求，向服务人员提供完备的工具和信息，并支持多种与客户交流的方式。服务人员根据客户提出的需求提供售后服务支持，根据用户的背景资料和可能的需求向用户提供合适的产品和服务建议。综合服务系统大大方便了客户与创客间的交流，增加了顾客对服务的信赖度，同时能更有效率、更快捷、更准确地解决售后服务问题。

综合服务系统不仅是售后服务的中心，也是帮助市场建立和完善客户资料库、宣传服务理念、加强与客户的接触、调查客户满意度、获取消费信息反馈等环节的重要节点。这些信息对于双创平台来说十分珍贵，它可以指导新售后服务网点地址的选择、创客产品外观功能的改进和创新、销售方式的选择、销售人员的选拔和任用、爆款产品的产量和进货量的决策，以及供应链、销售链、服务链上成员之间的协调合作，给用户提供合适的产品和服务等。建立完善的综合服务体系，不断优化和提高服务质量，不仅是双创平台不断发展壮大的大势所趋，也是创客应对市场竞争、赢得大量客户的最佳选择。

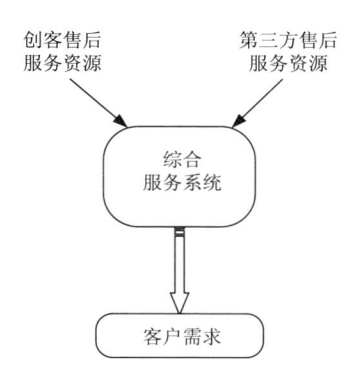

图 4.31　双创综合服务系统

"红地毯"服务是荣事达的优良传统。在互联网时代，荣事达重新定义和打造"红地毯+"服务，一切以客户为中心，应用大数据及互联网技术深度挖掘消费者信息，全面提升品牌服务质量及口碑。荣事达整合平台和各个创客公司的规模优势和物流资源，建立统一的仓储和物流配送体系以提升配送效率，增加客户满意度，逐步完善售后服务体系，建立客户服务监管部门，对各事业部售后服务进行集中监管。为加强平台和创客售后服务的便捷性和统一性，平台组织建立了一个现代化的呼叫中心和统一的售后服务机构，将销售服务与售后服务整合成一个系统，即客户服务系统。客户服务系统是一个专业的服务体系，包括客户需求、响应体系、维护体系和质量监督体系，客户服务系统利用反馈信息建立了一个大数据库，对创客和经销商的销售需求和消费者售后服务需求进行分析。

服务链生态

作为双创价值链中的重要一环，服务链调动平台和创客的服务资源，整合管理决策支持服务和职能服务，汇聚融合双创的内外部资源要素和服务资源，在双创中形成平台化服务体系。大企业将服务平台、大数据、物联网转化为连接双创平台内部成员的纽带，进一步整合平台中的服务资源，探索以服务链为基础的服务产业发展模式，致力于传播双创文化、创新创业理念、共享服务体制，为创客的成长和发展提供服务支持和文化支撑。双创平台强调以战略规划、风险管控和财务预警为主的管理决策支持，以财务与技术服务体系、法务与人力资源服务体系、宣传媒介与售后服务体系为主的职能服务支持，不断增强和提高服务平台的运行、管理和服务效率，起到"四两拨千斤"的效果。依托服务平台和软硬件平台搭造出的双创服务链生态，为平台中的创客开辟一片新的双创空间，与其他创客建立起更加有效的沟通方式，与更多的创新创业合作伙伴在服务生态下海纳百川，共建一片浩瀚的双创蓝海。

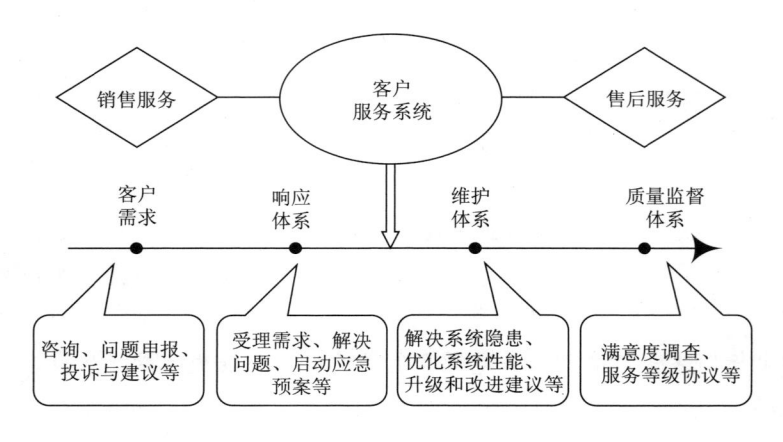

图 4.32 荣事达客户服务系统

平台化服务。大企业引领双创，致力于打造垂直化服务平台，分阶段精准为创客提供全价值链服务。大企业集聚平台中服务部门和服务型创客公司，整合内外部要素资源，将服务进行细分和完善，构筑共享服务平台。服务的平台化和共享化，形成了平台与创客、创客与创客的双创服务"金三角"。平台的服务资源不仅对创客们开放，也辐射社会上的企业和人员，创客有平台的业务兜底，外部业务则为增量型工作。为了便于创客间的互补互助，平台把创客分为产品型创客、服务型创客和营销型创客，以创客群推广"以老带新""传帮带"的服务模式。创客群如同一个"朋友圈"，在这个朋友圈中，创客可以分享服务、技术、经验等，创客群主作为领导者，把控好创客群的发展方向。服务平台加强构建综合型双创生态服务圈，为创客营造一个良好的经营环境。

平台化服务是扶持创客、激活个体的有力抓手，也是连接和整合平台内外服务体系和资源的关键节点。平台化服务运营模式降低了创客的扶持门槛，能更好地打造一体化产品和产业化服务，让双创不断共享化、开放化和系统化。平台在开放服务的同时，不断加强制度的建设和完善，构成了完整的服务体系，从被动为创客提供服务转变成积极为创业者实现价值，激发创客潜在价值，更好地提升整个平台的服务水准，为创客创新创业保驾护航。而创客则需要注重资源和服务的重组与对接，从消费者消费倾向和消费习惯的视角，加强品牌建设，提升服务理念，这是企业不断做大做强、转型升级的必经之路。

服务链生态。大企业引领双创，不断整合平台内外的服务链资源，以平台为基地，以产品和服务为载体，以要素资源为助力，打造双创服务生态。老创客继承双创平台中"前人打井后人喝水，前人栽树后人乘凉"的精神，不断完善服务共享化、体系化和扁平化的制度与理念，壮大双创服务生态系统，惠及平台中的所有创客。创客秉承饮水思源、"吃水不忘挖井人"的感恩之心，自身成长起来以后反哺服务平台，为其他创客提供资源和服务。双创平台的这种模式让创业变得更加容易。创客不忘初心，在自己成长的同时，不忘带动其他创客发展。服务意识在平台中得以继承和传递，为双创平台开辟更大的发展空间。

双创服务生态聚焦互联网和大数据，敢于做别人不敢做的事情，在服务中不断融合双创价值主张，借助服务链延伸至多种服务场景，开发新的服务类型、开拓新的市场。大企业依靠物联网建设双创生态服务体系，推动创客由利益驱动向赋能和价值驱动的内驱动能的转变，与消费者的接触层次从单纯的差异化服务功能体验升级为情感与精神的互动交流，利用创客群的优势为不同消费群体设置不同的主题和场景，专注于客户个性化和定制化的价值需求，强化客户的需求精准匹配和对接，实现"服务—优化—再服务—再优化"的螺旋式上升型良性管理，降低服务维护成本，实现服务由人与人到人与生态链的交互转型。

一滴水，一粒种子，一片绿地，一个生态系统。双创释放资源，引进创客，搭建服务平台，形成一个庞大的服务生态系统，以创新创业为目标，实现双创平台所有成员携手同行、共创共赢。

第五节 双创生态链

双创平台全面提升供应链、销售链和服务链能力，升级全价值链服务。供应链上，双创平台采用双向互动、全面开放的商业模式，连接上游的供应商和设计研发企业、平台中的生产制造型创客，以及下游的经销商、物流和售后服务企业，通过集中整合的举措，提升供应链的灵活程度和吸收转化能力，增加供应链的柔性。销售链上，双创平台得益于组织和机制创新，对平台和创客经营的渠道市场进行整合与细分，针对重点市场、重点客户，采用个性化服务和定制化服务模式，赢得销售链上的优势，实现区域市场共享发展。服务链上，双创平台以满足供应链和销售链需求最大化为目标，从管控和服务视角为创客提供财务、人力、技术、售后等保障性服务。价值链上，双创平台深入创客管理经营的各环节，整合全要素资源，以完整的对内、对外服务网络，全面提高双创平台的综合竞争力，实现价值链整体和价值链成员的利益最大化，形成供应链生态、销售链生态和服务链生态，为双创生态的形成打下基础。

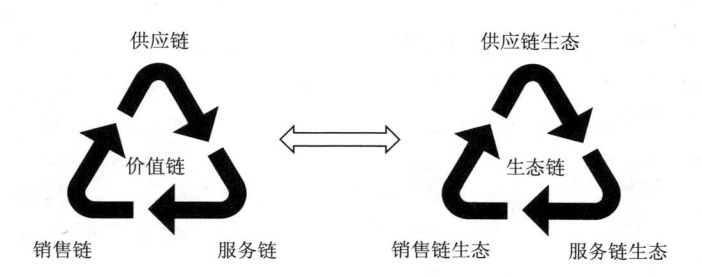

图 4.33 价值链与生态链的关系及其转化

在产品开发和服务升级的过程中，平台和创客努力探索市场现状和价值链关系，不断深化改造和拓展价值链，价值链不断向上下游延伸。大企业通过新技术、新模式的应用，提高价值链的效率，满足消费者不断变化的消费需求，为构建生态链夯实基础。价值链的构建并不是双创平台发展的最终目标，双创平台以打造组织、技术、产品、渠道、服务等共同发展的生态链为目的，借助供应链、销售链和服务链打通采购、生产、销售、售后等经营环节，拓展价值链的节点，整合平台内外部资源和服务，形成垂直化供应链生态、渠道生态和服务生态。价值链系统的内涵不断深化、外延不断拓展，各生态组织之间相互关联、共荣互生，最终实现双创生态的平衡。

小米生态链是雷军于2013年开始布局的，到如今小米生态链的企业已经有100多家，智能产品覆盖了人们生活的方方面面，涉及体温计、手环、空气净化器、耳机、投影仪等，生态链企业的销售额突破了200亿元人民币[①]。生态链的"领主"——小米为这些生态链企业提供营销渠道，让这些生态链企业在小米的帮助下存活下来，并实现共生共赢。

同在2014年成立的华米和佛山市云米电器科技有限公司（简称云米）都是小米生态链上的企业，也是最早加入小米生态链的公司。华米主营可穿戴设备研发和设计业务，云米以净水器引起行业轰动，它们一路享受了小米高速发展带来的红利，借助小米的销售渠道成功实现数十亿元的销售额。2018年，华米、云米先后在美国纽约证券交易所成功挂牌上市，短短四年它们便在行业内做得风生水起。华米、云米的阶段性成功，一方面显示了它们在智能行业的前瞻性，另一方面也彰显了小米生态链模式的成功。

以手机起家的小米近几年的发展进入深水区，飞速扩张的小米略显疲态，小米生态链的发展却蒸蒸日上。小米把生态链上不擅长的领域交给其他企业去做，投资那些需求量大、刚需、能成为爆品的企业，围绕小米手机组建一个大生态系统。前期小米不断推动生态链上的这些企业迅速做大做强，成为行业老大，后期依靠这些生态链公司的发展反过来实现自身利益的最大化。这是小米生态链最巧妙的一环，生态链企业利用小米的平台和流量迅速成长，小米自身也从中获利。小米生态链企业创造出众多的智能硬件产品，成就了全球最大的智能硬件IoT平台，智能设备连接数上亿台，小米生态链已经成长为一个不容忽视的庞大生态体系[②]。

双创生态链超越了传统的价值链，打破了平台和创客之间的渠道隔阂、缩短了它们之间的互动距离，使供应链生态、销售链生态、服务链生态交相呼应、错综交织为一体，衍生出极具生命力的、开放的、共享的、协调统一的价值链系统。

[①] 许华. 小米生态链倍增2017销售额突破200亿！[EB/OL].（2017-12-29）[2020-03-15]. http://www.cnmo.com/news/628269.html.

[②] 小米公司. 雷军：小米已成全球最大智能硬件IoT平台，将全面开放！[EB/OL].（2017-11-28）[2018-09-21]. https://www.sohu.com/a/207135136_231544.

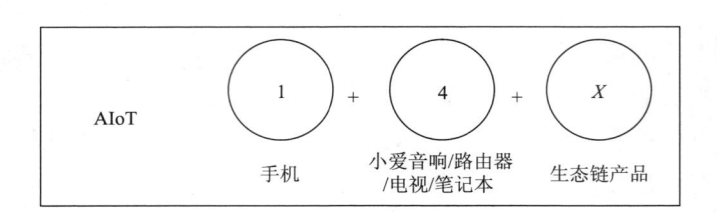

```
AIoT   ( 1 ) + ( 4 ) + ( X )
        手机   小爱音响/路由器   生态链产品
              /电视/笔记本
```

图 4.34　小米人工智能物联网（artificial intelligence & internet of things, AIoT）平台

双创生态链中每一个成员的命运都与生态链的命运联系在一起，形成互荣共生的命运共同体。双创生态链真正帮助创客和社会其他企业实现高效率的运作与管理，保持持续改进与创新的思维。生态链中上下游的界限逐渐被模糊化，创客企业自身的价值链和双创平台的组织结构被联系起来，生态链中的创客和其他成员不仅要考虑自身的发展，而且要为彼此的发展提供创新创业所需的市场资源及服务，使自身更好地与整个生态价值链上的企业协同进化，从而形成一个良性的生态循环，让生态链中的所有企业共同受益。

互联网、大数据、云计算作为双创生态链中的纽带，连接生态链中的资源、服务、成员和平台，有巨大的辐射性和无限的穿透性。梅特卡夫定律，即"网络效应"，论证了网络的价值与用户数的平方成正比。这一定律在生态链中也同样适用——随着生态链中成员的不断增加，成员创造的价值呈指数级增长。利用物联网和人工智能提高双创平台的服务能力和工作效率，信息共享中心实现双创平台内部信息全场景、全流程、全方位开放和流通，创造出双创平台的新价值洼地，不断提高生产效率，降低创客管理和运营成本。生态链与外界环境紧密相连，企业之间相互拉动、相互支持[1]，形成一个良性互动和协同发展的生态环境，使创客公司的技术水准和服务质量不断提高。双创生态链的出现，解决了创客之间争夺资源和服务的矛盾，缓解了平台和创客、平台与市场之间僵硬的关系，改变了创新创业企业抗风险能力弱、生命周期短的现状。创客在博弈过程中寻求与其他创客互相合作、共同发展的机会，共同承担生态链中的风险，与整个生态链上的成员协同发展。

---

[1] 卓骏,李富斌,陈亮亮,等. 共赢的生态链——阿里巴巴的商业生态系统之路[J]. 浙江经济, 2012（2）: 32-33.

第五章　组织与机制创新：双创生态形成

国外大企业如苹果、谷歌、亚马逊、7-Eleven，国内大企业如京东、海尔、阿里巴巴等，都在构建平台组织生态的路上不断探索，在互联网思维下，构建组织生态成为企业组织变革的趋势之一。大企业搭建双创平台，打破企业边界，开放自身资源，吸引社会上创新创业者和创新创业团队的加入，使他们成为双创平台上的创客。在双创平台的联结和支持下，创客企业之间资源共享、互补共创，创客企业的发展又反作用于双创平台，促进大企业内部职能部门的市场化，形成生态化双创组织。

"过去的企业组织是有围墙的花园，强调秩序、等级、规则、边界，而未来的组织是没有围墙的生态化组织。"

在生态化双创组织中，双创平台就像森林中的"沃土"，孕育着许许多多的"生物"——创客企业。创客企业围绕某一产业开展不同的经营活动，生产、营销、技术研发、支撑性服务……双创平台上的专业化分工使得双创组织内部呈现"生物"多样性。所有"生物"共享双创平台提供的要素资源，"生物"之间相互关联、相互促进，创造出新的"营养物质"——产品、机制、技术、市场、资源配置方式等，不断回馈给双创平台，增强双创平台的能力，滋养着整个双创组织生态系统。

第一节
组织演化：生态化双创组织形成

双创平台连接大企业、大企业内部员工以及社会创新创业者等创新主体，形成一个开放的双创组织。为了适应内外部环境，自然界中的组织需要不断地演变进化，双创组织也不例外。双创组织需要不断吸收外部力量发展自己，通过持续内化以获得长足发展。其中，双创组织的演变主要包括三个部分，分别是外部创客的引进、企业内部创客化以及创客群的形成，这三个部分不是完全分割的过程，而是一个相互交叉、相互促进的动态演进过程。双创组织的演变既可以引进外部创客为开端，也可以内部创客化为开端。大企业引进外部创客入驻双创平台，外界力量的进入打破组织内在平衡，促进大企业内部创客化；由于内部资源具有有限性，当大企业仅仅通过内部创客化来激发组织的创新活力时，便会出现创新投入产出比随时间而降低的情形，因此大企业便会不断引进外部创客。在外部创客引进和企业内部创客化的过程中，互补性较强的创客自发聚集，形成创客群；同时，在创客向创客群聚集的过程中，组织中外部创客引进和企业内部创客化的进程也不曾中断。双创组织构架在外部创客引进、企业内部创客化以及创客群形成这三个部分的相互交叉、相互促进的动态过程中不断演变。

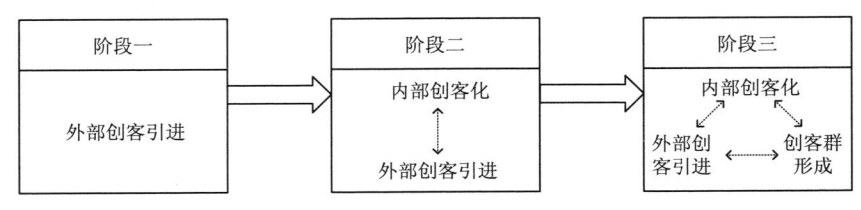

图 5.1 双创组织演变阶段

组织演变驱动力——创新

创新活动引起双创平台系统内的涨落，是组织演变的动力。创新是一个企业生存和发展的灵魂，是其不竭生命动力的来源。柯达曾是感光界当之无愧的霸主，1975 年，柯达发明了第一台数码相机，但是担心胶卷的销售量会受到影响，一直未敢大力发展数码业务。数码相机取代传统的胶片相机是必然趋势，传统胶片行业巨头由于不敢开辟新的产品市场，导致了其如今的衰败。一个企业只有不断地适应内外部环境，不断地通过创新进行调整和变革，才能避免衰败和被淘汰的命运[1]。

针对毛利润率低的现状，蒙牛在 2005 年推出了创新产品——特仑苏，特仑苏是第一个在中国市场出现的高端牛奶品牌。为了保证特仑苏的高质量，蒙牛对牛奶的产地、奶牛品种、牧草等资源的配置以及产品的生产、运输、仓储等环节的管理进行了革命性创新。特仑苏在上市后，以远超国家标准的高质量赢得了消费者的青睐。从 2012 年到 2016 年，特仑苏连续 5 年荣获"中国国际有机食品博览会"乳品金奖，这是对蒙牛多年来不断对特仑苏子品牌创新开发以及品质改善行为的最好肯定。

在熊彼特的描述中，企业创新包括产品创新、技术创新、市场创新、资源配置创新以及组织创新五部分[2]。从表面上看，特仑苏是蒙牛的产品创新的结果，实际上，产品创新还伴随着技术创新、市场创新、资源配置创新以及组织创新，并推动着整个行业的创新。特仑苏的推出打开了蒙牛以及整个牛奶行业在中国的高端市场，属于市场创新范畴，产品创新伴随着市场创新；消费者对特仑苏的反馈为蒙牛在产品创新方面指引了方向，市场创新反过来推动产品创新；消费者对特仑苏的认可意味着市场对特仑苏需求量的增加，高端品牌往往为企业带来更多的利润，故企业应该调整产品结构，即产品创新和市场创新推动企业对资源配置进行创新；特仑苏是蒙牛推出的第一款高端牛奶，高品质意味着对奶牛品种、牧草、牛奶产地、技术以及管理环节的高要求，产品创新促进企业在资源配置以及技术两方面的创新；当市场对特仑苏的需求形成一定规模后，企业必须抽调人员成立以特仑苏这一产品为核心的新部门，同时根据企业战略和实际情况调整组织构架，以适应企业的产品结构，这属于组织创新的范畴。特仑苏推出后，其他企业纷纷开展创新活动，进军高端市场，促进了整个行业的创新。

---

[1] 吴建材，谢永平. 商业生态系统演化发展及其动力学分析——基于自组织理论的视角[J]. 企业经济，2017，36（11）：96-101.

[2] 约瑟夫·熊彼特. 经济发展理论[M]. 何畏，易家祥，等译. 北京：商务印书馆，2020.

综上可知，产品创新、技术创新、市场创新、资源配置创新以及组织创新五者之间是相互促进、共同作用的，企业在创新时不能单纯地只考虑某一方面的创新，综合以上五个方面的创新有助于企业实现长期稳定的发展。

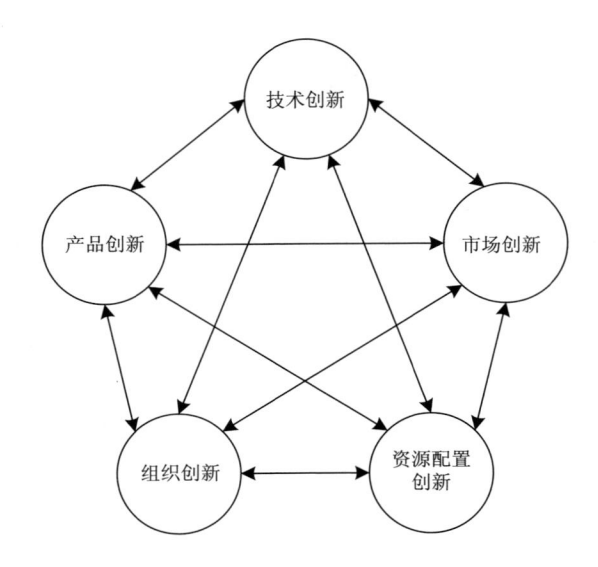

图 5.2　企业创新的内容和关系

企业创新活动既会影响外部创新活动也会受到外部创新活动的影响，企业如果单纯依靠内部资源进行创新，在面临人力、物力和财力诸多方面压力的同时，会出现信息闭塞、信息不对称以及技术壁垒等诸多阻碍。若将外部创新力量吸收进来，将为企业注入更多创新活力，但如果仅仅从外部引进创新力量而企业自身不做任何改变，创新活动也会收效甚微。因此，企业构建双创平台实现开放创新，既需要从企业内部激发创新活力，又需要引进外部创客，打开双创平台创新的大门。

外部创客引进

单个企业容易存在技术创新和研发投入不足、企业品牌意识不强、知识产权保护意识淡薄、政府的政策支持薄弱、引导和融资难等问题，这些问题不利于企业的成长，会使部分企业在新常态下面临被淘汰出局的窘境。这些企业渴望进入双创平台，获得共享的资源。双创平台吸引外部创新创业者和企业参加组织的创新活动，使其成为组织内创新主体的一员，既能为组织注入创新活力，又可以帮助创客在双创平台的支撑下成长。外部创客的引进打破组织内在的平衡状态，促进双创平台朝着生态化的方向演化。

双创平台要有一定的优势以吸引外部创客。对创客而言，优势资源能够为其提供竞争力，故能够为其提供多元化、稀缺的、替代性低且价值高的资源的双创平台才更有吸引力和竞争力。所以，当大企业从外部引进创客时，大企业自身需要具备比较优势的资源，这些优势资源应该满足种类丰富性、数量充足性和品种优质性三个特点。

2015年3月，新浪微博的产品经理张敏发现北京上下班的白领们在公交车上被挤得像"肉饼"一样，于是创立考拉班车，力图解决都市里的"打工人"上下班交通乘坐体验差的痛点。同年7月，滴滴推出滴滴巴士，与考拉班车同市场竞争，两个月后，考拉班车便因为融资失败而被迫解散。2015年4月，还在读大三的计算机专业学生罗勇林，凭借着自己对年轻人的了解和掌握的IT相关技术，用一款"聘爱"app迅速积累了数以万计的用户。3个月后，这款在学生圈一时爆红的app便因无法为公司带来盈利而被停止运营。

无论是张敏还是罗勇林，都具有一定的创新能力，但单打独斗未能成功，或因为资源优质性低且可替代性高，或因为本身资源价值水平低。双创平台背靠大企业，无论是企业自身的冗余资源量还是双创平台整合资源的能力都不容小觑。双创平台帮助创客企业吸收更多的资源和动力，整合大企业内外部的资金、品牌、信息、技术、管理、文化、人力、制造和市场等资源，向平台上的创客企业开放资源。

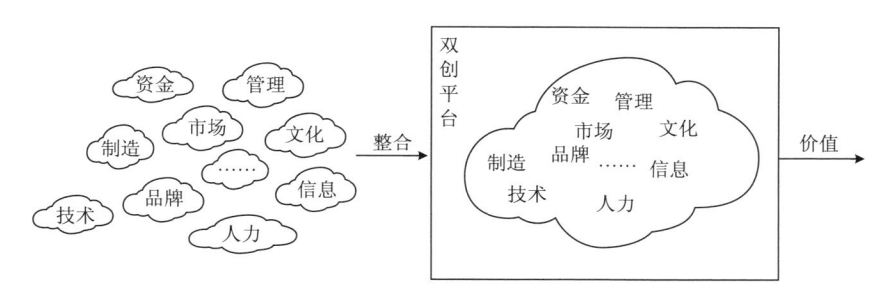

图 5.3 双创平台整合资源

加入双创平台的创客，既可以是社会上的创新创业者或创新创业团队，也可以是与大企业高度互补的成熟企业。双创平台作为中介连接了大企业和创客等创新主体，大企业投资社会上能为其创新活动提供助力的创客企业，为创客企业提供帮助。外部创客加入双创平台后，平台中的所有创客共享资源、互补共创，在双创平台中生存、扎根、成长。

对于一些创客而言，初入双创平台时，可能只是成立一个项目组，有一间小小的办公室，几张桌子，几名员工。此时创客企业正处于初创期，并不算是一个真正意义上的公司，仅仅以创业团队的形式存在，埋下创新创业的种子，开启双创之旅。这正是一个创业团队开创和寻找生存机会的时候，拼尽全力让种子发芽，才有可能成长为大树。初创期的创客企业的各种资源有限，缺乏专业财会人员，并且岗位权责划分不够明晰，业务流程相对简单、人员有限、分工不细致，往往依靠一个或者几个人创造收入和业绩，常常会出现"因人设岗"或"身兼数职"的现象。大企业为初创期的创客企业提供要素资源和支撑性服务，如启动资金、办公经营场地等硬件要素，解决创业者前期资源匮乏的痛点，同时，也为初创企业提供诸如财务、传媒、审计等职能管理服务，帮助创客企业在双创平台上快速成长起来。

荣事达智控系统的负责人，曾为某企业销售经理，自己创业失败后，加入荣事达双创中心，负责智能家居控制系统项目。该项目于2015年正式运营，短短六个月时间便实现了1800万元的销售额。他常说，过去自己只是个个体户，进入荣事达以后，才知道该如何去做企业，以及什么事能做，什么事不能做；在双创平台，收获的不仅是事业和财富，更多的是思想的升华、灵魂的洗礼。

经历了初创期但依然不成熟的创客企业，已经初具规模，此时的创客企业需搭建起组织架构以匹配自身生存发展需求。在双创平台的帮助下，创客企业内部的分工逐渐完善，并根据自身的发展需求开始成立各个部门，不断对组织构架进行调整。在此阶段，创客企业之间相互关联，并在价值创造过程中实现资源及价值的自由流动与交换，平台的垂直服务和创客之间的水平互补效应助力创客企业的成长和发展，帮助初创企业成长为一家独立的子公司。创客企业步入子公司阶段后，作为双创平台主导者的大企业会注重弥补创客的技术短板，在简政放权的同时，注重对创客的思想引领，不断规范子公司内部的管理，培养其独当一面的能力。在创客企业成长的过程中，平台中互补性较强的创客会聚集在一起，形成一个个创客群。

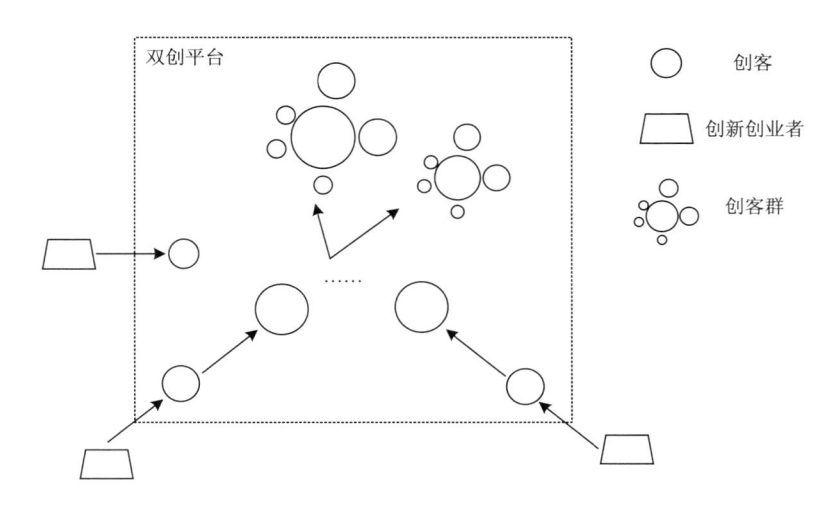

第五章　组织与机制创新：双创生态形成　　153

图 5.4　双创组织构架演变示意图（a）——外部创客引进

创客的成长

　　作为荣事达双创平台中的一名创客，淋浴事业部的现任总经理的第一份工作是在广东的一家洁具厂做了五年的普通工人，后来又转到设计和技术开发岗位，第二份工作是在杭州的一家工厂当企业经理人。十多年的工作经历，使他成为洁具方面的技术型人才，专长于设计和生产管理。

　　在当了多年员工后，他渴望拥有一份属于自己的事业，却苦于资金、品牌以及营销等方面的局限性，一直无法实现梦想。2015 年他加入荣事达双创中心，成立淋浴事业部，成为淋浴事业部的总经理，负责淋浴项目，销售荣事达品牌的淋浴产品，荣事达集团为其提供资金、品牌、渠道等要素资源并在财务和法务等方面给予指导。刚开始时，由于缺乏创业经验，人员较少，独自办公的淋浴事业部对很多信息不够了解，产品定位不准确，导致费用开支很大，项目亏损严重。

　　后来，淋浴事业部与发展比较成熟的卫浴事业部合作办公，卫浴事业部在经营管理上为其提供指导和帮助，加之他之前从事过洁具设计工作，对淋浴行业较为了解，在 2015 年底对淋浴事业部的产品进行调整，将淋浴屏（即热花洒）定位为核心产品，经过一系列的自身调整和荣事达集团的帮助，淋浴事业部很快步入正轨。2016 年沐浴事业部实现了收支平衡，2017 年开始盈利并投资生产，2019 年成立公司，并且，在此过程中其组织构架得到不断的完善。

荣事达双创平台中的创客聚集成事业群（即创客群），淋浴事业部隶属于家装建材事业群，于 2017 年在项目发展得已经比较成熟时与群内新成立的保险柜事业部合作办公，以老带新，在保险柜事业部的经营方向和经营思路、策略上给予指导，助力保险柜事业部的成长。

企业内部创客化

双创平台不仅是企业打开创新的大门，也是企业内部创新创业的沃土，助力企业激发内部"活力"。大企业搭建双创平台，在企业内部推行员工创客化以及职能部门的内部市场化，大企业内部任何有能力、有创业热情的员工都可以在双创平台上自主创业，成为双创平台上的一名创客。

在传统的科层制企业中，企业雇佣员工并根据组织的职能人为地划分企业内部的组织构架。除了企业的拥有者以外，其他的工作人员基本都是企业的雇员，他们朝九晚五，日复一日做着自己的工作，完成自己的任务，无论企业是盈利还是亏损，都只拿着基本的固定工资。多劳未必多得，这使得大多数员工缺乏创新精神和主人翁意识，对待企业创新是一副事不关己、高高挂起的态度，导致组织创新效率低下。

企业内部创客化可以帮助企业有效解决内部活力不足、组织创新效率低下的问题。针对企业内部缺乏活力、员工缺乏创新主动性的问题，海尔从 2012 年开始实施企业平台化、员工创客化，通过"平台型企业""小微""创客"等概念重塑企业的内涵，重新定位企业与员工的关系，鼓励人人创客。在人人创客的引领下，企业内的每一个人都可以成为一个创客，负责一个或多个项目，成为组织中的"合伙人"或"管理者"。这大大调动了员工的积极性，培养了员工的主人翁精神，给予每一位参与者平等的机会[①]。

企业内部创客化，既可独立于外部创客引进而进行，又受外部创客引进的驱动。内部创客化有两种形式，一种是内部员工创客化负责创客项目中的一项，另一种是企业内部职能部门市场化。第一种形式的内部创客化与外部创客引进共同驱动内部职能部门市场化。

---

① 屈燕妮. 平台组织与内部创业支持——基于海尔的案例研究[J]. 中国流通经济, 2018, 32（9）: 58-64.

第五章　组织与机制创新：双创生态形成

　　双创平台作为中介，为大企业创新引进了外部力量，但也打破了企业原有的平衡，企业面临着前所未有的挑战，这些新生力量驱动企业进行"自上而下"的组织变革，激活企业内部员工的创新潜力，促进双创组织的演变。

　　创客企业的生存和发展离不开大企业的支持和帮扶，这就像刚学走路的孩子，需要依靠外力才能站稳，等孩子会跑之后，才能到处撒欢。创客企业亦是如此，在创业前期它们缺乏经验，组织构架不完善，内部职能分工不明确且管理能力不足，需要他人的帮扶。一个只有十来个人甚至几个人的创业团队，人员本身就少，业务能力弱，如果再成立诸如财务部、法务部、传媒部等服务性职能部门，无疑是给艰难求生的初创企业再增压力，但是这些职能部门对一个企业来说却是必不可少的，因此这些对于创客企业而言必不可少而又比较沉重的职能工作便暂时落到了与其利益息息相关的大企业的身上。

　　双创平台是创客企业发展壮大的"助推器"，大企业内部各部门组织为双创平台中的创客企业提供各项职能服务和资源要素，相当于为"助推器"提供"燃料"。"助推器"能发挥多大的作用还取决于"燃料"的质量。双创平台在为创客企业提供服务前，企业内部员工缺乏创造热情和工作积极性，"燃料"的质量自然不高。随着大量的创客企业扎根双创平台以及创客企业规模的不断扩大，大量企业原来没有的业务落到大企业内部员工的肩头。员工没有拿到更多的报酬，却要做更多的工作，矛盾便会在内部不断积累，当组织的矛盾积累到超过临界值时，组织就会分崩离析。双创平台提供给创客企业的垂直化服务的质量不高，大企业内部员工的付出和报酬不对等，都会引起双创平台系统内的不稳定，导致整个双创平台系统内部变得无序。大企业应该如何应对这一挑战，使组织重新变得有序呢？

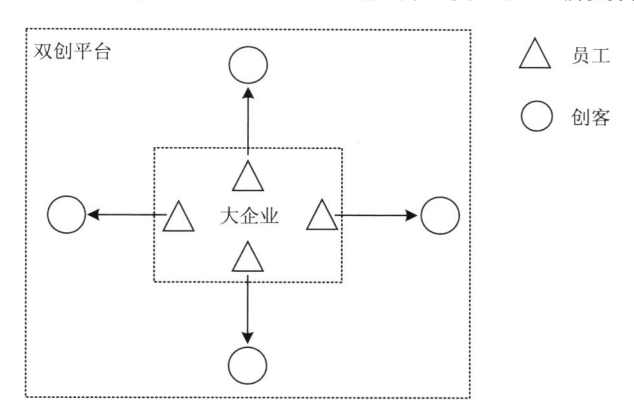

图 5.5　双创组织构架演变示意图（b）——企业内部创客化

答案是打破原有的平衡态，在企业内部进行自我变革与创新，将这些原本作为大企业内部的力量为创客企业提供垂直服务的职能部门创客化，成为双创平台上的创客企业，为其他创客企业提供服务。作为促进双创组织演化的重要驱动力之一，本章第二节将对内部市场化的前因后果进行详解。

大企业推行内部创客化，鼓励内部员工成为双创平台中的一名创客，是实现自身和员工双赢的举措。在实施内部创客化的过程中，大企业内部员工按照专业化分工的规则自发组织成一个创新创业团队，成为双创平台中的创客团队，团队内部成员各尽其责、分工协作，形成有序结构。大企业内部员工成为双创平台中的创客后，员工原本的"任务"变成了自身的"事业"，这不仅提高了员工的归属感，也激发了每一位员工的潜能。对员工而言，员工自发组织起来在企业内部进行创业，有创业激情和企业家精神的员工获得内部资源支持，从为他人打工变成自己创业，有机会实现自身抱负和理想。对于大企业而言，内部员工帮助大企业实现了创客化小经营，让企业在保持大企业规模的同时具备小企业的灵活性，这也激发了企业内部的活力，企业创新从组织层面渗透到组织内的每一位员工，为企业带来新的产品或服务，产生新的机制，创造更多的价值。

创客群形成

随着双创平台上专业化分工程度的加深，产品和服务的关联性促使创客企业聚集为创客群。创客向着良好的态势发展，为双创平台注入蓬勃的生机，双创平台像"磁石"一样吸引更多创新创业者和创新创业团队加入，随着创客企业数量的增加与企业规模的扩大，创客之间的专业化分工越来越明显。双创平台聚集了大量目标一致的创客，随着创客企业的成长和壮大，产业链愈加丰盈，双创平台也不断发展壮大，品牌效应逐渐形成，吸引更多的相关创新创业者、创新创业团队、中小企业以创客的身份加入。

在这个过程中，具有专业优势的创客企业迅速成长，开始向两个方向分化：一个方向是创客企业通过纵向延伸进行产业链整合，形成集团化企业和企业内部市场；另一个方向是创客企业继续向专业化纵深方向发展，在自己的领域内更加专业，促进平台组织专业化分工程度的加深。随着双创平台中创客企业分工与专业化程度的不断加深，双创平台由"单中心"演变为"多中心"。生产相同或相近产品的创客企业之间的业务存在着一定的相似性和关联性，彼此之间有着密切的交流合作，围绕着一个中心聚集成群。将每一个创客公司看作一个点，点聚集成群，平台上的众多创客企业围绕着各自的中心聚集成一个个"子创客群落"，每个创客群都有一个中心，点与点之间的交流与合作变成一个中心与另一个中心的交流与合作。

创客群中发展较好的创客企业，进一步投资子公司（如生产企业、销售企业、研发企业等），裂变出新的创客公司，加快了项目库的快速落地。

总的来说，双创组织的演变首先是大企业以双创平台为依托，投资与企业战略和业务关联度较高的创业项目，或引进平台外部的创新创业者、企业加入双创平台，或在企业内部推行内部创客化，创客企业在双创平台的扶持和帮助下生存、扎根、成长。同时，大企业内部员工为创客企业提供垂直化帮扶，伴随着创客企业数量的增加和规模的扩大，大企业内部员工不断增加的工作量和收入之间的不匹配、大企业垂直化帮扶服务的质量和创客企业对服务的期望水平之间差距的增加，引起双创系统内的涨落。该涨落驱动了大企业内部进一步的组织变革，大企业将内部职能部门市场化，使其成为双创平台的一名创客，促进了双创组织的演

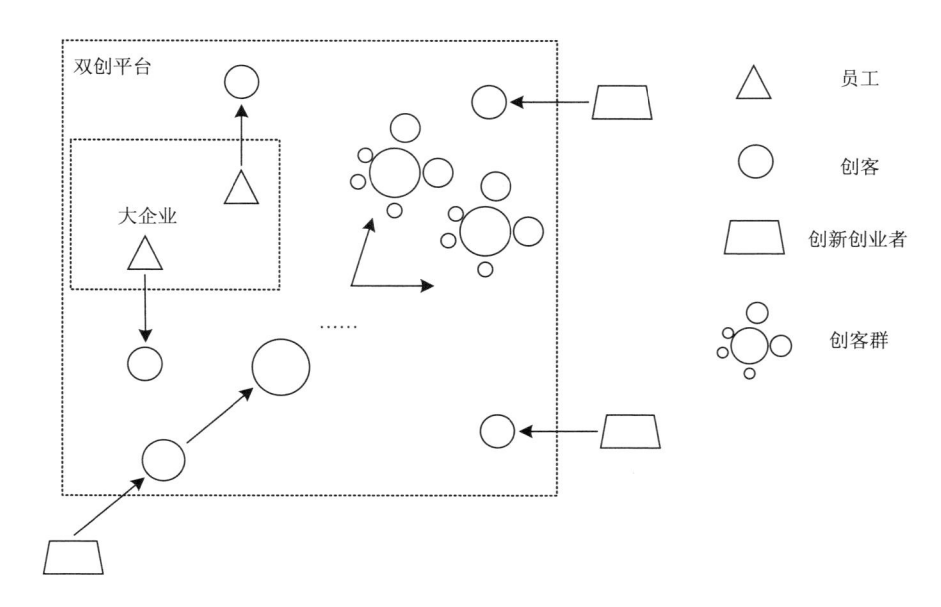

图 5.6 双创组织构架演变示意图（c）——创客群形成

变。随着组织中的创客企业越来越多，规模越来越大，创客企业之间的合作互补促使同类型或相互联系比较紧密的创客企业聚集成群，形成双创平台中的创客群，创客群具有个体不具有的新功能。

生态化双创组织

在创客企业不断加入和发展的过程中，随着创客企业与大企业之间的垂直交互、创客企业与创客企业之间的水平交互程度的加深，双创组织中产品创新、技术创新、市场创新、资源配置创新以及组织创新等创新活动相互依赖、共同作用，推动着双创组织的演变。同时，双创组织内不断产生新的机制，以协调各创新主体之间的关系并提高创新效率，使双创组织逐渐生态化。

荣事达双创平台以打造智慧全屋为目标，各创新主体的生产经营活动推动着双创组织中产品创新、技术创新、市场创新、资源配置创新以及组织创新等创新活动的持续进行。

产品创新：创客企业以打造智慧全屋为目标，在产品具备传统家电和家居产品功能的基础上不断推出功能新颖、外观吸睛、质量过硬的智能单品，并定期完善市场中现有的产品，弥补自身产品的劣势。

技术创新：新产品的推出离不开技术创新，技术创新促进产品创新，产品创新反推技术创新，双创平台上的创客以推出具有竞争力的智能家居产品为目标，通过合作互补开展技术创新活动。

市场创新：智能家居是近些年新兴起的产业，客户群体尚未成型，市场潜力巨大。双创平台中的企业从产品需求端进行创新，以广告公关、更新价格策略等方式保证企业产品的有效供给。

资源配置创新：在双创平台引进外部创客后，为保障创客企业的生存与发展，对资源配置进行创新，对大企业来说是不可或缺的。大企业有必要对人力、物力和财力的分配进行不断调整，以适应双创组织内外部环境的变化。

组织创新：随着双创平台中创客越来越多，大企业职能部门为创客提供的服务越多，员工不断增加的工作量和毫无起伏的收益，使得员工工作积极性降低，进而驱使大企业开始探索企业内部的组织创新。大企业实施内部创客化，内部员工成为双创平台中的一名创客。此外，双创平台中创客企业之间的合作互补促使同类型或相互联系比较紧密的创客企业聚集成群，也属于组织创新的范畴。

双创组织是一个开放的系统，系统内各个主体的创新创业活动相互促进、相互依赖，驱使系统不断经历一个打破平衡再重新达到平衡的过程。双创平台上的创新创业活动会受到社会、经济、政策、文化等多方面的影响，并不断与外界发生资金、技术、信息、人才的交换。在企业内外部环境的影响下，双创系统不可避免地处于非平衡的状态。在非平衡的状态下，系统内各主体不断进行的技术、产品、市场、资源配置以及组织等方面的创新，就像一个黑匣子一样源源不断地为双创组织注入新的能量，引起系统的涨落，驱使双创系统向着平衡态有序演化。随后，不断变化的内外部环境会再一次使系统变得无序，系统平衡态被打破，新的能量如外部资金、先进技术等的进入再次引起系统内的涨落，再次驱使系统向平衡态有序演化……双创组织经过不断的变革与创新，新的协调机制层出不穷，成为一个由大企业和多个创客群组成的生态化双创组织。

在生态化双创组织中，双创平台是创新创业的基石，是创客开展创新创业活动的项目平台。双创平台犹如一块有待开发的土地，大企业所有的项目资源都聚集在平台之上，对外吸引创新创业者加入，对内号召企业员工"人人创客"。这是一个吸引项目入驻的平台，也是一个将项目一一实现的平台。大企业以双创平台为媒介将企业业务项目化，整合企业内外部资源，吸引创新创业者加入，鼓励内部员工和创业者创客化，利用双创平台为创客提供资源服务以及赋能支持，形成双创组织。组织内的创客企业共享资金、品牌、信息、技术、管理、文化、人力、制造和市场等资源，在组织机制的协调下，形成合力，实现共同发展。创客企业将从互补共创中取得的部分营收投资于新产品研发、技术研发、市场拓展等创新活动，创新活动产生的价值属于整个双创组织，双创平台再将这些价值转化为资源服务和赋能，支持、滋养更多创客。生态化双创组织循环往复地经历上述过程，自发运转。

生态化双创组织是一个"去管理化""去权威化""去中心化"的共生共创系统，所有的创客都是平等独立的个体，自主经营，自负盈亏。

作为双创平台的搭建者，大企业也是双创组织众多创新主体中的一员，大企业将按照经营环节划分的传统业务拆开，以用户价值为核心进行重新组合，构建创业项目库，创客负责全项目进程，组织更加灵活、自主。大企业与所有创客均是平等独立的个体，大企业的角色发生了转变，其管理内容不再是监督与发号施令，而是为创客提供服务；双创组织中所有的创客企业自主经营，大企业也不再

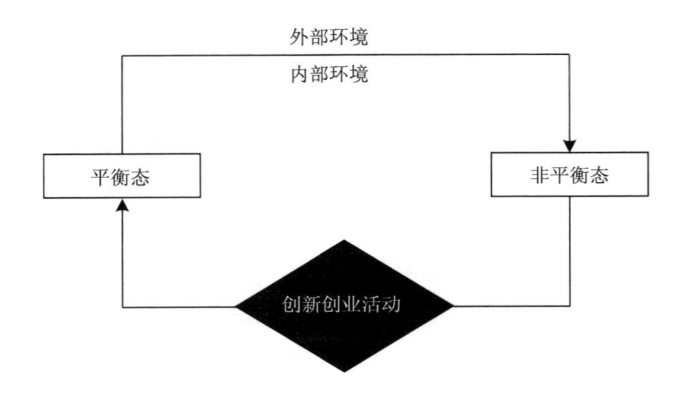

图 5.7　双创系统的动态变化

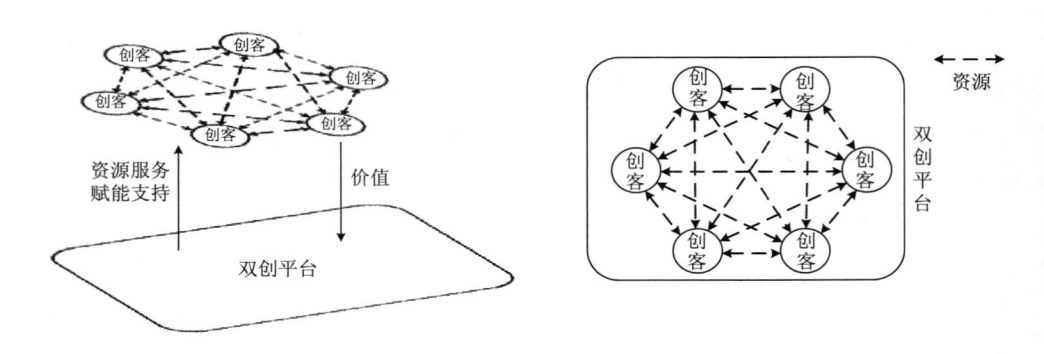

图 5.8　双创平台与创客、创客与创客之间的要素流动示意图

是双创组织中的权威。组织的发展方向不再由大企业事先制定，规则由参与者共同商榷，创客企业的经营管理由创客负责。创客就是自己的权威，大企业只在创客企业的发展方向偏离组织目标时加以指正和帮扶。双创平台的"中心"不再是大企业的高层管理者，而是众多创客企业，每家创客企业都是一个小的中心单元，每个创客都为双创平台发展提供动力。小米就是典型的"去中心化"组织，除创始人在合伙人层级担当总负责人之外，组织中的每一项任务都由对应的合伙人独立负责，企业的决策不再由领导拍板，而是由熟悉具体业务的下级负责。"去中心化"组织的决策产生方式赋予下级足够大的权利，同时下级也应该承担起应负的责任，共同推动组织目标的实现。

荣事达双创的组织演变

荣事达集团曾是一家传统家电制造企业，当前智能家居行业的飞速发展为荣事达提供了新的机遇和前所未有的挑战。荣事达以智能家居全产业链为核心进行产业创新，智能家居全产业链布局以及智能家居所涉及的物联网、大数据、云计算、网络通信等计算机技术需要企业付出更大的人力、物力和财力。

为完成智能家居全产业链的布局，荣事达集团搭建双创平台——"荣事达双创中心"，开放企业资源，面向全社会招募合伙人，成为双创平台的一名创客。荣事达集团对创客企业实行分阶段精准扶持，初创期的企业只需专注于核心业务和自身所专长的领域，不擅长的部分可交由集团内部职能部门代管。经历了初创期，创客企业初具规模，组织内部出现分工，创客公司搭建起组织架构以匹配自身生存发展需求，成为荣事达集团的一家子公司，在荣事达集团本部的帮助和协调下不断完善企业的职能结构。荣事达精简组织结构，将集团本部的职能部门内部市场化，成为创客企业，为其他创客企业提供职能服务，最初垂直化的帮扶变成水平化的合作互补。

随着时间的推移，荣事达双创平台上的创客企业生存下来并成长起来，产业链愈加丰盈，双创平台不断发展壮大，品牌效应逐渐形成，会吸引更多的相关创业者或创业团队、中小企业加入双创平台。根据产品的互补性和相关性，荣事达双创平台上不同的创客公司围绕着不同的中心聚集成家装建材群、全屋定制群、渠道生态群、服务生态群、智能家电群和智能家居群。

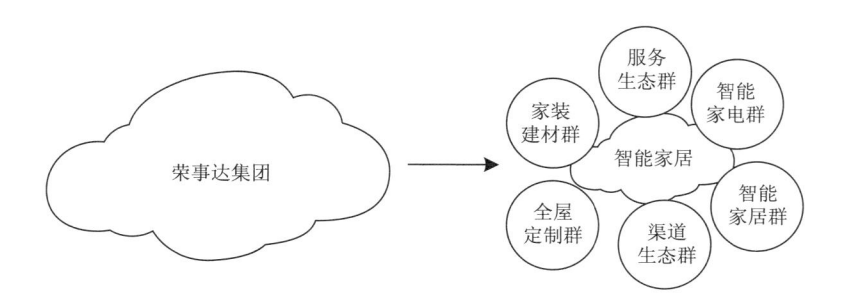

图 5.9 荣事达事业群的形成

互联网的发展与成熟带来了智能家居产业的浪潮，虽然众多企业纷纷进军智能家居行业，但智能家居行业仍然是一片蓝海，这为身为传统家电制造企业的荣事达集团提供了新的发展机遇。在机遇和挑战面前，企业原有的组织构架和管理方式已经跟不上时代的脚步了，企业只有适应时代要求，不断自我变革与创新，才能保持基业长青。在荣事达集团从传统的家电制造行业到智能家居产业的转型过程中，市场对产品需求的变化、产品所需求技术的革新、企业所面临政策的变动以及企业内部人员的变动等因素改变了利益相关者之间的关系以及集团原有的状态，打破了系统原有的平衡，组织内部变得无序，这迫使企业进行组织变革，推动荣事达集团的平台化进程。

在荣事达集团平台化的过程中，合伙人的引进是必不可少的环节。合伙人可以是某一自然单位（创客）或创业团队（创客团队）、制造工厂、经销商户、技术所有者、小微企业等个体组织，具有经营要素中的某一项或多项优势，如技术、营销、制造、渠道、管理等。荣事达投资创新创业团队和项目，与创客签订合作协议共同投资智能家居项目，对智能家居产品的研发、生产、销售等活动进行投资，成立合伙企业，将外界创新力量引入平台内部。

在荣事达集团本部职能部门为创客服务的同时，不断会有创客进入双创平台，权责不清的问题会激发双方之间的矛盾。为满足创客企业的需求，使创客企业获得更专业的服务，必须要协调大企业帮扶和创客企业需求间的关系。

经过不断的变革与创新，新的协调机制层出不穷，荣事达双创平台成为一个由多个"生物群落"组成的双创生态系统。荣事达双创生态系统的一大特点就是自发性。自发性体现在两个方面：一是产品和技术方面的自发性创新，二是机制和组织构架的自发性演变。创客企业之间合作互补，如果一方所提供的产品或服务无法满足另一方的要求，那么合作就无法达成，创客企业在合作互补中相互提高，激发了企业内部创新"因子"。外界力量的加入和企业内部力量的激活，丰富了双创平台的创客类型，在众多创客的交互过程中难免会出现"摩擦"，在解决"摩擦"的过程中会产生新的机制并重构系统内创客企业之间的关系。创客企业的成长不仅加强了双创生态系统的力量，还吸引了外界创新创业者的自发加入，壮大了双创平台。

第二节
内部市场化：双创组织的"蝶变"

大量创客聚集在双创平台，必然会为企业带来更多新的价值。为了让进入双创平台的创客企业蓬勃发展，大企业需要为创客的创新创业之旅提供法务、财务、人力、传媒以及技术等多元的垂直化服务，从而保障创业活动的顺利开展。

大企业的各个职能部门为创客提供垂直化服务的同时，也会受到企业本身经营利润和成本投入等相关因素的约束。大企业为创客们提供的服务却在某种程度上变成了管控和约束。如果进入平台中的各个创客由接受服务变成了受到管控，必然会出现创业活动因受到诸多限制而难以顺利开展的问题，加之由于大企业各个职能部门人员受到内部环境约束，缺乏与外部的信息交流而缺乏支持双创活动的动力和活力，就容易导致服务效率低下。总而言之，大企业内部各部门无法及时为创客提供准确有效的服务，这既会导致企业本身构建双创平台的运作效率低、发展慢，也会使双创平台在引进外部创客时缺乏足够的吸引力，不利于双创平台的良性发展。在这种情况下，大企业鼓励在企业内部开展双创，这成为企业寻求进一步推进双创活动的关键解决方案。通过内部员工创客化和外部创客引进相结合，构成企业双创系统。

企业内部员工创客化作为企业顺利开展双创活动的关键一环，也会出现因为各部门内部效率低而无法顺利开展的情况。因此，为保证企业内部创客化能够为双创组织提供更多的助力，需要激活每个个体的动力和活力，进而激发部门的能动性，使企业内外部的创客能够有效关联，共同完成企业的双创活动。内部市场化的提出，有效改善了企业内部出现的个体活力缺乏的情况，最大限度地调动各业务模块负责人的工作积极性与创造性，提高管理和营销效率，从而在市场低增长压力下实现业绩的逆势增长。

生态裂变——激活个体

双创平台为企业打开创新的大门，企业不断引进外部创新力量，以激发企业的创新能力，但由于企业要为双创平台的创客提供帮扶，故当企业内部创新能力和活力不足时，将难以支撑外部创新活动的顺利进行。为支持创客创新创业活动的顺利进行，大企业职能部门为创客企业提供职能服务。但是，大企业内部资源分配方式就像"吃大锅饭"一样，员工们工作量的多少、工作内容的复杂程度、项目设计水平的高低、项目执行难易程度，与员工们所得收益多少并不显著相关，各个部门所得与其在价值链中的贡献并不匹配，员工和部门经营者的积极性低下，企业内部缺乏创新力和生机。

激发企业的活力，需要从内部开始，在企业内部推行创新创业——内部市场化，实现从"吃大锅饭"到"包产到户"的转变，以激励员工的工作积极性。

既不同于"简政放权"，也不同于"承包租赁"，企业内部创业是指在保持企业整体性与一致性的基础上，将外部市场的竞争机制引入企业内部，对原来集中管理的各职能部门实行分权管理，以企业各职能部门作为企业内部市场的经营主体。采购部门演变成一个商贸公司，生产部门演变成一个制造厂，销售部门演变成一家营销公司，内部市场化后的企业职能部门成为"内部咨询企业"。原有企业内部的供需关系转变为自由买卖的交易关系，每个部门都有交易行为，都有收入，而且还有体现经营成果的利润核算表，根据各个部门在价值链中的贡献分配所得。采购部门将采购回来的原材料出售给生产部门，生产部门将制造出的产品出售给销售部门，销售部门最终将产品卖给消费者，价值的流向与产品相反。

在产品和价值对流的过程中，生产部门是采购部门的内部客户，销售部门是采购部门的内部客户，消费者才是整个企业的外部客户，只有内部客户满意才能最终让外部客户满意。内部市场化的采购部门、生产部门等也从原来的"成本中心"变成了企业的"利润中心"，不仅对内服务，也对企业外部开放，成为一家服务机构。国际商业机器公司（International Business Machines Corporation, IBM）就把人力资源部门市场化，变成一种被称为"劳动解决器"的自治业务单位，每年为公司节省几百万美元，同时还将劳务输出到其他公司。

内部职能部门市场化后，原先的管理者不再是严格意义上的"管理者"，而是一名"经营者"。经营者既可以为内部客户提供"产品",也可以向外部客户提供"产品",同时经营者必须对自己的部门负责。如果生产部门制造的产品缺乏竞争力,销售部门有权拒绝购买,而如果采购部门采购的材料质量一般、价格偏贵,生产部门也有权拒绝购买。若采购部门在期限内拿不出物美价廉的材料,生产部门也就难以制造出质量上乘的产品,就无法创造出丰盈的利润。为了企业的利润,公司完全可以考虑外包采购或者生产。对企业来说,生产部门或采购部门也就无法为企业创造价值,不能创造价值的部门,也就没有存在的必要。各个部门的经营者为了创造价值,必须不断提高自身业务能力,增强竞争力。同时,为了实现各部门的一致目标——企业利润最大化,各部门主管必须加强部门之间的交流合作。

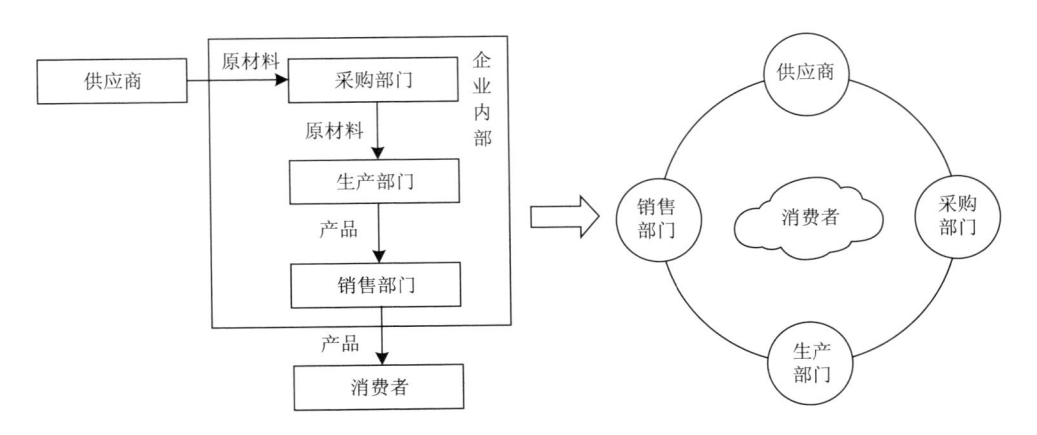

图 5.10 内部市场化前后各部门间的关系

通过内部创业活动将企业非核心部门市场化,促进了企业间的协作和专业化分工,打破了条块分割、"大而全、小而全"的状态,提高了市场经济的专业化分工水平。每个员工都有经营指标,每个生产者都是经营者,每一件事都注重投入产出比,每种生产要素都有价格,每天都知道经营成果,每级市场都能有效控制[①]。内部创业活动帮助企业实现了权力下放、责任下放、利益下放,并打破了各部门之间利润均摊、权责不清的状况,调动了下属部门和员工的积极性。

大企业的目标是聚焦产业,围绕产业划分项目库,构筑双创平台,引进创客。

---

① 路金波. 企业内部市场化解析[J]. 西北大学学报(哲学社会科学版), 2003 (1): 23-26.

如前所述，并不是每一个创客都能加入双创平台，平台中心任何一位创客的创新创业活动皆围绕着大企业的产业目标展开。初踏创业征程的创客缺乏经验，其初创企业规模小、职能不完善，难以保证创客项目的存活和发展，在初创期，大企业的职能部门为其提供法律事务、财务、审计、传媒、人力资源等垂直化服务。

加入荣事达双创平台的创客负责的必须是属于荣事达智能家居的项目，所有创客和创客的经营活动都是以智能家居为核心的，荣事达需要保障下面每一个项目的顺利进行，助力每一家创客企业的成长。在项目开展初期，集团本部职能部门为创客提供垂直化服务，很大程度地精简了创客子公司的组织构架，为创客节省管理费用的同时也提高了相关业务的效率和质量，使创客有更多精力专注于提高自身的核心竞争力，缩短创业期。荣事达双创平台不仅仅是为创客提供资金和办公场所的创业孵化平台和创业者交流平台。更重要的是，"平台实实在在地为创业者提供发展路径、生存之道"，为创客提供帮扶和支撑服务，如人力资源服务、广告服务、政府项目申报服务、物业服务、财务管理服务等。

老板与员工是天然的"敌人"，老板希望员工能够加班加点地推进工作进程，员工想的却是尽可能舒适地度过工作时间。创客加入双创平台，大企业职能部门担负起为其提供垂直化服务的工作，工作量增加工资却没有得到实质性变化，员工积极性便会降低，抱着为了完成工作而工作的心态，导致工作效率低下，垂直化服务的质量也会大打折扣。

创客项目由大企业和创客共同投资，大企业职能部门为创客企业的日常经营活动提供一些垂直化服务时，不由自主地便会在服务中代入管理的思想。创客追求的是独立经营，大企业职能部门的服务在一定程度上是对创客的管控，二者难免会相看两厌，也会出现权责不清的问题。随着双创的持续推进，双创平台上的创客越来越多，创客公司发展规模不断扩大，大企业职能部门的业务量也水涨船高。大企业职能部门的工作内容依然如故，创客公司需要的服务却不再局限于原来的服务内容，需求和供给的不匹配，会进一步激化创客和大企业职能部门之间的矛盾。

大企业内部员工工作积极性低下以及创客与大企业职能部门之间的矛盾是垂直化服务的两大弊端，这触发了企业内部市场化。创客需要更加专业化和深入的垂直化服务，大企业职能部门需要激励机制调动员工的工作积极性。大企业推行内部市场化后，服务提供者与创客之间的上下级关系变为面对面的合作关系。内部市场化后的职能部门变为一名创客，由无偿为创客提供垂直服务变为有偿与其他创客合作，员工持有股份，摇身一变成为企业的合伙人。其他创客由无条件接受企业职能部门的服务和管控变成有偿获得服务型创客所提供的个性化服务。

大企业垂直效应在一定程度上对企业内部市场化具有驱动作用，企业内部创客会充分激发自身潜力，通过与其他创客的公平竞争获得更多的资源和服务，不断完善自身的双创子项目，并通过与其他创客的竞争获取更多创业动力，实现自己创业过程的跨越式发展。

当荣事达集团为创客提供垂直化服务时，集团内部的职能部门便具有了服务性质，故也具备了市场化的基因，双创的垂直效应驱动着集团内部职能部门的市场化。所以荣事达在企业内部引进市场价格机制和竞争机制，将法律事务、财务、传媒、审计等原本为创客提供垂直服务的部门内部市场化。

荣事达集团财务本部为创客企业提供财务管理方面的帮扶，当财务本部内部市场化成立三品财务后，其与创客企业的关系也就变成了水平的合作伙伴关系，"帮扶"变为"服务"，由无偿变为有偿，服务也更加专业。

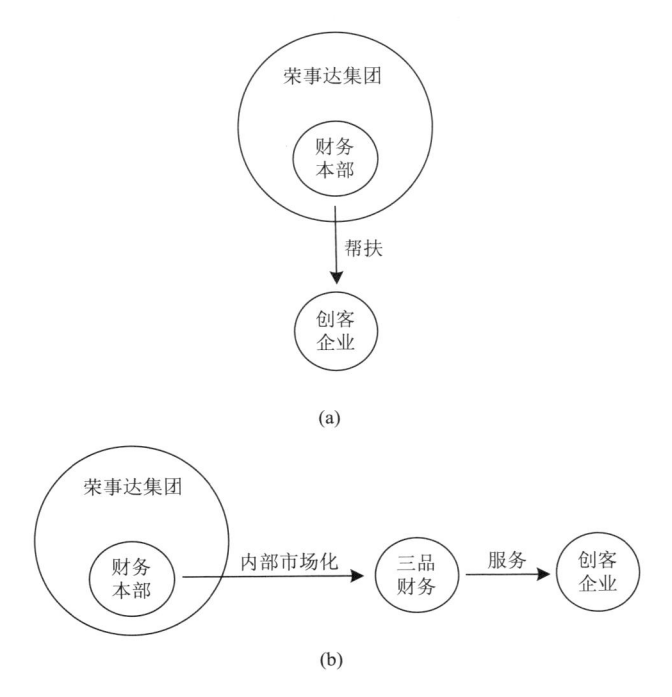

图 5.11 荣事达职能部门内部市场化前后与创客企业的关系

互补共生——聚能共创

"天下熙熙,皆为利来,天下攘攘,皆为利往。"商人,无利而不往,大企业的职能部门在市场化之前,免费为其他创客提供服务,没有报酬,工作的好与坏对本身并无影响,大企业职能部门做的是自己的本职工作,完成即可。市场化后,服务型创客的工作是让顾客满意,需要尽可能地招揽业务。内部市场化增加了市场化部门的主观能动性,做别人的事也等同于做自己的事,所得收入与价值输出相匹配,员工为创客企业提供服务的同时,也实现了多劳多得。

市场化将竞争引进双创平台。内部市场化后的职能部门变为双创平台上的服务型创客,与平台上的其他创客成为甲方和乙方的关系。乙方所提供的服务若不能满足甲方的要求,甲方有权拒绝与乙方的合作并寻求与其他服务机构的合作。为了增强自身的竞争力,更好地服务双创平台上的其他创客,使创客满意并建立合作伙伴关系,内部市场化的创客会更加严苛地要求自己,主动增加服务意识、拓展服务类型。

内部市场化依然有别于真正的市场化。内部市场化部门与其他创客均由大企业投资,同属于双创平台。与平台外部相比,内部市场化的职能部门提供的服务价格更低,对相关业务具有更高的熟悉度,能为其他创客提供更加优质的服务;空间上的集聚和共同目标的一致性,使双方之间的交流沟通更加便捷,在合作过程中,一旦出现不合理之处,易于追责,双方互补性更强。

在 21 世纪的今天,单枪匹马地开展创新创业活动将会使所有的愿景和展望都归零,你死我活的竞争最终只会是两败俱伤,这既会造成企业资源的白白损失,也会使创新创业收效甚微。所以在创客间良性竞争的基础上,双创平台更应该鼓励创客间的合作,在竞争中合作,共同推进双创平台的繁荣发展。创客本身也需要树立一定的合作意识,只有具备合作意识和团队精神,才能更好地完成创客自己构建的项目,以达到共同成长的最终目标。

内部市场化后,创客企业之间的合作是多元化的,创客之间的合作可以表现在以下几个方面:

创意合作。技术的革新首先来源于好的创意,但是要把一个好的创意转化成现实却难之又难。单打独斗的创客,相比于那些乐于将创意分享出来的创客,虽也不乏成功的例子，但也如倒悬之危，着实不易。创客们乐于分享交流自己的创意，在保护自己、获得更多帮助的同时，也能开阔视野，改善自身思路，使自己的设计项目更有深度，也使创意更具备合理性、可行性和不可替代性。

技术交流。将创意转化为现实需要创客具备多个角度的技术技能，但可能产品技术要求较高，单个创客并不能掌握完备的知识技能，需要多个创客甚至多个创客群共同合作以实现产品的落地。同时，其他创客也可以对产品的方案设计、产品内部结构、所需技术的补充和改善以及后续产品优化的方案提出建议，为项目执行创客提供有力的支持。

产品设计。产品设计的内容主要包含产品的外观、结构、材料、性能、体积等，只有创客间的交流合作，才能够使产品具备更丰富的功能，提升后续用户对产品的使用体验感。

渠道共享。在产品落地后，后续需要一定的渠道才能让产品真正流入市场。其中，渠道主要包括线上和线下两个维度，通过创客的沟通合作可以更高程度地拓宽渠道以及获得渠道上的交叉合作。在服务支持、产品营销、商机推荐等方面，创意可以通过合作交流促进双方的可持续发展。

后续产品改善。创客产品落地后仍需要通过后续用户反馈不断对产品进行完善更新。要做到产品被消费者和市场接受，更需要创客在对双方产品的功能、质量等方面的完善上进行合作，在不断地改进后，让后续生产的产品更能被市场接受[1]。

以荣事达双创平台中的三品传媒与其他创客的互补关系为例。成立之初的三品传媒，其目标是拓展业务范围、提升业务能力，先实现自给自足再寻求利润。价值来源于劳动输出。为求生存，三品传媒需主动寻求与双创平台上的其他创客的合作；同时，刚刚成立的创客项目也需要三品传媒的帮助，双方一拍即合。三品传媒以更低的价格为其他创客提供产品宣传、市场营销策划、广告等服务。三品传媒的一位负责人表示："机遇是很重要的，自身的'刻苦'亦是发展的关键。"双创平台为三品传媒提供了发展的机遇，但若三品传媒的服务达不到客户的要求，双创平台上的其他创客便会另寻他人，这就要求三品传媒必须严格要求自己。"冰冻三尺，非一日之寒；为山九仞，岂一日之功。"三品传媒在为众多创客服务的过

---

[1] 造物世界.创客教育合作和分享是创客非常重要的环节[EB/OL].（2019-12-05）[2020-02-23]. http://www.wocreation.com/m/newsview.aspx?nid=494.

程中，自身能力也逐步得到了提升。

创客创业项目成立之初，服务型创客为其提供职能服务，并伴随创客走过初创期、成长期和成熟期，为创客解决职能上的后顾之忧，支撑创客的成长。同时，创客企业在成长过程中，也会对服务型创客提出各种各样的服务要求，助推服务型创客的成长，双方互为补充，相互促进，共同成长。

打破边界——创造增量

随着创客的不断进入，创客公司规模、业务类型不断增加。创客子公司职能部门的重复设置、岗位重叠，导致了双创平台内部交易成本增加和资源浪费等现象的产生，创客和大企业内部职能部门之间的矛盾不断积累，促使大企业职能部门进行内部市场化，初衷是为了更好地为双创平台上的其他创客提供服务。

内部市场化伊始，服务型创客只是为双创平台上有需要的创客提供专业化服务，创客公司的成长过程也是企业内部职能部门不断完善的过程，创客公司对服务型创客的服务需求必然会有所减少。服务型创客公司的规模在不断扩大，业务能力不断提高，双创平台上其他创客的需求不一定能够使其业务量达到饱和；同时，服务型创客也拥有了对外服务的能力。这时，服务型创客的工作重心将由以对内提供服务为主转向内外部兼修，内部市场化后的职能部门打破双创组织的边界，走向社会，在保障基本业务的同时为双创平台创造更多的增量。

简而言之，内部市场化就是一个引擎，引爆大企业组织内部的彻底变革，人人皆可为创客，激发了企业的内部潜能。创客企业的成立与发展驱动大企业职能部门的内部市场化，职能部门变为双创平台上的一名创客，与其他创客形成水平互补的关系，在为其他创客提供职能服务的同时实现互补共创，在自身能力和收益得以提高的同时也为被服务的创客创造增量。当其发展到一定的广度和高度时，便具备为双创平台外部客户服务的能力。原来保障创客创业项目生存发展的服务逐步转向市场化服务，双创平台从以产品为导向向以服务为导向延伸，整个双创平台的客户不再局限于市场消费者，社会上越来越多的企业也将成为其客户，在为双创平台创造增量的同时也向外部企业传递了双创服务理念。内部市场化部门的社会化进一步打破了双创边界，使双创平台更加开放，吸引更多创客加入，为双创生态的可持续发展提供动力。

> **案例：企业内部市场化——荣事达双创之三品法务**

企业组织中的任何一个部门都可以进行内部市场化。根据实行市场化部门的不同，可将内部市场化企业分为制造型、研发型、服务型、经营型、财务型五种类型。

以企业的法律事务为例。市场经济就是法治经济，企业的整个运作过程都离不开法律的庇护。对任何一个企业而言，无论大小事务，从企业的登记成立，到注销清算，以及整个运作过程都离不开法律服务。法律风险无处不在，无时不有，依法治企，合规经营，有效地识别和防范法律风险是企业实现可持续发展的基本前提。初创企业规模小，对常规法律事务处理能力有限，若自建法律事务部门，则面临着高昂的管理成本和资源的闲置。当创客加入荣事达双创平台后，为解决创客的后顾之忧，让其专注于自身所长，荣事达为创客提供专门的法律服务。荣事达集团法务本部为创客企业提供法律事务托管服务，负责公司文件合同的起草、整理、归档，印章的管理，合同的审批，劳动关系的处理等法律事务工作。

一方面，法律事务工作贯穿企业整个的经营管理过程，业务量比较大，而且比较复杂，常常很难预测。荣事达集团法务本部的人员有限，需要为双创平台的多家创客公司提供法律事务托管工作。繁重的工作使他们不可能较深入地参与每一家创客公司的经营活动过程，故对创客公司经营活动过程中产生的风险也很难防范，难以满足众多创客公司多样和不均衡的法律需求，更多地只是扮演为创客公司提供合同范本以及充当解决临时法律事务问题的"救火队"角色。另一方面，随着双创平台规模日益扩大、业务类型不断增加，创客的法律事务工作和集团层面的法律事务工作交织在一起，法务本部工作人员的待遇未得到实质性改善，业务量却不断增加，法务人员工作积极性便会降低，服务质量大打折扣，集团内部和创客公司对法务部门工作的满意度就会越来越低。在双创平台的驱动下，为了解决集团法务本部所提供的服务与创客公司需求不对等的矛盾，充分发挥法务人员的价值，提高法务服务的质量，荣事达集团将法务本部内部市场化，成立更加专业化的法律事务服务公司，专注于创客公司的法律事务，服务的性质也由之前的无偿变为有偿。

（案例分析）法务部门内部市场化之后，和其他创客是甲方和乙方的对等关系，有偿为创客提供更加专业化的法务服务，提供从企业的登记成立，到注销清算，以及企业与股东、员工、客户、供应商、债权人和其他利益相关者的合同管理等全套服务。创客也有权利选择是否接受三品法务的服务。但有别于社会上的法律事务所的是，三品法务和其他创客公司同属荣事达集团控股，其服务更加可靠、性价比更高。将公司的法务工作交给三品法务，企业不用担心外包的服务律师是否能够做到相对固定，以及能否妥善保护企业的商业秘密和个人隐私的问题。三品法务的成立，很好地弥补了传统企业法律顾问服务在能力全覆盖、及时响应和机制方面的缺陷，也解决了企业自建法务部门费用高昂、资源闲置的问题。

对法务人员而言，法务部门的内部市场化，使其与集团由原来简单的雇佣关系变为合伙人关系，员工参与到三品法务的日常经营中去，原本的工作变成自身的事业。这就如同阿里巴巴员工对加班的评论："如果你找一份工作，天天加班当然是不行的，但如果是创业就不同了，创业是一种生活方式，你在为自己而活。"内部市场化充分激发了员工的工作积极性，发挥了员工的价值。

在三品法务为创客提供财务服务的同时，随着业务量的增加和业务类型的拓展，其服务能力得到了提升、专业化程度更高，团队不断扩大，也越来越正规化。仅为双创平台上的创客服务只是帮助三品法务生存下来，面向全社会寻求更多的增量业务才是三品法务的利润来源。加上荣事达集团、双创平台、智能家居全产业链的背书效应，三品法务在将自身的服务能力释放到外部市场时，更容易被外界认可，相比社会上的大多法务公司更具竞争力。

荣事达双创最初是以智能家居产品为导向，集团为创客提供保障性和支撑性资源及服务，是一种垂直化服务，垂直化服务产生了垂直效应，帮助创客在双创平台上生存下来。随着双创的推进，集团为创客提供的垂直服务驱动了集团各职能部门的内部市场化，内部市场化的职能部门成为双创平台上的创客公司，这也是垂直化服务产生垂直效应的体现之一。创客之间的合作产生互补效应，双方相互促进、共生共赢，驱动荣事达双创平台从以产品为导向向以服务为导向延伸，双创生态系统更加开放。

内部市场化在破除大企业病方面可以算是一剂良药，但是这剂药也是有副作用的。如果对双创平台上所有可以显化的交易因素都进行定价，而一些长期性、对双创活动顺利推进至关重要的、又暂时无法计算的工作，将没有人去做，或者被人为地掩埋，大家都盯着看得见的业绩、看得见的钱，只看得见自己的"一亩三分地"，必然会在内部交易价格、预算目标的确定方面向有利于自己的方向努力，甚至不惜牺牲组织的整体利益。为了防止创客为追求个人利益而损害整体利益，双创平台必须制定共生共创共享机制，来保障市场化后各创客之间的合作。

第三节
共生共创共享机制：双创生态的有机构件

双创平台的构建打破了组织僵化的现状，突破了企业的边界，大企业以及创客都成为双创这个生态系统中的一分子。生态系统中的每个"生物"都是独立的个体，各有优势，有的拥有核心技术，有的提供生产服务，有的提供职能服务，各创客之间通过合作互补实现资源共享。最理想的结果应是伴随着双创平台上创客的成长和创客群的扩大，双创生态系统朝着一定的方向有序演化。

早在 1962 年，沃尔玛百货有限公司（简称沃尔玛）成立之初，全球最大的日化用品制造商宝洁就被其选为供应商，两者建立了合作关系，但双方仅仅是纯粹的买卖关系，各自以自身利益最大化为目标，导致不愉快乃至冲突不断发生。沃尔玛为了实现自己的低价策略，企图通过大订单和不平等的送货条件等方式降低进货价，延长货款支付周期，甚至将宝洁产品摆在角落里威胁其降价，但宝洁公司不但不妥协还要求沃尔玛提高销售价格并将宝洁的产品摆放在更好的位置。此后的几年间，宝洁和沃尔玛都企图主导供应链，实现自身利益最大化，双方互不相让，导致双方出现交流障碍，关系恶化，进入冷战状态，双方关系和利益都在交战中受到了重创……

后来，沃尔玛全面改善与供应商的关系，从"一味压价"转变为"帮助供应商降低成本"，凭借先进的管理和技术，帮助供应商降低成本并提高质量，实现真正的合作共赢[1]。

人的本性都是趋利避害的，组织需要管理，需要用合适的制度去规范人的行为、协调组织间的关系。如果一个组织连做什么事、谁去做、怎么做都没有事先的安排和约定，那么这个组织就犹如一盘散沙，权责不明，组织的目标也就无法实现。双创平台上的各个创客从事不同的经营活动，自主核算，若他们之间的关系就像沃尔玛和其供应商最初的关系一样，在合作中互不相让，均以自身利益最大化为目标而进行决策，那么创客在交互时会产生各种各样的问题，如利益争夺、

---

[1] 范恩辉."宝洁-沃尔玛供应链"管理模式浅析[J]. 中国外资, 2006（11）：60-61.

信息不对称、协作等，不仅会造成双方的冲突，还会影响双创平台的整体效益和双创生态系统的演化进程。

因此，一个良好的双创生态系统需要建立一定的共生共创机制，将不同的创客聚集在一起，在统一利益的基础上形成新的规则和契约，处理好双创平台上组织间的关系，寻求使平台的各方参与者能够紧密合作、快速协调并整体优化的机制。共生共创共享机制是双创生态中必不可少的有机构件，它可以保障双创平台上所有"共生体"的共创共赢，促进创客和整个双创平台的良性发展，并且将双创组织的演化进程变成一个不断创新和完善的动态过程。

生态合伙制

生态合伙制由创客引进机制、创客筛选机制和创客退出机制共同组成，这些机制回答了如何找优秀的合伙人、找哪些优秀的合伙人、怎样将合伙企业捆绑成利益共同体、如何筛选合伙人以及合伙人的退出等问题，在一定程度上决定了双创生态系统的成员类型并协调他们之间的关系，是生态化双创组织形成的基础。荣事达搭建了一个面向全社会免费开放的平台——荣事达智能家居创新创业服务平台，以智能家居为中心筛选创客、优选项目，只要创客的创业计划符合智能家居的大概念，并且获得专家的认可，该创客就可以成为双创平台的一员。荣事达集团将已有的优质生产要素分类组合为资金、品牌、信息、技术、管理、文化、人力、制造和市场九大资源。双创平台上的创客们有权利共享这些资源，并且荣事达集团会根据创客们的需求及时对资源进行调整。同时，荣事达在创客之间推行事业部制、合伙制，以分享经济的观念实现企业与创业者的共享共赢。

双创，是一个通过创新创业来创造价值的活动，双创生态系统的整体效益源自生态系统内各个创客之间的集成性。大企业准备好创客成长的沃土后，如何通过机制引入创新力量，壮大双创平台，并实现共生共创呢？答案是引进优秀的创新创业人才，并将其发展为企业的合伙人，让他们成为命运共同体，在合作中共创价值。泸州老窖股份有限公司通过合伙制将产业链的上下游整合成一个有机整体，成立与每个个体都相关的合伙人平台公司，整合整个产业链资源，共同铸就一个生态型平台企业，将上下游以及营销团队捆绑成一个利益共同体，个体之间的关系由博弈变为合作。

大企业聚焦产业创新,将产业划分出上百个项目库,仅仅凭借企业内部力量完成产业聚焦的目标,这似乎是天方夜谭。一片湖终归是一潭死水,只有与外界连通的河流才有奔流不息的动力,故企业借双创平台吸引社会上创业者和创业团队等创新力量的加入,整合内外部资源以期实现产业聚焦的目标。"如果要做百年老店,企业经理人必须要有主人翁心态,高管要有事业心,否则企业就无法传承下去。"同样的道理,如果大企业只是将社会力量变成自己企业的一分子,将不同的项目交由不同的企业经理人经营管理,大企业和股东坐享收益,多劳未必多得,企业经理人又怎么会有主人翁心态呢?没有主人翁心态的企业经理人自然难以为项目尽心尽力,双创平台的整体效益就不会高。

全员皆可为合伙人。在双创生态合伙制下,人人皆可为创客。大企业内部员工、社会上的创新创业者以及双创平台外的企业均可以通过资金或能力入股,成为双创平台上的一名创客,成为创客后,大企业与创客、创客与创客、创客与企业员工都可能成为合伙人。

为激发创客的主人翁意识,大企业与创客合伙,将经营业务变为项目,双方共同出资成立合伙公司,企业经理人摇身一变成为企业的主人。不仅仅创客的资金可以作为与大企业合伙的资本,创客所拥有的技术、品牌、人力等企业经营中的各项可量化的能力都可以作为合伙的资本。与创客合伙后,大企业对项目的绝对掌控变成了投资,创客不再是企业经理人,而是持有项目收益分成权利的企业经营者,与大企业成为"共生体"。项目盈利越多,作为项目合伙人之一的创客所分得的收益越多,若经营不善,有大企业为项目的损失兜底,有了利益的驱动,创客也就有了创造更多价值的不竭动力。社会上的创业者和创业团队可以成为大企业的合伙人,大企业内部任何有创业热情和能力的员工也都可以成为大企业的合伙人。

大企业与创客企业合伙既提高了创新创业的成功率,又促进了更多合伙企业在双创平台的落地开花。合伙制将创客企业与大企业紧密联系在一起,大企业的帮扶是其生存和发展的强大助力。双创平台面向全社会吸收优秀创客为事业合伙人,整合了企业内外部资源,具备一般大企业难以比拟的资源优势,可为创客企业提供要素资源支持和全价值链服务。创客企业只需要负责好自己能力专长方面的工作,聚焦核心优势,其他的经营要素资源由平台上"专业的人"提供。需求产生供给,当双创平台上缺乏"专业的人"时,便会衍生出新的创客企业,当双创平台中需要生产的创客寥寥无几时,建工厂就变成一项沉重的负担,但随着越来越多的创客与大企业合伙，对生产的需求日益增大，便催生了大企业与创客合伙投资的智能工厂。

随着双创的推进，双创平台出现了创客企业内部合伙的情况。在双创生态系统中，除了作为"领头人"的管理者创造的价值，更多的价值源于千千万万的员工。大企业与创客合伙，原来的企业经理人成为企业经营者，激发了管理者的工作热情和积极性，但作为价值最直接的创造者的员工的状况却依然没有改变。为激发员工工作的积极性，增强其主人翁意识，大企业抽调内部职能部门的部分优秀员工成立服务型创客企业，为平台上的其他创客提供服务。在服务型创客企业中，没有上下级的关系，只有休戚与共的伙伴关系，每位员工都持有该企业一定的股份，共同出力，共享收益。此外，双创平台上的任何员工均可与经营者、企业共同出资投资项目，享有合伙公司的收益分配权。

荣事达在双创平台中推行"合伙制"，在"合伙制"下，社会上的创业者或创业团队加入荣事达双创平台成为一名创客，与荣事达集团以某一项目为基础，或共同出资成立合伙公司，或展开业务合作，创客全权负责经营管理。荣事达集团针对不同的企业采取不同的合伙形式：对于核心创客企业裂变出的子公司，荣事达集团采取间接参股的形式进行管理，给予该类企业经营者绝对的自由；对于社会上比较成熟的合作伙伴，荣事达集团选择将其引入双创平台，与其展开业务合作。

为激励企业经理人和内部员工的积极性，荣事达支持集团职能部门内部市场化，推行全员合伙。首先，变企业的中高层管理者为合伙人，以集团某个核心业务为基础，与合伙人共同出资成立合伙公司，由合伙人全权负责经营管理，企业经理人的工作心态由"给老板打工"转变为"给自己打工"。其次，将集团内部职能部门独立出去，或抽调几位精英注册公司，成为双创平台上的一家服务机构。集团本部职能部门内部市场化后，不再受集团管控，与集团之间是合伙人关系。

在双创平台上，人人皆可成为创客，每家创客企业均是独立经营的个体，可自由地选择合作企业。在创客企业之间开展合作的过程中，需要一定的机制将它们结合成共生共创共赢的合作伙伴关系。

"你中有我，我中有你。"两个同案犯罪嫌疑人被警方拘捕，先坦白的人将从宽量刑，仅被判3个月；而被供出的人将被判10年；如果双方都不认罪，最后都将被无罪释放；如果双方同时交代，那么就各被判5年。在这种情况下，由于两个人被隔离，无法串供，两个人都从利己的角度出发，显然坦白交代是此时的最佳策略。由于对两个人而言，坦白都是最佳策略，因此最后两人的结局均是被判 5 年。

两个人明明可以都不坦白从而被无罪释放，但却因为害怕对方坦白导致自己利益受损而选择了坦白，最后双方利益都未能最大化，在创客的合作中也会出现类似"囚徒困境"的情况。例如，有两家创客企业，其中一家创客企业以智能软件供应为主营业务，另一家企业以智能锁的生产和销售为主。在二者合作时，它们从各自的角度出发，智能软件供应商会尽可能地提高软件的价格以使自身获取更高的利润，这时另外一家创客企业就会提高智能锁的市场价格，两方同时提升价格看似是为了提高自身利润，实际上却损害了整体利益。只要有一方让步就会提升整体利益，但可能会使自己利益受损；若双方成为利益共同体，你受益即我受益，便可实现整体利益最大化。

两个或两个以上的创客企业通过交叉持股成为合伙人，互相持股的创客企业之间关系密切、相互融通资金、优化资源配置。无论任何一方处于特殊境况时，创客之间相互支援扶持，调度资金周转，在一定程度上形成"你中有我，我中有你"的"命运共同体"。

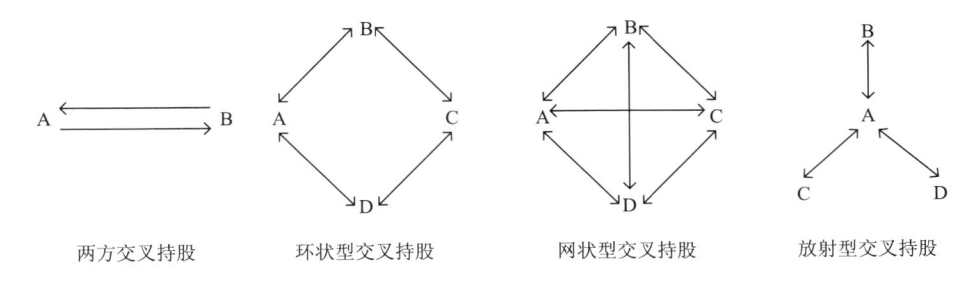

图 5.12　交叉持股的类型[1]

创客间的交叉持股，在提高运营效率的同时也降低了经营风险。首先，交叉持股促进了双方在技术、研发、生产、营销等方面的合作关系，有助于相互持股的创客企业间的横向协作和纵向整合，实现在技术、销售、信息等方面的资源互补，提高资源利用率。创客企业之间交叉持股，就等同于形成了命运共同体，从而不会做出损人不利己的事情，减少发生其他道德风险行为的可能性。其次，交

---

[1] 陈东旭. 论交叉持股[J]. 法制与社会, 2011(5): 99-100.

叉持股在创客企业间形成了一种风险分担的机制，降低了创客企业间的经营风险。创客企业之间通过互相持股的方式形成利益共同体，如果其中一个创客企业的经营遇到困境，其他创客企业为了维护彼此间的合作关系，甚至会牺牲自己的短期利益而对该企业提供较为有利的交易条件，帮助其渡过难关。

荣事达在双创平台上推行相互持股制度，创客之间资源互补、合作共赢。荣事达双创平台提倡"以老带新"和"传帮带"，有经验的创客带领新成立的创客项目成长，成功的创客帮助遇到困难的创客项目渡过难关。人都具有趋利性，对自己来说并无什么利益又需要投入大量精力的事情，创客难以将其当成自己的事情去完成。创客与创客合伙，成功的创客注资其他需要帮助的创客公司，持有股份，把别人的事情当成自己的事情，共同致力于创客公司的成长壮大，共享收益。创客企业之间相互持股，你中有我，我中有你，形成利益共同体，互补共创，向着智慧全屋的目标前进。

合伙人筛选。不是所有的人都能够成为双创平台上的合伙人，"对的人"是一个团队、一个项目、一个企业成功的必要因素。合伙制最大的特点就是创造拥有感，赋予作为合伙人的企业经理人参与企业经营的权利，给权利、给责任、给前景，创客、大企业、员工"合"在一起，共同出资、共担风险、共享利益。合伙制实现了人才与资本的结合，成为双创平台上促进企业与创客之间、创客与创客之间合作的制度保障之一。对合伙人的筛选必须慎重，合伙制下，找"靠谱"的合作者，是大企业规避风险的关键一招。不是所有的创新创业者和创新创业团队都可以进入平台，双创平台有自己的产业目标，在合伙人的选择上有着自己的筛选机制，以确保创客不违背双创平台的总目标，创客的创新创业活动对平台的发展始终起着积极的作用。

荣事达双创平台对待创客从来不是来者不拒。荣事达集团以智能家居产业链为中心，在此基础上甄别和筛选创新创业项目库，所有的项目都是围绕智能家居产业项目展开的。之后再根据创新创业项目库，结合自身的资源情况，选择具有丰富的技术或产品开发经验的创客。已经立项的项目、正处于成长期的项目和开发成型的成熟项目进入双创平台后，在平台的扶持下加速市场化。前期为了双创平台的快速发展，荣事达大量引入销售型创客以打开荣事达智能家居产品的市场。之后，着重引进技术型和生产型创客，来补齐平台上创客企业在技术和生产方面的短板。

随着越来越多的创客入驻与成长，平台外部资源呈滚雪球式聚集在双创平台上，这能吸引更多创客加入。通过筛选，更多优秀的创客源源不断地进入双创平台，双创生态系统有序演进。

合伙人退出。合伙制是保障大企业与创客合伙的重要手段，但是由于企业经营的种种原因或者合伙人的个人原因，存在创客主动退出或者因不符合公司的发展要求而被迫退出的现象。就像未婚男女婚前做财产公证一样，为了保证合伙人的利益不会在散伙时受到损害，创业时期合伙人的退出机制也格外重要。双创平台上所有的创客就退出协议达成一致，对创业成功的项目，双创平台会通过评估，采用股权转让、股东退出、上市退出等方式，进一步为创客配置更多资源，推动创客企业做大、做强。

合伙人在经得创客公司的同意后，可将自身持有股权转让给他人，此时，未转让方对拟转让股权享有优先受让权。当合伙企业的股东要退出时，为防止其他合伙人利益受损，退出股东须先偿清其对新设公司的个人债务且征得其他股东的书面同意后，方可退股，否则退股无效，拟退股方应承担和享受股东的权利和义务。当发展势头较好的创客企业的合伙人要退出时，双创平台会将合伙企业股份公开，将私人权益转换成为公共股权，在其获得市场认可后转手以实现资本增值。对于股东合伙人来说，通过股份公开退出合作是最理想的方式，创客可赢取高额的回报，但并不是所有的企业都能够成功上市，这需要考验创客在创业路上的耐心。

创客群制

随着双创的发展，大量的创新创业者进入双创平台成为创客，并依托双创平台生存、成长，创客之间相互联系又各自独立，有发展得较好的创客企业，也有规模较小的创客企业，有的创客企业专注于生产研发，有的创客企业专注于销售，有的创客企业专注于服务……当大量的创客聚集在双创平台上时，创客企业之间的横向联系交织成巨大的网络，双创平台变成了一个以大企业为中心、辐射众多创客的网状结构。双创生态系统在越来越庞大的同时也会变得杂乱无章，不仅为双创平台的管理带来了难度，也增加了双创平台的交易成本。如何改善双创生态系统内杂乱无章的状态，使其变得有序呢？

水满则溢，月满则亏。随着双创生态系统的有序演化，双创平台上"长"出创客群，双创生态系统也从"单中心"变为"多中心"。创客企业按照一定的规则自发聚集在一起，形成"子群落"——创客群。同一个群中的创客企业的业务具有相似性和关联性，要素资源的需求和供给也相似，彼此之间可以通过资源和服务的相互配合实现互补共创。每个群都有一个发展得较好的创客企业作为"中心"——群主，引领群内创客企业成长与发展，形成"多中心"双创平台，群内创客企业直接交流合作，降低了双创平台内部的交易成本。

群主聚集群内大量的资源且具有强大的协同能力，是技术和知识的传播者、创客群的领导者。群主不仅与创客群内的其他创客企业建立合作关系，同时也与其他创客群乃至双创平台外部的企业或机构建立合作、信息交流的关系。群主与群内创客企业之间的合作与联系促进了新技术、新知识以及新信息在群内的扩散和传播，实现群内的资源共享、互补共创。群主与外部其他组织建立联系，能够及时了解技术、管理理念及行业发展状况等前沿信息，并通过学习将其转化为企业内部的知识，在群内扩散。

群主是创客群与外部组织沟通的桥梁。作为群内的核心企业，群主聚集大量的资源与服务，比群内其他的创客企业更具有创新能力和资源吸纳能力，当代表整个创客群同外部组织进行合作与联系时，更具有竞争优势。群主通过外部组织以及群内其他创客建立外包和转包的关系，推进群内其他创客企业不断提高效率和创新能力，促进整个创客群的创新发展[1]。

事业群制，即创客群制，是荣事达双创具有市场竞争力的重大机制创新。市场竞争力最大化是事业部组合成事业群的终极目标。围绕市场竞争力最大化的目标，事业群的组合具有开放性、灵活性的特点。事业群制的优势是事业部之间相互持股、产品互为补充、渠道相互兼容。

荣事达在双创平台推行事业群制，根据产品或服务的互补性和相关性，将双创平台上的众多创客公司划分为几大事业群。不同于其他企业，荣事达双创平台以事业群为单位实施独立经营、独立核算，在荣事达的事业群制下，事业群内每个创客企业仍然是独立经营、自主核算的个体，有着各自的产品和客户群体，所有的创客企业仍然可以与荣事达以及其他创客企业直接交流。群内创客之间具有较强的互补性，一方面，事业群对创客的产品、渠道、人力资源、服务体系等要素资源进行重新整合，避免每个创客企业重复建设造成资源浪费；另一方面，单

---

[1] 张巧珍. 产业集群与核心企业的互动作用[D]. 泉州：华侨大学，2014.

个事业群内创客企业的产品具有互补性和相关性，互通互融性更强，群内所有创客企业形成一个不断完善的产品或服务体系，为不同的客户群体提供更精准、更有效的服务，并满足业务长远发展的需要。

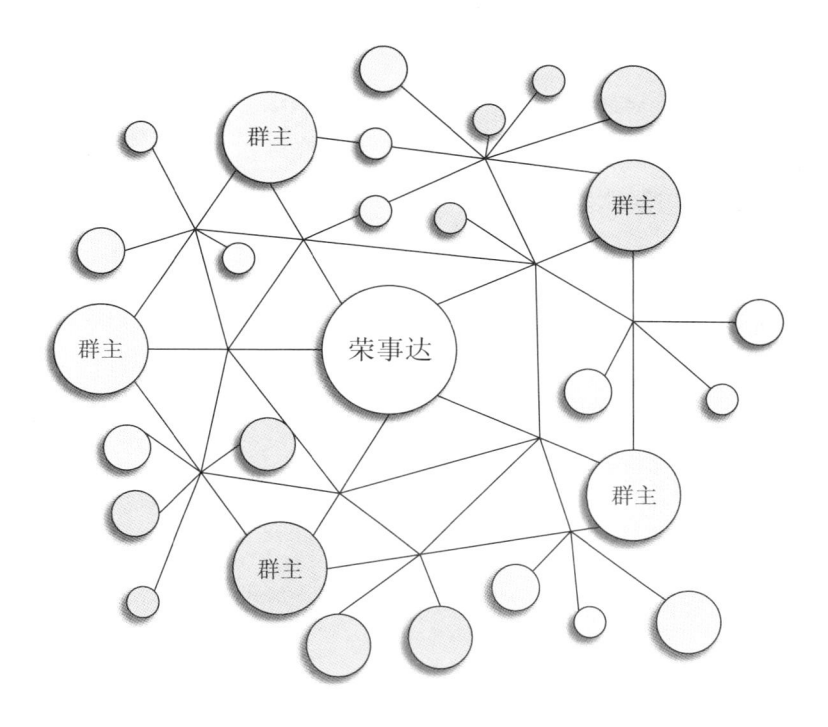

图 5.13　荣事达事业群示意图

同时，荣事达推选事业群中拥有大量的资源或拥有核心资源且具有强大的协同能力的核心企业为群主，群主带领事业群内的创客企业共创共赢。例如，智能家居事业群群主的主营业务是智能硬件和智控系统，它主动为创客 A 提供产品技术解决方案，之后在整个事业群内寻找能够提供与方案对应硬件产品的创客 B，三者合作实现技术、生产和渠道的整合。如果创客 B 的创新能力不够，其提供的硬件产品就无法满足创客 A 的需求，合作无法达成。为提供能够满足创客 A 的质量和创新要求的硬件产品，创客 B 会致力于提高自身技术水平和创新能力。

首先，在创客群内，创客之间的知识传递更加迅速、深入、有效。创客群内，有刚刚加入的创客，怀着满腔热血却缺乏创业经验。但群内同样不缺乏经历了挫折和失败却毅然扎根下来的创客，他们有着丰富的创业经验，包括成功的和失败的经验。群主定期组织群内交流会议，促进创客之间的交流和经验传播，不断地为创客群的发展和壮大献力献策。其次，创客群制帮助创客有效地整合资源，如渠道、生产、市场、技术、服务等，创客之间合作并进、互帮互持，实现共生共创共赢。

荣事达涂料事业部在成立后便一直亏损，一度濒临破产。荣事达集团在对涂料事业部进行评估后，与品冠管业事业部（荣事达双创平台中一个较为成熟的事业部）共同注资涂料事业部，涂料事业部和管业事业部合并办公。管业事业部的经营者凭借自身多年的管理经验对涂料事业部经营不善的原因进行分析，快速调整涂料事业部的经营策略，同时与其分享自身的渠道资源，带领涂料事业部走出经营困境、转亏为盈。

创客群内创客企业的产品都是单品，当单品之间建立联系之后，所有的单品有机联系起来就形成了一个生态系统。消费者对智能家居的认知是一个从单品到小系统、由小系统到大系统的过程。消费者购买某一智能单品会触发其对智能家居的认知，通过某一智能单品认识到更多智能单品，消费者持续消费，市场资源被有效地整合了。平台中存在有新想法、新技术却缺乏经验的创客，也存在具有一定的生产能力却缺乏技术的创客，也有市场营销经验丰富却缺乏产品的创客。

创客群内创客和创客可以通过搭售产品相互补充、相互带动销量。对创客而言，虽然单品利润额下降，但市场销售总量却上升了，故总利润也就上升了。在经销商和代理商层面，创客之间的互补可丰富经销商或代理商的产品种类，经销商或代理商每增加一种产品就相当于增加了新的利润点，而其他成本完全没有增加。再到消费者层面，原本消费者需要几件产品就要找几家公司，售后服务也无法统一，群内创客合作后，消费者可实现一站式购物，且所有产品可享受统一的、及时的、有效的售后服务。从市场角度来说，智能单品销售种类和销售额的增加，充分打击了竞争对手。

单丝不成线，独木不成林。单个创客的能力总是有限的，难以发挥聚集效应，创客群的出现为原本蓬勃发展的双创平台锦上添花。创客群并不是创客企业数目简单的加总，而是具有组织系统的某些特征的群体，能对外界变化做出灵活的反应。群中创客企业拥有资源整合的能力，各个创客企业群聚在一起，形成灵活专业化的创新环境，供创客进行信息交流、知识共享、文化学习以及合作竞争，使创客更容易实现技术的突破性创新，获得技术垄断的竞争优势，整个创客群对外更具竞争力。同时，群内创客企业形成"网络"关系，可以通过降低成本、刺激创新以及提高效率的方式达到提升整个创客群竞争能力的效果。这种由创客群形成的独特竞争力，不仅能够使群内创客企业有更多的资源可利用，而且能更广泛、持续地营造市场优势。

共生共创共享机制

著名政治家温斯顿·丘吉尔说过，没有永远的朋友，也没有永远的敌人，只有永远的利益。这句话用到双创中最合适不过了。企业之所以能够合作，是因为双方都有利可图，一旦出现利益分配不当的情况，合作就可能会出现裂缝。生态化合伙制、创客群制在一定程度上保障了双创生态中创新主体间的共生共创共享，促进了双创组织生态的可持续运转。

价值共创。双创平台是一个价值创造系统，生态化合伙制将大企业与创客企业紧密联系在一起。创客作为创新主体加入双创平台，大企业作为双创平台的引领者需通过为创客企业提供资源和服务的方式带领双创平台不断创造价值。创客根据自己的价值主张，在其成长过程中对大企业提供的资源进行价值再创造，创造出来的价值再回流到大企业，大企业将价值转化为资源，再提供给双创组织中的众多创客。大企业和创客企业在资源的有效转移和流动中共同创造价值。

生态化合伙制下，大企业与创客企业是利益共同体，因此，大企业必须为创客企业提供稀缺资源以保障创客企业的盈利与发展。价值创造活动产生于对操纵性资源（如技术、知识、经验）的营利性利用，对于创客企业来说，资源总是稀缺的，大企业经过多年的发展，积累了一定的资源，是创客企业的"后勤部队"。在创客企业的成长过程中，当创客企业遇到困难时，大企业以双创平台为依托，或与创客企业展开合作或促进创客企业间的合作，以此为手段为创客企业提供稀缺资源和服务，共同创造价值。反过来，当平台中的创客积累到一定数量时，大企业整合创客碎片化的资源，实现生态聚变，反哺平台上的创客，共同创造价值。

除了大企业为创客企业提供的资源外，创客企业之间的资源也是异质性的，每个创客也都拥有高价值、稀缺、不可复制或难模仿的资源。创客群制将业务关联性较高的创客聚集在一起，群内创客企业之间的异质性资源交换促进了创新合作，创客企业在合作中共创价值。双创平台中聚集了大量的创客企业后，每个创客企业都是一个网络节点。创客群制减少了节点的搜寻成本，节点之间可以通过较短的路径到达其他节点，以获取信息和资源，因此创客群中的成员可以通过较少的冗余连接与其他创客企业进行互动交流，提高资源的创新和流动效率。创客群制提升了创客企业之间价值共创的效率。

生态化合伙制下，创客企业的资源是双创系统中价值创造活动的要素供给，创客企业的资源以价值产出的方式流向双创平台和大企业。大企业构筑双创平台，引进创客企业，以项目合伙人的身份参与到创客企业的成长和发展过程中。因大企业对创客企业持股的关系，创客企业的创意、创新产品、技术成果以及经营成果等均属于大企业和创客企业的共创价值，这些价值会部分流入双创平台。大企业再借助双创平台将价值转换为资源提供给创客企业，为创客企业的发展提供生命力。

双创平台中的创客企业以大企业原有产业为核心进行经营活动，或从事产品的研发，或以产品营销为主导，或主要为其他创客提供生产加工服务，或以服务其他创客为主。创客群制下，创客企业在双创平台上互补共创，随着生态化双创系统中价值共创活动的持续进行，创客企业间的专业化分工程度不断加深。创客在交互中共创的新产品、新机制、新技术、新商业模式以及提升的服务能力等价值，属于双创平台的资产，能进一步丰富双创平台的资源，使其能够为创客企业提供更多的资源和扶持。

资源在创客与大企业之间、创客企业与创客企业之间的动态流动以及资源和价值之间的相互转换，是一个有序、动态地构建能力资源集合的过程。双创平台的竞争优势不在于对稀缺资源的占有，而是如何整合多样性、异质性的资源，并有序、动态地构建能力资源集合体来创造更多价值。生态化合伙制和创客群制保障了资源在各个创客企业之间的有效转移和流动，推动了双创系统中价值共创活动的持续进行。

风险共担。作为共生共创共享机制，生态化合伙制、创客群制不仅保障了创新主体间的价值共创，还可以帮助平台和创客有效地规避风险、降低风险损失。风险无处不在，双创平台将大企业和创客企业联系在一起，生态化合伙制和创客群制在一定程度上帮助大企业和创客企业规避了创新创业活动的风险，保障了双创组织中价值共创活动的持续进行。

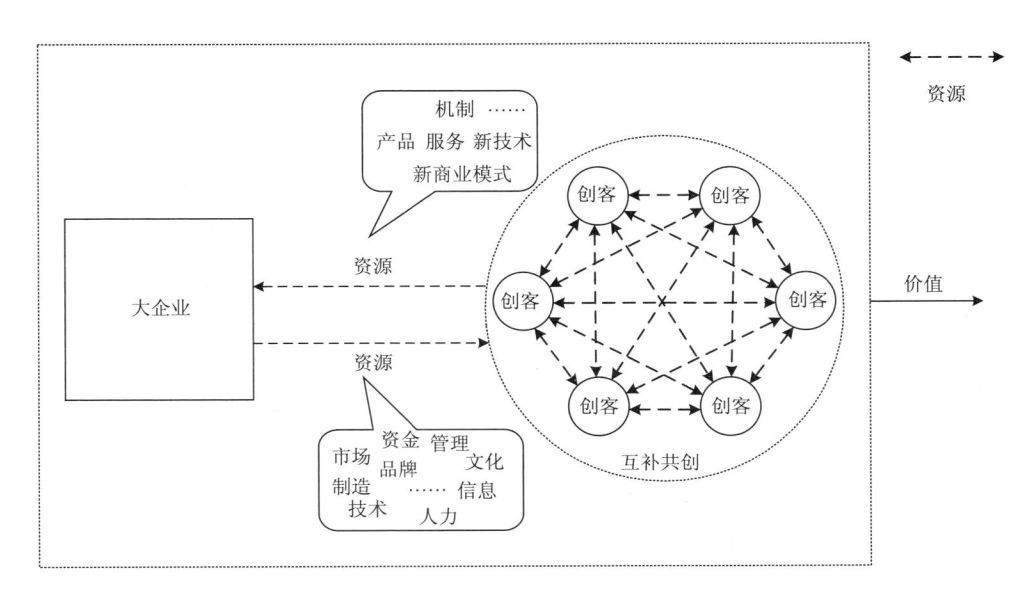

图 5.14　双创平台上的价值共创

对大企业而言，在原有经营范围上进行拓展，着眼于产业创新，将面临巨大的风险。随着企业规模的扩大，企业的变革步伐变得缓慢甚至停滞，企业缺乏创新氛围使产业创新风险增加。尤其是科技型企业，创新风险更高。科技型企业最明显的特征是以技术为核心竞争优势，技术水平的高低直接影响产品的优劣，技术创新往往是高风险、高投入的活动。大企业在原有经营范围的基础上进行产业创新，由传统制造企业向科技型企业转型，大企业的这一转型意味着高风险。如果大企业仅以一己之力进行产业创新，需要投入大量的人力、财力和物力，不仅会影响企业的主营业务，而且产业创新的高风险很可能会导致企业被拖垮。

在生态化合伙制下，大企业搭建双创平台，与创客合伙开展投资创新创业活动，大大降低了大企业产业创新的风险。创客的加入，一方面使企业充满了活力，调动了组织内部的创新积极性，另一方面为大企业补充资源要素。"人生不要害怕冒险，但冒险时不要押上全部家当"，大企业构建双创平台，吸引创客的合伙与入驻，投资多个创新创业项目，在不影响主营业务的情况下允许且鼓励企业内部小范围地进行研发或者投资创客企业进行创新，大企业分散投资这一举措降低了创新活动失败的风险。创客企业带着新技术和渠道等大企业稀缺的资源入驻双创平台，在双创生态系统内开展创新创业活动，与大企业自身全权负责相比，风险大大降低。大企业的分散投资决策决定了双创平台对创新创业活动失败的容忍度更高、组织氛围更加宽松,给予创客更宽容的制度和保障措施,激发双创平台上每个创新主体的活力。

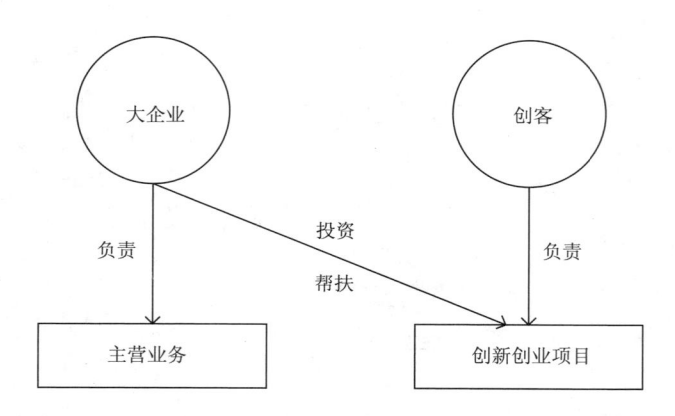

图 5.15 大企业在主营业务基础上投资创新创业项目

在生态化合伙制下,创客企业与大企业合伙,降低了创客的创业风险。对创新创业者而言,资金少、经验不足以及影响力和竞争力的欠缺都增加了创业风险,而且第一次创业的创客,风险识别能力和风险控制能力都不高。在面临各种各样的风险时,如果创客企业不能及时识别并有效化解风险,不但会制约创客企业的发展,甚至会危及企业的生存。创客以与大企业合伙的方式加入双创组织后,健全的双创保障措施能够有效地帮助创客企业规避风险。例如,大企业以双创平台为依托为创客企业提供人力资源服务,强化企业的内部控制意识,帮助创客企业建立科学的用人制度,引入现代管理制度,既调动创新个体的能动性,又帮助创客企业合理管理人力资源,完善创客企业的组织构架;创客企业规模较小,往往会存在会计理念薄弱、会计控制观念滞后的问题,内部会计人员的行为规范化、制度化和合理化不足以及企业审计控制制度不健全等问题会给创客企业带来财务风险。大企业抽调内部财务人员成立财务服务型创客企业,向创客企业输出财务服务,让专业的人做专业的事,帮助创客企业建立财务体系、培养财务人员,制定财会制度和流程,有效地帮助其规避错误,降低财务风险。

在创客群制下,双创平台中的所有创客连接成一张紧密联系的"关系网",

创客企业在关系网中的交互弥补了其在风险识别过程中的信息劣势。创客群制进一步拉近了创客企业之间的距离,创客在彼此之间反复交流与合作的过程中实现了信息和资源的交换,并且建立了良好的信任关系,促进了彼此之间的深度沟通和相互学习,这有利于创客提高对各类潜在风险的感知能力。当创客群内的创客企业面临风险时,群内的其他创客应引以为戒,自查自身是否也会面临类似的风险,这有助于创客企业合理规避风险。交叉持股使创客企业成为"命运共同体",当一个创客企业遇到风险时,"命运共同体"中的其他创客将为其提供帮扶,帮助其渡过难关。

收益共享。共享驱动价值共创,只有保障创造的价值为创客所享有,创客才会有继续创造价值的动力,生态化合伙制和创客群制保障了双创组织中创新主体间的价值共享。

在传统的分配机制中,工资是企业的成本,企业的销售收入扣除工资在内的成本后所结余的收益才是企业的净利润,净利润归股东所有。作为真正决定企业有无剩余、有多少剩余的是作为企业经理人的企业实际经营者和企业的每个员工,但他们得到的只是应有的工资及很少的奖金。创造了价值却不享有价值的分配权,员工便会缺乏创新的积极性。

在生态化合伙制和创客群制下,大企业平台化,员工创客化,职能部门市场化,社会创业者创客化,人人皆可参与创新创业活动,人人皆为创客。创客创造价值,同时也享有股权和利润分配权;平台上的创客都可以通过交叉持股的方式合伙,共创的价值归合伙创客所有,创客按持股比例共享利润。

荣事达双创平台推行普惠全员的分享机制,双创生态中的所有个体共享价值,激发员工创新创业的积极性。荣事达不仅与所有创客企业共享资源、共享平台,同时也与全体员工共享平台创造出的价值。荣事达每年会拿出若干优秀的创业项目,让优秀员工、优秀团队入股,由集团主导、项目团队负责经营,让全体荣事达人共享双创成果,盈利平分,亏损由集团兜底。荣事达从集团职能本部抽调业务骨干成立服务型创客公司,每位业务骨干持有一部分股份,是企业的主人,在荣事达集团的扶持下服务型创客公司与双创平台上的其他创客企业签订合作协议。此外,荣事达双创集团还通过财务部门、投后管理部门等对创客企业进行评估和风险管控,进一步保障集团、创客、员工之间的共生共创共享。

双创平台上的创客各司其职,相互交织,形成完整的"生态网络",物质、能量和信息通过生态网络在整个双创生态系统内进行流动和循环，从而促进了双创生态系统的有序演化。在双创生态的演化进程中，各创客之间为解决矛盾、协调关系，自发地产生了共生共创共享机制。在共生共创共享机制的协调之下，双创平台上的创客进行了有序良好的合作，互补共创，产生"1＋1＞2"的效应，提高了整个生态系统的效益。

第六章　生态化双创：可持续发展的不竭动力

　　一个项目、一个团队、一个平台，便可以开启双创之旅。大企业主导的双创平台，是具有先进生产力的创新型商业模式，这种模式让平台敢去想，创客敢去做，创客的创新创业梦与现实的距离变得不再那么遥不可及。大企业借助双创构建立体化平台，精准扶持、服务初创企业，实现创客项目零死亡，不断激发员工创新创业活力，通过平台带动创客和外部企业，创客带动员工并衔接消费者。大企业双创以双创平台为中心，不断向外延伸到创客、创客群、价值链、生态链、用户，最后到市场，形成开放的空间生态，涌现出一批又一批优秀的产品、企业和企业家。生态化双创空间成了创业的重要阵地和创新创业者的聚集地，通过生态链连接所有相关企业，向全社会推广双创模式，扶持更多的创新创业团队，让更多的人实现价值，完成创新、创业、就业三者的有机结合和良性循环。

第一节
生态化双创载体：立体化双创平台

双创的发展经过就如荒漠到绿洲的演变过程。创业者进入双创平台前，他们的世界犹如飞沙扬砾的荒漠，是一幅"大漠孤烟直，长河落日圆"的凄凉壮阔景象。而立体化双创平台的出现，激活了创新创业的活力。创客们犹如一粒粒鲜活的种子，被撒播在肥沃的土地上，在阳光、雨露以及微风的滋润下，生根发芽，然后茁壮成长。贫瘠的土壤中长出一棵棵树，最终形成一片大绿洲。

从荒漠到绿洲，创客项目在双创平台中是如何存活下来的？它们又将如何成长？如何裂变？如何聚变？

双创平台中所有创客项目都能够存活，实现了创客项目零死亡，依靠的不仅仅是双创品牌力、渠道力和产品力的支撑，还有立体化双创平台的构筑。大企业致力于打造集聚研发、采购、制造、销售、服务于一体的立体化双创平台，面向创客开放资源并为其提供服务。作为一个水平化平台，双创平台不断引进高质量的创客和项目，为双创系统注入了鲜活的血液。平台中的创客各施所长、相互依存、相辅相成，推动双创更好更快地发展；作为一个垂直化平台，双创平台打破了资源壁垒，对外释放内部要素资源，分阶段扶持创客，在盘活存量的同时，也不断做足增量。双创平台中的创客、平台以及相关企业实现共生共存、合作共赢，向更广阔的领域拓展，使创新创业在更大范围、更高层次和更深程度上蔚然成风。

创新创业平台要有一定的浓度，也要有合适的温度，关键还要有吸引适合创客集聚的强磁场[①]。水平化平台和垂直化平台相互交错叠加，在机制与组织创新的驱动下，形成一个双创强磁场，这个强磁场就是开放型立体化双创平台。创客在立体化双创平台中实现资源开放、资源互补、协作共创，共同构建科学高效、协同有序、优势互补的创新创业体系。立体化双创平台不断聚集松散的创客项目和团队，加强以合伙制为核心的创客群建设，形成一大批以技术、产品、服务为

---

① 江苏省人民政府网. 培育发展新动能 打造双创新引擎[EB/OL].（2017-10-26）[2020-01-08]. http://www.js.gov.cn/vipchat/home/site/1/26/article.html.

系列产业的创新创业群体，引导建立市场化、多形式、多层次的联合双创平台。双创平台从最开始散点分布的独立个体演变为网络型分布的生态化双创系统。创客集聚新的人才、知识、资本和管理等要素资源，向平台注入新的能量和价值，推动创新创业主体活跃互动，从而实现价值链和生态链的多层次协调，实现价值共创、价值共享。

叠加聚能

大企业引领的双创模式伴随着产业的升级与革新，既需要要素资源的裂变，又需要要素资源的聚合。大企业自身不断发展，触发了双创的内生动力和外生引力，成为平台中诸多创客和创新创业者的母体，并且逐渐演变为水平化平台和垂直化平台。创客和创客的兼容互补，平台和创客的协同加持，水平效应和垂直效应的持续深入融合，推动创新资源高度聚合，共同打造开放包容的立体化双创空间。

水平化生态效应。大企业引领双创打造水平化双创平台，为创客之间实现互补共创提供平台支撑，为创业者提供更加广阔的创新创业空间。创客进入双创平台，以专业人做专业事的态度，利用平台的资源和服务，经历从生存到发展的过程，并在此过程中不断发扬"传帮带""以老带新"的双创文化精神。让创业团队在水平化双创平台中更具创业归属感，在创客的彼此交互中，形成技术生态、生产生态、渠道生态、服务生态等，创客之间相互联系、相互依赖，实现资源共享、互补共创。

双创平台营造了良好的经商环境，为创客在创新创业路上寻找"互补者"，他们之间相互扶持、互相帮助，共同走在举步维艰的创业道路上，不再感到孤独。创客群的模式让相关的创客聚集在一起，共同壮大创客群，在采购、生产、销售、售后等方面实现优势互补、共同进步。创客群与创客群之间的关系如同一张相互交错的网，平台与创客之间、创客与创客之间、创客与员工之间、员工与员工之间优势互补、资源共享、平台共建、互惠互赢，建立起长期、紧密、全面的战略合作关系。在交流与合作过程中，不落下一个创客，不落下一个员工，逐渐形成水平化的互补效应，实现共创共赢、成果共享。

垂直化生态效应。大企业引领双创打造垂直化双创平台，对创客开放资源、实施精准扶持，为创客提供全方位、全周期的价值链服务。垂直化双创平台作为大企业连接创客的载体，面向所有创客，开放多年来积淀的要素资源，让所有创业要素资源充分集聚、活跃起来，分阶段对创客提供"双轨制"精准扶持，既授之以鱼，提供资源，又授之以渔，提供服务。创客进入双创平台，在缺少创新创业要素资源和技术服务扶持的情况下，需要打破思维定式，实行"拿来主义"，充分利用资源和服务，在平台不断"输血"的同时，学会在发展过程中自我"造血"。

大企业在垂直化双创平台植入全价值链服务，借助供应链、销售链和服务链整合和优化平台内部与外部的要素资源与服务。价值链成员的资源、渠道和服务的优势互补、深度融合，在垂直化平台中不断演变形成双创供应链生态、销售链生态和服务链生态，不断激发创客的创新创业活力，在双创生态中创造新价值。价值链的不断演化升级，创客之间的互补共创，逐渐成为一荣俱荣、一损俱损的命运共同体，形成开放、共享、具有生命力的生态链。双创平台中，创客在发展和成长的过程中不断创造价值，反过来为其他创客提供要素资源和全价值链服务，在这一帮一扶的循环中，形成垂直化生态效应，平台和创客实现共同生存、共同发展。

生态叠加效应。 创新创业是一个高风险、高投入、高成长的"三高"活动，仅靠平台或者创客都不可能独木成林，需要平台和创客的协同合作，深入推动双创事业不断向前发展，大力促进创新创业平台服务优化升级[1]。水平化平台注重互补效应，平台中心创客在生存和发展过程中，实现优势互补、合作共赢，形成大中小企业融通发展、协同进步的良好发展格局。垂直化平台注重扶持效应，以双创平台为中心，衔接双创平台内部与外部的资源和服务，以展开产业布局为要点，集中了大企业和创客的优势，整合生态链的其他企业为双创服务。创新中求裂变，发展中求聚合，水平化互补效应与垂直化扶持效应的"合纵连横"，产生叠加效应，为平台创造新价值。

叠加效应源自垂直化效应和水平化效应的相互作用，这种既裂变又聚合的模式，使得创客能够在平台中生存下来并且能实现与其他创客的优势互补。但是，双创平台中垂直服务和水平互补若只是简单地纵横交错，缺少组织与机制创新的"引擎"，将会很难激发双创的生机和活力，难以带动双创向更高、更远、更新的

---

[1] 新华网.以新生态打造"双创"升级版[EB/OL].（2018-10-23）[2020-01-08]. https://baijiahao.baidu.com/s?id=1615072025548235566&wfr=spider&for=pc.

目标迈进。机制与组织的创新让双创灵动起来,大力营造双创氛围,在所有成员的共同努力下,形成立体化双创平台。

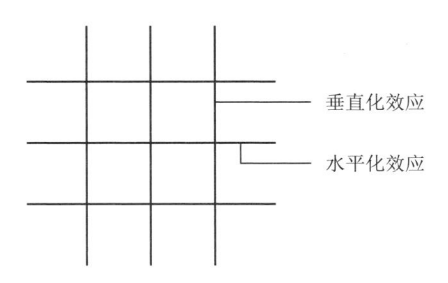

图 6.1　水平化效应、垂直化效应的叠加

组织与机制创新——活力双创

企业持续的活力来源于组织与机制创新,推动双创高质量发展的根本动力在于组织与机制的创新。只有组织与机制不断变革,才能持续激活平台的价值创造要素,重构平台与创客、创客与员工的关系,才能打造组织赋能平台,构建组织新治理与新生态[①]。组织和机制犹如生物机体,为保障企业的顺利成长与发展,随着内部条件和外部环境的变化,只有不断地对其进行调整和变革,才能避免企业的老化和死亡。组织与机制的创新作为双创的助推引擎,不断推动着双创资源和服务的共享与开放,释放创新创业的新活力,为双创发展提供了强劲支撑,提升了创客企业生存概率和发展速度,大大降低了创新创业成本。

双创平台的发展需要将组织与机制创新作为引擎,建立与平台和创客相容的组织与机制,以激活创客创新创业的动能,点燃双创智慧的火花。在双创模式下,平台中的大企业要学会创新理念的转变,完善双创高效的监管机制,大力探索双创新商业模式,拓展合作新模式,以创新引领激发活力,运用新技术、新资源、新模式创造新价值。创客项目的领导人要确保内部员工都参与到创新创业中,通

---

① 华夏基石 e 洞察. 彭剑锋:组织平台化+分布式经营模式的 48 字管理方针[EB/OL]. (2018-04-21)[2019-06-18]. https://www.sohu.com/a/228969899_343325.

过建立激励制度，调动每个人的积极性和创造力，共同为双创献计献策。大企业和创客共同引领双创向纵深发展，不断激发市场主体创新动力与发展活力，积极适应和融合外部环境，努力加快双创经济转型升级与消费者多元化和个性化需求互促共进。双创生态系统的成员秉承"共生共创、共创共赢"的理念，与创客和生态链上的其他成员成为命运相系的共同体，推动创新创业更好地发展。

价值观重塑。双创平台的核心价值观是开展双创活动的重要竞争力，目标是双赢，是对企业的价值进行重塑，对创业者的价值观和思维模式进行塑造培养，以价值统一思想，构建能让双创未来走得更为久远的价值体系[①]。双创的目的不是一个企业的发展壮大，而是一群项目和一群人的共同发展。在双创活动中，创客需要尊重每一个提供服务的经销商、消费者、供应商和生产商，尊重每一个人或组织的价值观，在共生共创的过程中共同成长。

双创的目标不仅仅是简单地整合供应链、销售链、服务链实现创客成长发展，达到盈利的目的，而是视每一个项目团队为利益共同体，让创客企业可以真正存活下来，让更多的人富起来，让更多的人实现人生价值，形成以大企业为平台引领，所有的生态链成员为支持，广大市场兼容的庞大创新创业生态，以"大手拉小手"的姿态携手双创、共同发展。

拓展合作新模式，激发双创新动力。生态合伙制将平台和创客联系在一起，大企业视创客团队为利益共同体，利益共享、风险共担、合作共赢，为创客的创新创业过程保驾护航。创客群保证了创客既可以独立运营、独立核算，又服从于双创平台整体流程管控，通过制度保障双创工作平稳有序地推进。双创平台在形式上设置了项目准入机制，并且根据项目特点分阶段投入，全程精准扶持创客项目，使双创举措落到实处，使双创焕发活力和生机。大企业通过平台的组织和机制创新进行企业轻资产运作，实现企业的扁平化管理，并且通过股权激励的形式提高创客的积极性。在机制创新、扁平化运作的基础上，双创平台实现了技术创新、商业模式创新和服务模式创新，积极拥抱新技术、新模式、新思想，致力于打造一流的产品和服务。企业引领创客的经营模式满足了用户多样化和个性化的需求，能更好地抓住双创的风口。

创客之间互补共创、创客与平台协同共创，这样的新合作模式已经成为双创

---

① 六合同风.新时期双创教育的核心是对创业者进行价值观和思维模式的塑造培养[EB/OL].（2017-10-07）[2019-05-08]. https://baijiahao.baidu.com/s?id=1580608929445113598&wfr=spider&for=pc.

平台中一道亮丽的风景线，是引领双创发展最持久的动力，也是实现创新创业的润滑剂。创新创业是双创的目标，平台面向社会广泛甄选、吸纳优秀创客团队和项目，借助企业的优势资源构筑创新创业平台，使得大企业与创新创业者的关系从传统的雇佣制关系成功转型为合伙制关系，大企业演化为平台，创新创业者演变为创客。双创平台的构筑，将创客原本拥有的要素资源吸纳转变为股资，创客摇身一变成为公司的股东，在提高团队积极性的同时，也实现了大企业从创造产品到创造企业、创造企业家的华丽"蝶变"，不断驱动创新、发展创业。

人人共创，人人共享。与此同时，为落实双创成果能为所有人共享，平台建立了普惠全员的共享机制，大企业与创客不仅要与合伙人分享资源、共享平台，更要把双创的劳动成果分享给每个员工，让他们从中获得成就感、满足感和存在感。在经营公司的同时，与员工共享发展成果，这样的共享模式为企业转型升级、实现跨越式发展奠定了坚实的基础。

企业即人，人即企业[1]，人不是实现目的的工具，而是创新创业的主体。双创平台以人为核心，让员工的价值体现在价值的增值上，在实现用户价值的同时实现自身价值。优秀的员工可以持有创客公司的股份，由过去单纯的执行者转变为双创平台中的创业者、合伙人，双创平台以此深度挖掘员工价值。合伙制的形式为员工开辟了发展新路径，内部员工可通过创客化实现人人创客，每个人都是自己的 CEO[2]。合伙制激发了企业员工的主人翁意识、创新意识和责任意识，推动员工形成自组织、自驱动的创客群体，使诸多主体的创新力汇聚成澎湃的发展新动能。

为了更好地激发员工的积极性和创造性，双创平台每年会拿出优秀的创业项目，让优秀员工、优秀团队入股，由企业主导、项目团队负责日常经营，让全体人员共享创新创业成果。创业项目盈利后，各参与主体按照股份比例进行利润分成；项目如果亏损，平台负责兜底，化解了员工和团队的创业风险。让为双创发展做出突出贡献的优秀员工分享股份，成为企业的主人、股东，实现了员工和企业的共同发展、共享发展。借助于双创平台灵活的机制，不仅优秀员工可以参与双创活动，优秀小组、优秀团队也都可参与，让员工真正享受到双创带来的福利，将基层员工的创业创新与企业的发展融为一体，真正实现企业和员工从雇佣制到

---

[1] 王仕斌, 张瑞敏. 企业即人, 人即企业[J]. 企业管理, 2018, 446（10）：3.
[2] 孙中元, 庄文静. 海尔"人人创客"怎样实现?[J]. 中外管理, 2015（12）：35-37.

合伙制的转型定位。共享机制带动双创平台上下员工共同发展，让他们实现自我价值。

裂变创新，释放市场新动能。"推动双创是培育和催生经济社会发展新动力的必然选择，扩大就业、实现富民之道的根本举措，激发全社会创新潜能和创业活力的有效途径。"[①]在双创的基础上，为了保持大企业和创客的整体性与一致性，平台积极引入市场机制（包含价格机制和竞争机制）。平台各个创客和事业部门作为市场化的经营主体，鼓励员工自主创新创业，通过建立统一和灵活的管理机制，实现员工创客化、事业部门市场化、创客企业市场化。随着创新创业驱动产业转型升级的过程不断推进，创客企业二次孵化，不断裂变创新，裂变效应不断释放市场新动能，激发市场活力。

市场化的创客企业直面市场，积极适应和融合外部市场环境，加大平台中专业分工，实现专业的人做专业的事。创客各司其职，产品型创客企业负责产品的生产研发，服务型创客企业负责提供服务，营销型创客企业负责做好销售。双创裂变创新和市场化打破了原有的组织机制，垂直化服务驱动内部市场化，内部市场化产生互补效应，内部市场化走向社会化，让有创意和优秀的员工、团队真正成为自身价值的创造者，提高了企业的应变能力和运作效率，激发了员工的积极性和主动性。

点燃双创"引擎"，加快动能转换，让双创灵动起来，释放发展新动能，增强内生发展动力、激发社会创新潜能。

立体化双创——释放持续动能

大企业以"大数据＋互联网"为载体，打造双创智慧云平台，汇聚新技术、新信息、新服务、新产品和新创客。大企业不断拓展双创模式，保障双创项目快速落地、健康成长。双创以"垂直化效应＋水平化效应＋组织与机制创新"的形式，构建立体化双创平台，形成充满生机的强磁场，为创新创业释放持续动能。

高维度：立体化双创平台的基调。双创的道路布满蔓藤缠绕着的荆棘，常常

---

① 关于大力推进大众创业万众创新若干政策措施的意见[J]. 科协论坛, 2015（10）: 6-10.

是坎坷而曲折的。现实往往是即使你安安分分地生产经营，并无心去挤兑其他企业，但只要对手涉足你所在的生产经营领域时，对手仅仅是为了谋取利益，并不是有意挤兑，更不是打击报复，也往往会使你无力还手。待到那时，即使再想去提升自己的维度，或阻碍和还击对方，也显得无济于事，其结果只有一个，那就是无论你如何用尽全力，也会被打得抬不起头来。①

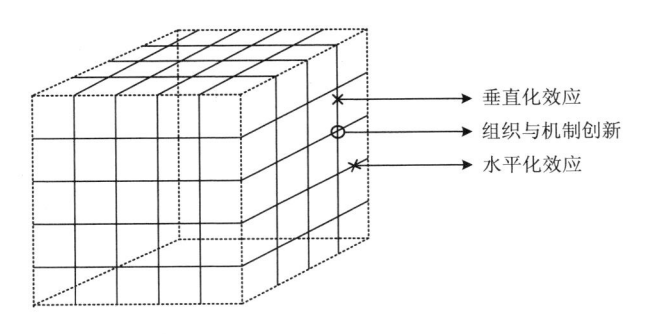

图 6.2 立体化双创平台

以"蚂蚁"（指蚂蚁科技集团股份有限公司，简称蚂蚁集团）和"企鹅"（指腾讯）的较量为例。不论是在大型商场中的柜台上，还是在路边的小街摊上，我们随处可见支付宝和微信支付的收款二维码，这两种支付方式已经成为我们日常支付的主要方式，且超过了现金支付的频率。支付宝和微信支付一直以来都是"冤家"，其背后是阿里巴巴和腾讯两大竞争体。

依靠社交网络多年来的积累，2016年，微信活跃用户数突破九亿，微信支付的比例已经超过40%，数年来，通过高频打低频的策略给了支付宝重重一击。2016年，舍弃社交的支付宝以迅雷不及掩耳之势苏醒，不再单靠升频和腾讯"死磕"，转而专注于做自己的金融业务，开展以蚂蚁金服为核心的理财、保险、信贷和支付等业务，重点打造了蚂蚁花呗、芝麻信用等一系列服务品牌。

"蚂蚁"与"企鹅"的对战，最终形成了"小钱放微信，大钱放支付宝"的局面。腾讯利用微信巨大的社交流量迅速打开了市场，但以微信支付单枪匹马的腾讯最终还是难敌坐拥"蚂蚁军团"的阿里巴巴，双拳终究还是难敌四手。现如

---

① 天宝堂一山人. 竞争最可怕的杀着是: 降维打击; 最可怕的问题是: 自己被降维打击[EB/OL]. (2018-09-04) [2019-07-11]. http://www.360doc.com/content/18/0904/09/13450390_783732188.shtml.

今，打不败支付宝的微信支付，正在遭受支付宝的无情反击。腾讯通过高频无情地打击低频的支付宝，支付宝借助高维狠狠地反击低维的腾讯，腾讯和阿里巴巴的较量逐渐成为两大生态体系的竞争。

与社交平台不同，智能家居行业并没有很大的流量，而双创立体化平台的基调正是通过实现高维度来还击竞争对手。通过高维的方式不仅实现了企业的横向发展，还增强了自身的核心竞争力，因为高维度可以透视低维度，但低维度却看不到高维度的世界，站在高维度空间不仅可以看到低维度的外部轮廓，也可以将其内部结构看得一清二楚[①]。双创模式要在市场中站稳脚跟、抗衡竞争对手的最好办法是通过增加自身的维度，抢占行业的制高地。虽说平台整合了自身和创客的大量客户资源，但远不能像淘宝网、微信一样借助社交流量，引入大量的消费者。面对如此复杂的市场环境和激烈的竞争对手，创客企业只有持续提升自己的维度，才能存活下来。

对以生产制造为核心的传统制造型大企业来说，单一制造本身就是势单力薄的，"降维打击"的方式对其来说也显得苍白，"增维"成了大企业的不二之选。大企业借助双创提升自己的维度，从机制创新的角度，形成合伙制、创客群制和内部市场化三个创新维度；从组织创新的角度，衍生出产品型创客、服务型创客、营销型创客等维度；从企业运营的角度，重点打造研发、制造、销售、售后等集为一体的价值链维度；从内部效应的角度，形成独具特色的垂直化、水平化、组织与机制创新的维度。大企业构建的高维，形成了"高维打低维""多维打高频"的多模式策略。这些策略交相呼应，为打造高维度立体化生态体系奠定了坚实的基础。

鲜活力：立体化双创平台的效应。 双创垂直化平台、水平化平台、组织与机制创新的相互作用，向社会其他企业释放资源，让所有创业者汲取营养，在大企业双创的带动下，实现共生共创、共创共赢，筑成"一极引领、多元支撑"的立体化双创平台，形成一个强大的磁场。在双创磁场中，大企业坚持将"引进来"与"走出去"相结合，发挥裂变效应和聚变效应的作用，吸引更多优秀的创客和创业团队的加入，利用垂直服务体系和水平服务体系为创客企业的成长保驾护航，创客的加入也源源不断地为双创平台输送新鲜的血液。

---

① 德艺投资人生. 定义一个重要概念——维度-02[EB/OL]．（2018-01-14）[2019-08-18]. https://www.jianshu.com/p/31a5cb13e558.

现任海尔集团董事局名誉主席的张瑞敏说过一句话:"搞企业的最大问题,就是如何使每个细胞都是活的。企业就像狮子一样,成长的时候,它的每一个细胞都是活的,非常威猛,到了一定年龄,身体的细胞就都老化了。评估企业不是看外表多么大,关键是看它的细胞有没有活力。"在企业组织构架不断由金字塔形转变为扁平化的过程中,人人都参与到企业的经营和管理中,企业中的每一个细胞都被激活,创新主体、创新要素、创新人才充分活跃起来,企业方能释放出最大的能量。

有这样一个著名的故事:挪威人喜欢吃沙丁鱼,尤其是活鱼,市场上活沙丁鱼的价格要比死鱼高许多。所以,渔民总是千方百计地让沙丁鱼活着回到渔港。可是虽然经过种种努力,绝大部分沙丁鱼还是在回港途中就因窒息而死亡。有一条渔船却总能让大部分沙丁鱼活着回到渔港。船长严格保守着能够让沙丁鱼活着回到渔港的秘密,直到船长去世,谜底才揭开。原来,船长在装满沙丁鱼的鱼槽里放进了一条以鱼为主要食物的鲶鱼。鲶鱼进入鱼槽后,由于环境陌生,便四处游动。沙丁鱼见了鲶鱼十分紧张,左冲右突,四处躲避,加速游动,带动水的流动,从而使沙丁鱼获得生存所需的氧气。这样一来,一条条沙丁鱼就欢蹦乱跳地回到了渔港。

双创也是一样,立体化双创平台是一个极具活力的强磁场,大企业作为双创平台中的鲶鱼,采取了一定的手段和措施,搅动着"沙丁鱼"的生活环境,改变了原本了无生机的状态。首先,通过大企业赋能让创客活跃起来,大企业成为其中的"鲶鱼",创客是"沙丁鱼",这迫使创客企业积极投身到新的环境中,参与市场竞争,勇敢进行创新创业,以此获取最大利益;然后,创客企业被激活,成为新的"鲶鱼",其他创客企业成为"沙丁鱼",通过内部竞争机制搅动整个创客空间,促进其他创客企业的发展;最后,创客企业内部核心员工成为"鲶鱼",其他员工成为"沙丁鱼",通过激活核心员工,激发每个员工的生命力和创新力。双创平台中的"鲶鱼效应"打破了传统的思维定式,创客和员工凭借思想活跃、头脑灵活、富有创新精神、不墨守成规、敢于冲破思维禁区等优势,都参与到创新创业中,使双创平台成为一股汩汩清流,而非一潭死水。

共命运:立体化双创平台的核心竞争力。"先富带动后富,最终达到共同富裕。"大企业领导双创的模式让平台和创客、创客和创客、创客和外部企业之间的联系更加紧密,创客之间的创客群不断发展壮大,原本独立分工的创客在彼此的支持和协作基础上取得了更长足的发展动力。命运共同体成为立体化双创平台的核心力，创客与平台、创客与创客之间渐渐成为你中有我、我中有你的利益相关体，双创平台内部成员更加团结，双创平台发展更加迅速。命运共同体为双创平台的发展树立新风，创客将自己的命运与平台和其他创客的命运紧紧联系在一起，同舟共济、互荣共生。只有相互帮助、相互扶持才能实现双创平台的可持续发展，带领双创平台向更远的方向迈进。

双创以"1＋N＋∞"裂变又聚合的命运共同体模式发展，"1"代表一个立体化双创平台，"N"代表平台中的创客，"∞"代表无限的产品、服务消费群体，平台作为构建生态的神经中枢，不断自发地向外裂变，同时又由外向内不断地聚合，既产生由内向外的裂变效应，又产生由外向内的聚变效应。创客作为双创实现、发展壮大的队伍，不仅是实现双创落地的工具，更是弥补平台综合实力的重要元素，创客和平台共同成为产业整合、资源服务融合的利益共同体、愿景共同体与命运共同体。消费者作为创造价值的源头，是双创赖以生存之根本，没有消费者，企业就失去了存在的价值。

大企业、创客、相关企业、消费者、员工等彼此建立互利互信的关系，成为双创生态链上的利益共同体，以立体化平台为载体，汇聚集体力量推动双创高质量发展。在双创机制建设方面，大企业与创客、员工共同建立合理完善的创新创业成果利益分享机制，同时，大企业重点扶持平台中的核心团队和高科技与新技术，给予科研人员股权和分红激励，充分调动内部积极性、激发创新创业活力。积极发挥平台知识、技术、人才等创新要素的溢出效应，凝聚智慧和力量，为创新创业新发展提供有力支撑，让所有成员形成利益共享、风险共担的整体，共同构建双创命运共同体。

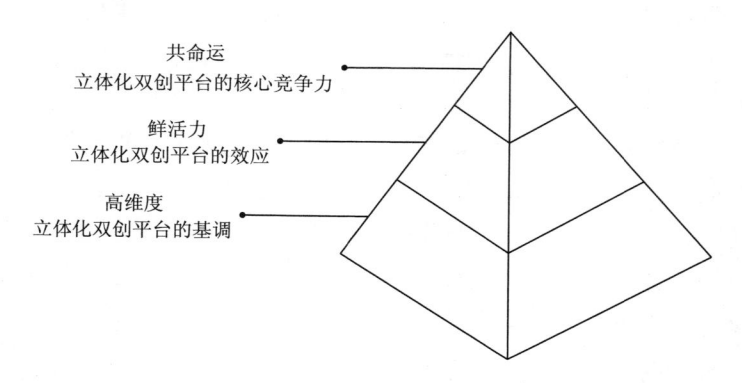

图6.3 立体化双创平台的特征

打造独具一格的双创立体化平台。大企业引领双创形成立体化双创平台，以机制和组织创新为着力点推动双创不断发展，倡导稻盛和夫的"阿米巴经营管理模式"，让第一线的创客和员工都能成为主角，主动参与经营，进而实现全员参与经营，依靠全员的智慧和努力完成目标。创新创业者实现从"草根"到"创客"的完美"蝶变"。双创模式下，大企业经历了从传统的制造企业到互联网企业的产业转型、从雇佣制到合伙制的机制转型、从追求利润到创造价值的企业价值观转型等过程，实现了由创造产品到创造企业与企业家的成功"蝶变"，为社会同类企业提供了发展的蓝本。

荣事达双创的定位是智能家居产业，借助企业的品牌、文化、管理、人力、技术和市场等资源要素，打造智能家居十大产品生态圈和十大功能生态圈，建立400多个产品项目库、10个服务项目库、30个销售项目库。构建立体化双创平台，向全社会开放智能家居产业创业项目库，积极谋划产业升级，开启创新、创业的全新旅程。

在荣事达双创模式下，大企业和每个创客企业都起到重要的作用，它们不再各自而战，而是有着共同目标，相互支撑、共生共创，垂直化的"纵"和水平化的"横"交相呼应，加上机制与组织创新，形成一个立体化空间生态圈。双创生态圈为创客项目健康成长创造条件、提供服务，无论是精英还是草根，都可以投身创业创新。同时，借助平台加快创新驱动升级，拓展新空间，继续推进以组织、机制创新为核心的全面创新，为中国制造业转型和升级提供可借鉴的模式。

立体化双创平台的形成，实现了对创新创业活动的帮扶从"大水漫灌"到"精准滴灌"的转变。前些年，众创空间、孵化器和科技园如雨后春笋般涌现。这些孵化场地并没有关注创客的真正需求，而是简单地大水漫灌，要么提供场所，要么提供资金。几经波折后能存活下来的小微企业所剩无几。大企业引领双创的立体化平台集中创业要素资源，根据创客发展阶段进行精准扶持，秉承"缺什么补什么""少什么加什么"的宗旨，在保障创客企业初期可以存活下来的同时，向创客传授企业经营管理理念，使创客企业后期可以自主经营、自负盈亏。

立体化双创平台的形成，实现了对创新创业活动的帮扶从"望风扑影"到"有的放矢"的转变。新成立的公司为了生存，缺乏经验和目标，对公司的投入往往缺乏针对性，发展的势头也难以估测，要真正成长起来需要经历很长的时间。双创平台中，大企业围绕自身的总体发展战略和目标，有目的地引入创客，并有针对性地给予创客帮助和扶持，为创客发展指明方向。创客在创造自身价值的同时，也给平台带来了新鲜血液。

立体化双创平台的形成，实现了对创新创业活动的帮扶从"孤军奋战"到"群策群力"的转变。传统的创业模式大多是一个企业在市场中摸爬滚打，没有老企业的引领，甚至没有其他企业帮助。这种情况下，初创企业很难存活下去。双创平台之所以能被大众所接受并大力推广，其中重要的一点就是平台中有很多创客，这些创客形成了相互关联的创客群，在发展的每个阶段，创客之间都能互补共创。创客间积极发扬"传帮带""以老带新"的双创精神，创客之间群策群力，形成水平化的互补效应。

双创历经由点成线、由线到面、由面到体、由体向生态拓展等动态过程，不断进行演化，其核心价值在于将双创中相对独立的系统和创客子系统之间紧密联系起来，产品、服务和组织之间环环相扣、相辅相成，系统之间相互影响、相互作用、相互促进，并围绕产业链不断地补充和完善，共同构成立体化双创平台。这种裂变聚合式的创新创业，将平台的赋能和创客的聚能有效地结合起来，在裂变和聚变的同时不断激活个体、不断打破组织和市场的边界，实现企业的可持续发展。

第二节
生态化双创竞争力：共生共创、共享共赢

双创的核心竞争力在于所有成员共同构建一个开放型空间生态，以价值共创、价值共享驱动双创，生态中的成员共同努力，在生态中实现共生共创、共创共赢。双创大企业强化创新创业组织和机制创新，加强垂直化和水平化平台的建设，打造低成本、高效率的资源和服务共享的立体化中心，不断吸引更多创客融入生态化双创产业链中。大企业鼓励平台内创客在技术创新、产品创新和服务创新方面加大与生态中领先企业及机构的合作，强化双创生态成员间的对标意识、共享意识、服务意识、责任意识，搭建产品、技术、服务、信息等交流平台，打造价值链、产业链和生态链合力支持的创新创业平台，共同助推创新创业迈上新台阶。

开放型空间生态

大企业引领的双创以平台为中心，创客群为成员，生产、技术、服务、渠道等为维度，要素资源之间的互补性、通用性和黏性为内涵，连接每个创客和员工，不断进行裂变和聚变，并通过消费者辐射整个社会，形成一个"一点多星，多元支撑"的开放型空间生态。

大企业引领双创的模式打破了传统企业商业模式的束缚，是对创业形式和价值观的颠覆。平台中的资源、服务丰富多样，创客的数量众多、角色多元。垂直化的扶持与水平化的互补纵横交错，组织与机制创新作为助推"引擎"嵌套其中，构筑了立体化双创平台，平台的信息、数据、价值等内外交互，形成了一个复杂的双创开放型空间生态。双创开放型空间生态是一个无边界、赋能型、高度市场化的、极具生命力的动态系统。在这个动态系统中，各成员采用开放式合作创新模式，寻求资源互补、分工协作与价值共享，互生互栖、协同共生。[1]

---

[1] 魏亚平，潘玉香. 高校"众创空间"创业生态系统内涵与运行机制[J]. 科技创新导报，2017，14（2）：234-237.

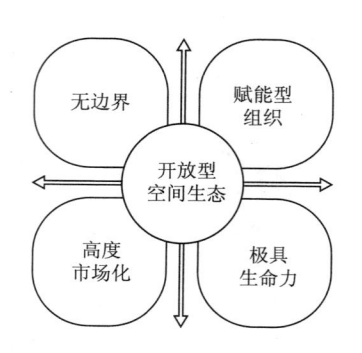

图 6.4　开放型空间生态的特征

双创是一个无边界的开放型空间生态。在互联网的驱动下，双创打破地理界限，极具灵活性、开放性和社会辐射性，从空间生态系统所在的体系的视角，重新思考与合作伙伴的关系，真正实现共同创造价值、共同分享价值。在机制和组织创新的驱动下，双创穿透管理边界，创客更具灵活性和适应性。双创生态系统突破垂直化边界，大企业和创业者从雇佣制关系演变成合伙制关系，建立了扁平化的管理模式，实施简政放权，创客实现自主经营、自负盈亏；双创生态系统突破水平化边界，创客围绕创客群组织工作，打破了创客间的本位主义，信息、资源和服务在创客之间共享，实现了企业价值观的交换和渗透。无边界的开放型空间生态，使得创客内部、创客之间和创客与平台更好地协作。

双创生态的无边界化使所有创客在价值链和生态链的黏合下有机地融合在一起，创客之间在产品和服务方面的合作不断深入，围绕同一个大产业创客将进行大规模的跨行业整合，价值系统模糊了产业界限，每一个成员都是生态中的一个节点，共同创造新的价值。生态的无边界化使得平台内外资源汇聚，双创平台更具优势。信息的双向流动让双创面向更加开放的空间市场，双创系统中的成员能建立更加长期的合作关系，更加灵活地应对市场需求；面对复杂多变的市场环境，创客的察觉性和适应性更高。生态中的利益相关者不需要严格的协议来维持合作关系，他们在交互过程中能够平等共存，并且在空间生态内实现共创共赢。

双创生态的无边界化，更能激发创客创新的活力，加快动能转换，传统创新模式衍生为裂变式创新模式。双创平台集聚了各种各样的创客，每个创客都是一个创新主体，极具创新思维，在平台中实现互补共创，创新主体之间观念和价值的"碰撞"，激发了创新的"火花"，从而产生链式反应，"一生二，二生三，三生万物"，不断裂变创新。创客的二次孵化，对平台进行再次升级和强化，为双创注入新鲜的血液，拓宽双创未来发展的道路。

双创是一个高度市场化的开放型空间生态。双创平台的运作模式是一种高度市场化的模式，创业资源和服务面向创客和团队实现市场化；创业项目面向社会创业者实现市场化；创客空间连接外部环境实现市场化；创客的产品和服务面向社会实现市场化。无论双创如何发展，市场始终是双创价值创造和实现的基本逻辑和最终目标。平台中的创客源自市场，客户源于市场，大企业的事业部也走向内部市场化。双创的价值相关性模糊了传统意义上企业与顾客的边界，双创生态系统的范围不断扩大，内涵不断丰富，最终形成一个高度市场化的开放型空间生态。

大企业引领双创的模式，旨在为创客搭建思想交流的平台、创意诞生的摇篮、匠人施展技能的舞台、梦想实现的工厂。双创的"种子"在资源和服务的滋养下发芽、开花和结果以后，需要独自去面对狂风暴雨、严寒酷暑，它们必须学会成长和发展。市场经济的规律无非是"物竞天择，优胜劣汰""适者生存，不适者亡"。企业需要经受住市场的检验，才能在激烈的市场竞争中求得生存与发展，立足于不败之地。

双创是一个赋能型的开放型空间生态。双创的优势在于赋能，以平台赋能的形式促进智能家居和传统制造融合发展，致力于打造一批赋能型组织。传统的企业组织，更多的是下属被动地接受并僵化地执行上级命令，缺乏自主选择的机会和权利，自然不会有高效性和良好的能动性。大企业引领双创的模式，最重要的工作就是激活个体，下放集中化的权利和职能，充分挖掘创客的内在潜力和创造力。创客的动能从外部激发转向内部自发，不再是自上而下的命令式，而是创客团队和成员的自我激发和自我赋能。双创模式激发创客主观能动性，使其在适应环境的同时去改变环境，在尊重个人意愿和观点的基础上，激活每一个创新主体的内驱力，共启愿景与价值观。

双创赋能的模式是双向的：一方面，平台基于创客的职能，去中心化驱动管理体系扁平化，充分发挥创客的优点和特长，让创客真正成为公司的主人；另一方面，创客公司内部去中心化，赋予员工开放创新的文化和思想，激发创新动能，体现员工自我驱动、自我升华和自我激励的精神，让员工通过实现自我价值为企业创造价值。大企业演变成为创客提供资源和服务的平台，创客公司各尽其能、各取所需，实现自我发展、自我管理与自我提升。员工实现人尽其才、才尽其用，平台鼓励员工坦诚表达意见和建议，充分发挥员工内在潜质，在大企业的引领下共创、共享价值。

赋能型组织为双创体系打开了一扇窗，秉承《道德经》中无为而治的思想，为创客营造干净纯粹的创新创业环境，"无为而治"不是无所作为，而是不过分地干预，充分发挥创客的积极性、能动性。平台因势利导，给创客一个自由发展的机会，而不是横加干涉，正如《吕氏春秋》所言："夫君也者，处虚素服而无智，故能使众智也；智反无能，故能使众能也；能执无为，故能使众为也。"无智、无能、无为的思想并不是真的无所作为，而是顺应自然规律而为之，让创客自适应发展。

双创是一个极具生命力的开放型空间生态。双创的文化、创新力、核心技术和人才等让开放型空间生态更具生命力，正是因为这些力量源源不断释放出鲜活的动能，才能驱动双创更好更快地发展。企业文化是一种精神、一种信念、一种力量，是企业的生命力所在，双创以"共生共创、共创共赢"的文化底蕴实现生态中成员的相互关联、相互依赖，不断形成一个有助于双创发展的氛围，让全员共同参与、互促互进，增强了双创生态系统的内部凝聚力。

创新是企业的命脉、双创生态的生命力之源，为生态提供轻松自由的环境，让创客享受创新创业的过程和氛围。必须不断拓展创新创业事业，在机制上推陈出新，研发新产品并且优化更新服务模式，双创才有源源不断的生命力。双创的基础是核心技术，唯有核心技术，才能让双创有更强大的生命力，不容易被市场和时代浪潮所冲散。互联网、大数据、人工智能、物联网、云计算等核心技术和新科技的植入激活了双创的新动能，为双创注入新鲜血液，让双创转动起来。人才是双创具有生命力的重要因素，学会人尽其才、才尽其用，才能成为创新创业时代的赢家。"一年之计，莫如树谷；十年之计，莫如树木；终身之计，莫如树人。"人才是双创不断向前发展的动力和源源不断的生命力。

双创平台为创客打造了一个生命力旺盛、适宜生存发展的开放型空间生态，为他们营造了一个创新创业的良好环境，促使各类创新创业要素资源聚合裂变，释放更大的能量。双创强调生态系统的自组织性、多样性、平衡性以及创新主体的互荣共生，旨在开发更具双创特色的产品和服务，创新主体聚集在一起共同构建健康活跃的开放空间生态，释放集体的智慧和能量[1]。同时，双创模式以更加开放、共享、协作的姿态汇集平台内外资源和服务，顺势而上，激发创客和其他

---

[1] 孙福全. 创造有生命力的创新生态系统[N]. 经济日报, 2012-02-01（015）.

生态成员的潜力和活力，让双创生态更有生命力和鲜活力。

双创是动态平衡的开放型空间生态。双创开放型空间生态的无边界、赋能型、市场化、极具生命力等特点表明了双创不是一个僵化的系统，而是一个动态开放、相互依存、共同发展的动态平衡价值生态系统。生态系统中的价值创造活动相互交织，空间生态中的成员担当不同的功能，各司其职、协调联动，虽然他们被不同的利益驱动，但生态中的成员资源共享、互利共存，共同维持系统的发展和平衡。双创空间生态的价值创造活动具有动态性，每位成员、每个环节都是其中的一部分，共同形成一个生态系统。在进行创新创业活动的同时，双创平台更加注重社会、经济、环境等综合效益，能更广范围、更高效率地配置社会资源。

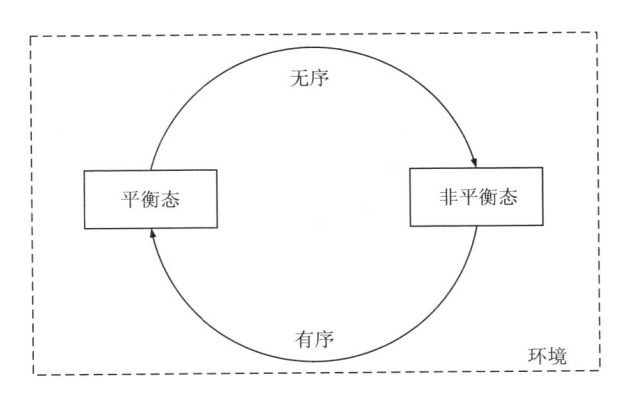

图 6.5　双创开放型空间生态的动态平衡

与此同时，双创开放型空间生态是一个自组织系统，在水平化的互补效应、垂直化的扶持效应和组织与机制创新的作用下，逐渐由混沌无序的初态向稳定有序的状态演化。自组织是一个动态开放的生态，子系统相互作用产生协同效应，系统内部成员之间、系统和外部环境之间不断进行物质、信息、能量的传递和交互，并创造新的活动和价值，又从有序到无序发展，打破原有的平衡状态。无序到有序，有序到无序，实现动态开放的同时也保持双创的均衡状态。开放的空间生态让大企业、创客和生态链中其他成员的供应链、销售链和服务链紧密衔接，内部系统和外部环境资源、服务和价值协调统一，自由开放使内外资源联系畅通无阻，为资源集聚奠定了基础。开放型空间生态越来越成为一荣皆荣、一损皆损的命运共同体，生态中任何一个环节遭到破坏、任何一家企业的利益被损害，都会影响到整个生态系统的平衡和稳定，并最终损害系统中的每一个参与者。

双创动车效应

双创就像一列动车,大企业作为动车的"车头",创客作为动车的"车厢",组织和机制创新作为"车轨",实现从"火车跑得快,全靠车头带"的传统火车模式到"动车跑得快,节节都要快"的高速动车模式的华丽转变[1]。这不仅仅是一个时代的转变,更是传统商业模式向新商业模式的转变,共生共创、共享共赢的双创模式成为企业发展的新趋势。

火车跑得快,全靠车头带——传统企业发展模式

普通火车只有火车头有动力,即火车的动力装置都集中在机车上,在机车后面挂着许多没有动力装置的车厢,整列火车都要靠火车头带动。整列火车开动起来,其实是一节一节动起来的,这是一个相当长的过程,车头首先要牵动第一节车厢,第一节车厢动起来后,增大了火车头运动的能量,才能牵动第二节车厢……直至整列车都动起来。由此,长期以来形成了"火车跑得快,全靠车头带"的传统理念。

传统的制造业模式就像一列普通火车,大企业就是一个"车头",小企业们犹如车头后的"车厢",大企业负责核心部件的生产和制造,其他小企业为大企业提供配套服务。如果大企业发展不理想,提供配套服务的小企业就会受到影响,小企业基本不具有自主能动性,不能独立地组织自己的生产,完全依靠大企业的需求安排产能。大企业有一口肉吃,配套小企业就有一口汤喝。

在经济新常态下,制造企业呈现发展乏力的趋势,面临着很多的困境和挑战,如融资成本高、产能过剩、供给侧无效、劳动力成本上升和劳动力短缺等[2]。而制造业作为实体经济的主体,是我国的支柱产业,对我国经济发展起着决定性作用。制造企业的转型升级迫在眉睫,实现平台化发展,是企业做大做强的必经之路。大企业带动配套小企业的传统模式的优势渐渐不再,"火车跑得快,全靠车头

---

[1] 搜狐网. 高铁和动车啥区别?看完你就全懂了![EB/OL].(2019-07-27)[2020-01-06]. https://www.sohu.com/a/160442255_176857.

[2] 沈一凡. 新常态下传统制造业面临的问题及对策——以苏州市吴江区盛泽镇纺织业为例[J]. 经济研究导刊,2015(27):21-22.

带"的理念已经落伍，企业想要走得更稳、走得更远，离不开共生共创、共享共赢。

那么在经济新常态下，应该如何打破"车头带车厢"的固化思维，聚合创客的愿景力和行动力呢？

动车跑得快，节节都要快——双创企业发展模式

生态化双创的出现，打破了"车头带车厢"的局面，积聚了创客和市场的力量。要想列车跑得快，节节都要快。普通列车的车头动力再足，仅靠车头的牵引，车厢被动前行，整列火车的速度也是有限的。只有把列车的动能分散，使每节车厢都具备动力系统，互相合作、竞相发力，整列车才能又快又稳地前行。

动车组的动力装置分散安装在每节车厢上，每节车厢都具有牵引力，即整列火车不仅车头有动力，车厢也配置动力。车头牵引力和车厢推动力的有机组合，形成牵引和推动列车高速前进的巨大合力，车头更重要的是承担带领方向、管理全车运行的工作，确保列车安全高速地向前飞驰[①]。动车的出现颠覆了"火车跑得快，全靠车头带"的传统理念，形成了"动车跑得快，节节都要快"的全新理念。

双创是一列高速行驶的动车，平台大企业作为动车的"车头"，为双创提供牵引力，并重点把控整体发展方向和节奏，为创客提供资源和服务，形成垂直化的服务效应。创客企业作为"车厢"，为双创提供推动力，其推动力不仅仅存在于高层管理者之间，而且源自每个员工。组织和机制相当于"车轨"，是动车平稳行进的有力保障，保证了双创安全平稳地发展。创客企业之间和员工之间的动能互补迭代，形成水平化的互补效应。平台大企业的"牵引力"和创客的"推动力"完美配合，形成巨大合力，共同推动双创安全且高速地前行。

大企业引领双创的特点在于垂直的扶持和水平的互补，即实现平台的精准扶持以及创客间的共同带动、共同前行。增强平台中成员的目标感，所有的目标都一致，大企业掌控方向，每个创客、每个员工充当动力源。平台和创客企业、创客企业与创客企业、创客企业与员工、员工与员工之间相互协调配合，员工把动能传递给创客公司，创客公司把动能传递给平台，共同驱动双创这列"动车"高效运行。

双创的核心在于机制和组织的创新，由原来的"车头拉车厢"变成如今的"车

---

① 王建祥. 动车理念管理研究[D]. 北京: 北京交通大学，2008.

头车厢共同驱动"。"车头"依旧是大企业，负责把握双创的大方向，发挥引领、导向、影响和控制的作用，引导、激励创客和全体成员为实现双创发展目标而共同努力。创客企业作为"车厢"，在双创平台的统一领导和指挥下，实现了由被动拉动到主动驱动的转变，围绕双创共同的奋斗目标，充分发挥自身的积极性、创造性和能动性。平台中的所有创客企业形成强大聚合力，推动着整个双创事业又好又快地向前发展。

协同发展、共享共赢

双创风口不是企业创新创业发展的全部，只有拥有核心价值体系和不断改革创新的能力，才能不断适应形势的变化，持续向前。在双创开放型空间生态中，平台、创客和市场既是价值的创造者，也是价值的传递者，更是价值的共享者，三者之间的边界范围不断被模糊化，逐渐成为命运共同体。命运共同体中的成员共享平台的资源，成员间既深度分工又协调合作，围绕产品和服务的相关群体都会成为价值共创的主体，价值共创主体越来越庞大、越来越复杂，各主体之间的互动和交流越来越频繁。价值共创机制促使双创生态的各个商业伙伴互补共创，使价值创造活动系统化地组织起来，创客、平台、市场、组织、机制等元素构成生生不息的双创生态系统，实现个体参与的价值共创、价值共享。

价值共创对双创企业的发展战略、营销模式乃至消费者行为研究都产生了极大的冲击。平台中的每个成员都与其他成员以及双创生态整体的持续发展相联系，平台中创客之间实现价值共享，创客与利益相关方之间实现价值共享。双创价值共创模式打破了市场主体间固有的关系，颠覆了传统的商业模式，企业不再是利益的代表者，双创生态系统中的利益相关者组成利益共同体，建立合作关系，使平台内外部资源配置效果最佳，实现效用最大化。

双创连接平台、创客以及市场，不仅给平台和创客带来了福利，同时也带动了市场中企业和组织的发展，给消费者带来更加优质的产品和服务。双创犹如一首交响乐，要演奏出这首双创的交响乐，不仅需要平台大企业的指挥和带领，也需要创客与创客间的协作演奏。大企业"指挥者"和创客"演奏者"的配合，融合市场"伴奏者"的支持和推动，共同演奏出一首动听的交响乐。

借助双创，大企业扮演好"指挥者"

交响乐的指挥者是一个乐团的灵魂人物。交响乐的指挥者不仅是乐团的领导者，也是音乐作品的诠释者和演绎者。指挥者需要充分了解和把握作品，根据作品节奏快慢、音量力度强弱不断调整指挥手势，不仅要使乐团正确演奏出作品，而且要能体现出音乐作品的丰富内涵和情感。因此，指挥者需要充分把握音乐作品的内在情感，同时也要熟悉乐团每一个演奏者的心理，懂得什么时候给演奏者施加压力，在指挥中借助表情等辅助动作，更好地帮助交响乐团诠释作品，从整体上提高团体的专业水平。

大企业作为双创交响乐的"指挥者"，借助双创进行总体布局。根据产业总体发展战略，进行产品细分和项目库建构，引入创客对接项目，让专业人做专业事，实现项目落地。大企业通过双创平台整合内外部资源和服务，并释放这些要素资源和服务，构建水平化和垂直化双创平台，对创客进行分阶段精准扶持，深化机制和组织创新，保障创客顺利成长和发展。

双创大企业把握双创作品整体的节奏，把控双创发展的方向和速度，深化拓展创新的发展空间，培育营造创业的发展氛围。让每个创客企业适应双创模式，在平台中都可以存活下来，激发它们的内在活力和创造力，最大限度挖掘双创的深刻内涵和意义。双创"交响乐"需要大企业、创客以及相关的社会组织共同付出努力，如此方能实现共生共创、共创共赢，尽显双创之美。

借助平台，创客扮演好"演奏者"

演奏者作为交响乐团的重要组成部分，由弦乐器组、木管乐器组、铜管乐器组、打击乐器组、色彩乐器组和其他乐器组构成，每个乐器组又由多种乐器和多个乐器手组成，每种乐器有着各自不同的特点，每个乐器组的位置和音质也不一样。一首完整的交响乐离不开每一个演奏者的共同努力，它考验每个演奏者的技术技巧、心理素质、审美能力、艺术修养和文化修养等，每一成员都需要融合到乐团中，与其他演奏者紧密配合，做到同呼吸、共命运。

创客作为双创交响乐团的"演奏者"，是双创项目落地的重要抓手。每个创客负责的创业项目不尽相同，要充分发挥能动性、利用平台整合的资源和服务实现自我发展，以专业人做专业事的态度各司其职，在平台中与其他创客互补共创。资源和服务的开放和交织，形成技术生态、生产生态、服务生态、渠道生态等双创生态，与其他创客实现技术共享、生产共享、服务共享和渠道共享等。创客配合"指挥者"，协同合作、携手同行，共同演绎双创这首精彩的"交响乐"。

在荣事达双创平台中，创客是实现智能家居全屋系统的执行者，围绕打造智能家居系统的目标，负责每个产品项目的落地，各自经营的产品和范围不同，但彼此之间关系互补。借助水平化双创平台，创客间共享技术、生产、渠道和售后等资源，实现互补共创、共创共赢。创客企业在平台的资源和服务的支撑下发展壮大，反过来继续去帮助和服务其他创客企业。双创经历上述的动态循环过程，形成一个自发演化的系统。

"指挥者"和"演奏者"配合，共同演绎双创"交响乐"

一首交响乐的完美演奏，依靠的是全体人员的共同合作，演奏者与指挥者是密不可分的。没有指挥者的交响乐将是杂乱无章的，只有借助指挥者的引领，交响乐团才能准确地表现音乐作品；没有演奏者的交响乐无法进行，指挥者需要借助演奏者才能充分体现自身的价值。二者只有相互协调配合，才能完成一部完整的音乐作品，体现音乐作品的艺术价值，并感染和陶冶观众，提高大众的艺术修养。演奏者与指挥者需要具备融洽和谐的关系，在表演中，多从对方的角度思考和解决问题，才能实现二者相融相长式的提高。

大企业作为双创的"指挥者"，创客作为双创的"演奏者"，二者需要密切合作，共同把双创这首"交响乐"演奏好。大企业要了解创客需要哪些资源和服务，不断拓展和更新平台中的服务和资源，做好战略规划、风险管控和财务预警的保驾护航等工作，做到有的放矢。创客要发扬"拿来主义"精神，借助平台的资源和服务发展自己，同时释放自身的优势资源和服务，同其他创客资源共享、互补共创。平台和创客共同努力，推动双创事业向前又好又快地发展。

协同发展、共享共赢。大企业双创作为创新创业项目的重头戏，是当今时代发展的大趋势、大主流，是引领新一轮科技革命、产业革命和促进社会经济增长的新引擎。双创平台要实现平台内部和外部的创新资源共享、创新服务互促、创新活动联动，形成双创的开放型空间生态。然而双创的目标不仅仅是要满足创新创业者差异化和多元化的创业需求，更是要教会他们如何进行企业经营和管理，打破传统的封闭式创新创业模式，培养创新主体的创造性思维，帮助他们在平台中学会利用资源和积极与其他创客交流互动。同时，将创业精神融入双创的各种情境中，以价值共创和价值共享为驱动力，形成健康的、良性循环的创新创业生态系统。

实现生态化双创项目零死亡率，其奥秘在于生态成员有着共司使命、共同价值观和共同愿景，以平台和价值链为连接的桥梁，价值共创、价值共享机制为驱动，促进内外生态圈的不断深入融合。生态化双创以双创平台为中心，创客、创客群为支撑，价值链、生态链为纽带，辐射整个市场，形成共生共创、共创共赢的协调发展态势，加速创新体系的形成和创新力的聚集，不断激发平台和创客的原动力。双创资源、服务、人才、技术相互交叉形成合力，持续推进创新创业群的聚集，探索新模式和新方法，在互相连接、彼此支持、开放协同中创造新价值。

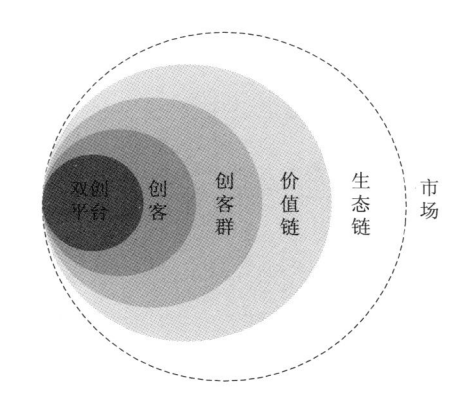

图 6.6　生态化双创实现共生共创、共享共赢

荣事达立体化双创平台是一个开放的、有生命力的组织，组织依据"智能"划分为核心层、中间层和外圈层，并通过供应链、销售链、服务链相互连接为创客注入创新创业新动能。创客根据自身的发展程度，进行裂变和再赋能，帮助和扶持更多创业者实现创业梦。荣事达内部和外部都可以通过双创平台实现价值，在输出价值的同时，又实现自己的价值。创客就像一只只蚕蛹，经过痛苦的挣扎和不懈的努力，最后成功破茧而出，创业者聚焦某一项目，经历从创客到成立法人公司的过程，就是其破茧成蛾的转变。平台和创客共同见证双创的成长与发展过程，分享成功的战果，让双创举措真正落在实处，使双创焕发蓬勃生机。借用荣事达集团董事长潘保春的话说，荣事达整合了销售链、服务链、供应链资源，通过组织创新和平台化管理，平台和创业团队发展成为紧紧捆绑在一起的利益共同体，共享发展成果，实现了创业项目 100% 存活的双创奇迹。

价值共创、价值共享的机制驱动双创发展，将资源由平台内部延伸到了外部，把外部的资源整合到平台中，扩展了平台资源。大企业在价值共创的驱动下，不再控制和配置资源，而是释放资源、简政放权。双创平台通过创客引入新资源的同时，选择最合适的创客盘活资源，在项目落地和发展过程中实现产业布局，从中收获价值。价值共创、价值共享作为双创的战略核心，是保证开放型空间生态平衡的"定海神针"，也是双创生态中成员实现共生共创、共享共赢的关键所在。

第三节
生态化双创：引领商业创新

生态化双创作为当今时代具有先进生产力的新型商业模式，是对传统商业模式的改革和创新。一方面，生态化双创推动双创生态内外部成员进行资源和服务方面的积极交流，增强成员间的合作意识和团队精神，促进生态内成员从产品设计到产品研发的过程中不断地交流合作，将产品创意转化为现实。另一方面，生态化双创也促进了平台中创客间的良性竞争，激发企业各个部门的活力，针对创客对项目产品的实现程度，合理地分配平台资源和服务，进而实现企业内部市场化。生态化双创在组织和机制的作用下，以构建立体化双创平台为载体，以共生共创、共享共赢为核心竞争力，共同打造双创新生态，这种方式已经成为企业可持续发展的不竭动力。

海尔集团、小米公司和深圳市怡亚通供应链股份有限公司（简称怡亚通）打造共创共赢的生态体系符合企业发展的生态化商业模式。海尔集团建设无边界平台与裂变生态圈，利用物联网、人工智能和大数据，进一步打造和发展物联网生态。小米公司专注于高端智能手机、互联网电视以及智能家居建设，以小米手机为核心产品，全方位、多角度实现智能家居生态建设。怡亚通应用供应链思维和运作方式，将传统经济与互联网联系在一起，打造互联网新经济业态，致力于构建全球供应链生态圈。生态化双创帮助企业实现可持续发展，越来越成为企业商业创新的生态化选择，反过来这些实践和创新进一步推动生态化双创的可持续发展。

商业创新的生态选择

纽约时间 2019 年 6 月 11 日，海尔荣登 BrandZ 全球最具价值品牌百强榜，并且首次创造"物联网生态"这一新品类，海尔以领先行业的速度完成企业转型[1]。

---

[1] 新浪财经. 海尔荣登 BrandZ 全球最具价值品牌百强榜，获"全球唯一物联网生态品牌"[EB/OL].（2019-06-11）[2020-03-26]. http://finance.sina.com.cn/stock/relnews/cn/2019-06-11/doc-ihvhiqay4940154.shtml.

从"海尔家电"到"海尔智家",海尔的生态化双创效果显著,世界权威市场调查机构欧睿国际将第一张"10连冠"证书颁发给海尔。2020年1月9日,欧睿国际数据显示:2019年,海尔摘得全球大型家用电器品牌零售量第一的桂冠,这是自2009年以来海尔集团第11次蝉联全球第一[①]。物联网时代,海尔集团在"人单合一"模式下,加速了进入全球化的生态品牌战略阶段,主张建设智慧家居,将物联网、人工智能和大数据等现代化技术与传统智能家居生产结合,将"海尔"打造成为中国第一个世界级家电品牌。

在"人单合一"模式的引领下,海尔实现内部裂变式创新创业,打破组织僵硬的桎梏,将注意力集中在员工(人)和用户(单)上,把员工和用户的价值融为一体,实现从员工和用户双赢的局面转变为各利益相关方在海尔平台上共创共赢。海尔以用户的体验为导向,员工为核心,最终实现"价值创造—分享—再创造"的共创共赢模式;同时,海尔深化推进企业平台化、用户个性化、员工创客化的"三化"战略,构建无边界的生态圈。对内,海尔构建了自创业、自组织、自驱动的并联生态圈,驱动员工从执行者转型为创业者,实现人人创客;对外,海尔与各利益相关方协同共享,共同构筑共创共赢的生态圈,打造一个动态的循环体系。

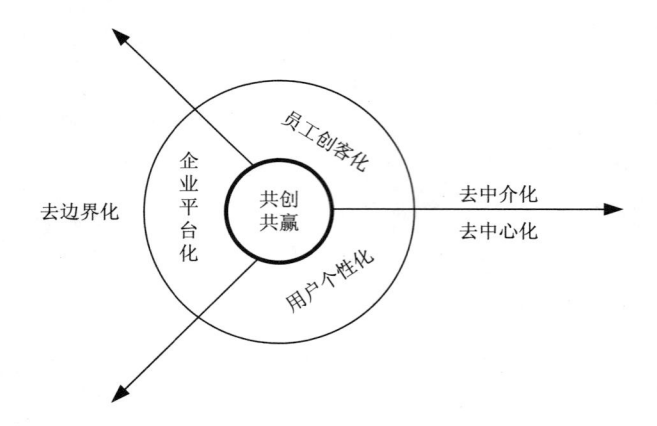

图6.7 海尔共创共赢生态圈

---

① 环球网. 欧睿国际:海尔全球十一连冠,生态品牌再加速 [EB/OL].(2020-01-09)[2020-03-26]. http://www.xinhuanet.com/tech/2020-01/09/c_1125441678.htm.

第六章 生态化双创：可持续发展的不竭动力

"人单合一"模式引领海尔从重组到重生，从转型到创新，从问鼎国内到走向世界。海尔从传统的制造型大企业转变为提供资源和服务的创新创业平台，成为一个资源开放的创客空间，不断去中心化、去中介化和去边界化，裂变成成百上千个自创业、自组织、自驱动的创客和组织，每个人都是创新创业者。张瑞敏指出："海尔集团正在建立一个无边界的生态系统来共创共赢。"而今的海尔俨然成为一个生生不息的生态化企业，致力于打造一个无边界的生态系统，包括海尔在内，每一个成员都是生态中重要的一环，它们彼此之间交互产生新价值，形成多边协同效应。顾客交易的价值转变成用户交互的价值，产品的价值变成生态的价值，企业的价值变成员工的价值，生态中价值的创造、传递和交互，实现了价值的共创和共享。

如果说海尔是以"人单合一"为核心建立的共生共赢生态圈，小米则是以生态链为基础打造的制造生态系统。提及小米，多数人第一反应就是"为发烧而生"的小米手机。然而，小米不仅仅只有手机业务，小米直接或间接投资的企业多达数百家，生态链上的产品基本覆盖了智能家居全品类，成为名副其实的"智能杂货铺"。小米从白手起家到成为现在的商业帝国，在发展的道路上越走越远。2019年底，小米在日本举办的新品发布会上宣布，小米已经成为世界上第四大智能手机制造商，在90多个国家和地区发售，拥有2000多种生态系统和消费物联网设备，已经成为全球最大的消费物联网平台之一[①]。这样的成就与小米公司打造商业生态系统是分不开的。

小米生态已经形成了以手机为中心，以生活方式、个人交通、可穿戴设备、智能白电、影音设备等为支撑，涵盖小米电视、小米手环、移动电源、扫地机器人、故事机、旅行箱等智能硬件的智能家居生态系统。小米致力于打造智能硬件＋IoT的智能生态系统，通过物联网交互连接，不断拓展AIoT平台。区别于荣事达和海尔的双创生态商业，小米不是内部裂变的创新创业模式，也不是从外部引入新创客的模式，而是借助智能硬件和物联网连接更多用户的生态系统，寻求企业的持续性发展。用小米的品牌效应为生态链企业做背书，对生态中的企业投资，小米只占小股，而控股权始终留给创业团队，大大激发企业的积极性和创新力。新生企业不断进入生态系统中，不断发展壮大，反过来帮扶其他小微企业，形成

---

① 腾讯网. 小米进军日本市场，宣布成为世界第四大手机厂商[EB/OL].（2019-12-11）[2020-03-26]. https://new.qq.com/omn/20191211/20191211A0E5E600.

"竹林效应"，一片能够抵抗风雨的竹林就壮大了起来，实现了竹林中各成员的共同发展。

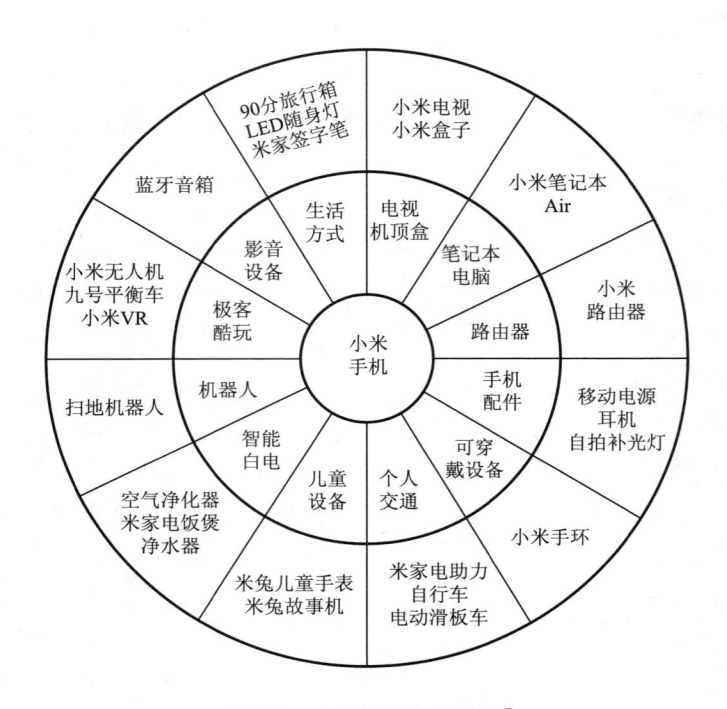

图 6.8　小米智能生态系统[①]

不同于小米庞大的智能生态系统，怡亚通致力于构建一个跨界融合、共融共生的供应链商业生态圈。成立于 1997 年的怡亚通，以物流为基础，供应链服务为载体，互联网为共享手段，联合供应链各环节参与者，实现从行业服务向平台型企业及生态型企业的转型升级。怡亚通从一个传统的商贸公司转型为互联网生态企业，创立线上线下融合的"星链"平台，整合品牌商、供应商、制造商、经销商和金融机构等各大服务群体，建立汇集全产业链人群的供应链网。经过短短二十几年的发展，怡亚通已经成为中国第一家上市并且覆盖行业最广、规模最大的供应链综合服务企业，旗下有数百个分支机构，全球员工超过两万人，构建了涉

---

① 智能数字网. 智能硬件"变局"：WiFi 的尴尬[EB/OL]．(2017-12-07) [2020-03-26]. https://www.sohu.com/a/209004400_99996764.

及几百个中国城市以及十几个国家的服务网络，业务范围覆盖了20多个领域[①]。

对于怡亚通来说，供应链是一个载体，也是一个无边界的生态。应用"供应链＋互联网"的思维和逻辑，在这个生态圈中，怡亚通汇聚了企业的技术、服务、资金等多元化的资源，联合供应链上的所有合作伙伴，打造了流通行业的扁平化、共享化和去中心化的服务新模式，形成了能力互补的价值网络。海尔和小米提供的是产品，与它们不同，怡亚通提供的是供应链服务，其在生态中起到的是服务和支撑的作用，不断整合新技术、新服务、新领域和新思想，实现从量变、质变到创新裂变的转型升级。怡亚通在发展自己的供应链商业生态圈时，注重生态去边界化、去中心化和共享化，不断融入新的合作模式和合作伙伴，构建完整高效的供应链体系，形成了一个复杂而又庞大的供应链生态圈[②]。随着其商业生态的不断发展和扩张，具有生命力、高度开放的价值创造体系逐渐形成。

无论是荣事达内外部组合式创新创业，还是海尔内部裂变式创新、小米的智能硬件＋IoT布局、怡亚通业务模块供应链创新，其本质都是大企业引领的创新创业活动。大企业努力为创新创业营造良好的环境，为企业持续健康发展增添新活力，致力于打造价值共创、价值共享的商业新生态。生态化双创打破产业的空间边界和利益边界，有助于破除人员的思想阻碍和观念束缚，依托大企业自身的产业优势和资源，充分整合和聚集生态内外部的资本、技术、市场、人力等创新创业要素资源。在不断推动生态深度融合的过程中，将交换价值转变为共享价值，使成员与成员之间的竞争关系转变为生态中的协同共享关系，激发全社会创新创业创造的活力。

双创的可持续发展

物联网时代的到来，颠覆了现有的诸多事物，向人们呈现一个全新的世界，即实现万物互联，世间万物互联成一个整体系统，各种东西能够相互感应，实现全面智慧化。"企业要适应时代的发展，必须转型为整体性生态组织不断运行、运作。"保罗·霍肯在《商业生态学：可持续发展的宣言》中说道，"企业需要将经

[①] 怡亚通公司介绍. http://www.eascs.com/intro/.
[②] 邱普. 建设"供应链+互联网"商业生态[J]. 企业管理, 2017（12）：60-63.

济、生物和人类的各个系统统一为一个整体,实现企业、消费者和生态环境共生共栖的循环,从而开辟出一条商业可持续发展之路"。生态化双创作为一个开放的生态系统,成员与环境、成员与成员间的密切联系通过价值流动来实现,价值流动推动各种物质在生态系统中与环境间循环。这种自适应能力成为双创的核心DNA,与社会发展完美结合,不断推动生态化双创良性演化。在这个大生态系统中,内部持续裂变创新,外部不断加强合作交流,所有的利益相关方平等共存,打破零和博弈的格局,实现共生共创,并在共享共赢中实现持续增值。

生态化双创成为物联网时代可持续发展的新商业生态系统,这个新商业生态系统,单靠一个大企业是无法做到的,单靠一个双创生态也不能完成。构建可持续发展商业新生态,平台完全成为一个虚拟场所,物联网成为互联的工具和手段以及融合资源和服务的软环境,为创新创业营造一个开放、包容、健康、繁荣的环境。双创模式依靠可复制性和可推广性,不断发展壮大,生态化双创模式遍地开花,遍布华夏大地,并走向国际化,辐射全球。在神州大地上真正实现"大众创业、万众创新",在物联网时代以融合集成的方式实现共同发展,企业之间的竞争转变为生态之间的竞争,所有双创生态动态交互,带动所有成员共同发展,不断激发创新创业活力。国家与国家之间借助创新创业促进跨文化交流和各民族融合,兼容并蓄、求同存异、互学互鉴,推动构建人类命运共同体,最终实现所有参与者的共创共赢和共享发展[①]。

大企业引领的双创注重打造协同化新生态,在演进的过程中优化创新创业生态环境,不断推动生态化双创纵向和横向延伸发展。大企业以专业化为向导加快双创平台的纵向发展,立足产业特性,建设功能定位更加清晰、规划布局更加合理、实施配置更加完善、具有产业特色的专业化双创空间;大企业以全球化为导向纵向发展,坚持"走出去"的同时"引进来",不断向外输出生态化双创的模式和管理经验,同时引进优秀的企业管理模式和超前的管理理念,加强与国内外知名企业的合作交流,汇聚创新创业资源和服务,实现生态化双创模式全球化。生态化双创发挥自身核心价值,在追求经济效益和自我发展的同时履行社会和环境责任,将社会与环境的需求衔接起来,更加注重社会、经济和环境三方面的融合发展,最终实现生态化双创的可持续发展。

---

① 姜丽. 构建人类命运共同体:"一带一路"与跨文化交流[EB/OL]. (2018-07-17) [2020-05-26]. http://world.people.com.cn/n1/2018/0717/c187656-30152690.html.

参考文献

安德森. 2012. 创客：新工业革命[M]. 萧潇, 译. 北京：中信出版社.
奥斯特瓦德, 皮尼厄. 2011. 商业模式新生代[M]. 王帅, 毛心宇, 严威, 译. 北京：机械工业出版社.
柴春雷. 2018. 商业模式进化论[M]. 北京：机械工业出版社.
陈威如, 余卓轩. 2015. 平台战略：正在席卷全球的商业模式革命[M]. 北京：中信出版社.
戴亦舒, 叶丽莎, 董小英. 2018. 创新生态系统的价值共创机制——基于腾讯众创空间的案例研究[J]. 研究与发展管理, 30(4): 24-36.
杜兰英, 钱玲. 2014. 基于价值共创的商业模式创新研究[J]. 科技进步与对策, 31(23): 14-16.
华中生, 魏江, 周伟华, 等. 2018. 网络环境下服务科学与创新管理研究展望[J]. 中国管理科学, 26(2): 186-196.
江积海. 2014. 国外商业模式创新中价值创造研究的文献述评及展望[J]. 经济管理, 36(8): 187-199.
姜尚荣, 乔晗, 张思, 等. 2020. 价值共创研究前沿：生态系统和商业模式创新[J]. 管理评论, 32(2): 3-17.
克里斯坦森. 2010. 创新者的窘境[M]. 胡建桥, 译. 北京：中信出版社.
蔺雷, 吴家喜. 2017. 内创业革命[M]. 北京：机械工业出版社.
骆大进, 王海峰, 李垣. 2017. 基于社会网络效应的创新政策绩效研究[J]. 科学学与科学技术管理, 38(11): 10-19.
马双, 王永贵. 2017. 价值共创研究的理论探讨——基于服务业的实证研究[M]. 北京：清华大学出版社.
庞长伟, 李垣, 段光. 2015. 整合能力与企业绩效：商业模式创新的中介作用[J]. 管理科学, 28(5): 31-41.
普拉哈拉德, 拉马斯瓦米. 2005. 消费者王朝：与顾客共创价值[M]. 王永贵, 译. 北京：机械工业出版社.

普拉哈拉德, 拉马斯瓦米. 2018. 自由竞争的未来: 从用户参与价值共创到企业核心竞争力的跃迁[M]. 于梦瑄, 译. 北京: 机械工业出版社.

切萨布鲁夫. 2005. 开放式创新: 进行技术创新并从中赢利的新规则[M]. 金马, 译. 北京: 清华大学出版社.

切萨布鲁夫, 范哈弗贝克, 韦斯特. 2016. 开放式创新: 创新方法论之新语境[M]. 扈喜林, 译. 上海: 复旦大学出版社.

万涛. 2017. 科技创新团队创新增效运营模型研究[J]. 科技管理研究, 37(17): 23-29.

汪若菡. 2017. 创造共享价值[M]. 北京: 中信出版社.

汪旭晖, 张其林. 2017. 平台型电商声誉的构建: 平台企业和平台卖家价值共创视角[J]. 中国工业经济, (11): 174-192.

王发明, 朱美娟. 2019. 创新生态系统价值共创行为协调机制研究[J]. 科研管理, 40(5): 71-79.

王钦. 2016. 人单合一管理学: 新工业革命背景下的海尔转型[M]. 北京: 经济管理出版社.

解学梅, 刘丝雨. 2015. 协同创新模式对协同效应与创新绩效的影响机理[J]. 管理科学, 28(2): 27-39.

杨学成, 涂科. 2016. 共享经济背景下的动态价值共创研究——以出行平台为例[J]. 管理评论, 28(12): 258-268.

张立中. 2018. 现代服务管理——价值共创的典范[M]. 北京: 电子工业出版社.

周文辉, 曹裕, 周依芳. 2015. 共识、共生与共赢: 价值共创的过程模型[J]. 科研管理, 36(8): 129-135.

周文辉, 周依芳, 任胜钢. 2017. 互联网环境下的创业决策、价值共创与创业绩效[J]. 管理学报, 14(8): 1105-1113.

朱宏任. 2020. 以管理创新为驱动 打造智能家居航母企业[J]. 企业管理, (1): 8-9.

宗毅, 小泽. 2015. 裂变式创业: 无边界组织的失控实践[M]. 北京: 机械工业出版社.

Chesbrough H. 2007. Business model innovation: It's not just about technology anymore[J]. Strategy & Leadership, 35(6): 12-17.

Chesbrough H. 2010. Business model innovation: opportunities and barriers[J]. Long Range Planning, 43(2-3): 354-363.

Ciulli F, Kolk A. 2019. Incumbents and business model innovation for the sharing economy: Implications for sustainability[J]. Journal of Cleaner Production, 214: 995-1010.

Frank A G, Mendes G H S, Ayala N F, et al. 2019. Servitization and Industry 4.0 convergence in the digital transformation of product firms: A business model innovation perspective[J]. Technological Forecasting and Social Change, 141: 341-351.

Hong Z, Guo X. 2019. Green product supply chain contracts considering environmental responsibilities[J]. Omega, 83: 155-166.

Hong Z, Zhang H. 2019. Innovative crossed advertisement for remanufacturing with interactive production constraints[J]. Journal of Cleaner Production, 216: 197-216.

Hong Z, Zhang H, Gong Y, et al. 2022. Towards a multi-party interaction framework: State-of-the-art review in sustainable operations management[J]. International Journal of Production Research, 60(8): 2625-2661.

Müller J M. 2019. Business model innovation in small- and medium-sized enterprises: Strategies for industry 4.0 providers and users[J]. Journal of Manufacturing Technology Management, 30(8): 1127-1142.

Shi Y, Alwan L C, Raghunathan S, et al. 2021. Mobile consumer scanning technology: A replacement for interorganizational information systems for demand information learning in supply chains?[J]. Information Systems Research, 32(4): 1431-1449.

Velter M G E, Bitzer V, Bocken N M P, et al. 2020. Sustainable business model innovation: The role of boundary work for multi-stakeholder alignment[J]. Journal of Cleaner Production, 247: 119497.

Xie X, Gao Y, Zang Z, et al. 2020. Collaborative ties and ambidextrous innovation: Insights from internal and external knowledge acquisition[J]. Industry and Innovation, 27(3): 285-310.

Xie X, Wang H. 2020. How can open innovation ecosystem modes push product innovation forward? An fsQCA analysis[J]. Journal of Business Research, 108: 29-41.

Yu C H, Tsai C C, Wang Y C, et al. 2020. Towards building a value co-creation circle in social commerce[J]. Computers in Human Behavior, 108: 105476.

Zhao J, Li Y, Liu Y. 2016. Organizational learning, managerial ties, and radical innovation: evidence from an emerging economy[J]. IEEE Transactions on Engineering Management, 63(4): 489-499.

后 记

本书的创作和出版离不开企业、企业家和作者团队的大力支持和辛勤付出。

首先，感谢合肥荣事达电子电器集团、海尔和京东等企业的大力支持和帮助。自 2018 年以来，我们团队对荣事达进行了长达五年多的持续追踪研究，调研了品冠科技、品冠之家等三十几个事业部和创客公司。时至今日，那些与创客们一同办公、一道在企业食堂就餐等场景，依然历历在目，我们非常荣幸见证了创客们的成长。特别感谢荣事达集团的潘保春先生、仇旭东先生、罗松先生等给予我们的信任和支持。同时，感谢我们团队的合作企业海尔和京东的大力支持，它们为本书的创作提供了大量的调研支持和研究素材。特别感谢海尔的王梅艳女士、于贞超先生、段红杰先生等，京东的梅涛先生、刘武先生、戚永志先生等给予的大力支持。

其次，感谢我们团队成员在本书的前期调研、创作和出版中的辛勤付出。其中，研究生李孟璠、吕泽荣、王楠楠全程参与了本书的调研和创作，多位团队成员在本书的修订、校对和润色过程中开展了诸多建设性的工作。长达五年的研究和创作工作，对我们来说是一次与业界深度接触和碰撞的过程，也是我们团队践行"顶天立地"、开展前沿理论和企业社会实践研究的一次历练，这些经历将是促进团队成长的一笔重要财富。

再次，感谢国家和政府的双创政策指引，先进的理念和思想为本书的创作指明了方向。感谢众多同行在本书创作过程中给予的宝贵建议，这些建议使得本书的内容更加丰富和完善。感谢科学出版社编辑在本书出版过程中提出的改进建议和措施,这些建设性的意见使得本书能更好地呈现给读者。

最后,感谢所有关注本书的读者,希望本书能够对大家有所帮助和启发。与此同时,我们非常希望您能对本书提出宝贵的意见或建议。